KB260079

아이가 부모의 인생을 바꾼다

국립중앙도서관 출판시도서목록(CIP)

아이가 부모의 인생을 바꾼다 / 안느-마리 앰버트 지음
; 한세영 옮김. -- 파주 : 한울, 2005
    p. ; cm

원서명: The effect of children on parents
원저자명: Ambert, Anne-Marie
참고문헌수록
ISBN 89-460-3450-5   03370

332.24-KDC4
306.874-DDC21   CIP2005002460

아이가 부모의 인생을 바꾼다

안느-마리 앰버트 지음 | 한세영 옮김

The Effect of Children on Parents

Copyright © 2000 by The Haworth Press, Inc.

All rights reserved.
Korean translation copyright © 2005 by Hanul Publishing Group.
Korean translation rights arranged with The Haworth Press, Inc.

이 책의 한국어판 저작권은 Atmarr Agency를 통한 The Haworth Press, Inc.
사와의 독점계약으로 한국어 판권을 '도서출판 한울'이 소유합니다.
저작권법에 의해 한국 내에서 보호를 받는 저작물이므로
무단전재와 무단복제를 금합니다.

과거부터 우리 사회에서는 가족이 중요시되어 왔다. 특히 자녀의 중요성이 강조되어 왔다. 결혼한 부부가 자녀를 출산하여 훌륭하게 키우는 것은 신성한 의무였고 큰 소망이기도 했다. 그러나 아동학을 많이 연구하지 않았던 당시에는 아동양육과 사회화의 과학적 방법에 대해서는 잘 알지 못했다. 그러면서도 아이의 발달적 결과에 대한 책임을 전적으로 부모에게 묻기도 하며, 특히 어머니에게 아동양육의 책임을 전가하는 시각은 대체로 일반화되어 왔다.

그런데 지금은 이 방면의 연구가 활발하게 진행되어 많은 논문과 저서가 발표되고 있다. 많은 학자들은 '아동의 사회화 과정에서 부모는 아동에게 어떤 영향을 미치는가'에 대해서 관심을 보인다. 그런데 부모와 자녀가 상호 작용하는 역동적 관계를 유지하고 있다는 점을 고려한다면 '아동도 부모에게 어떤 영향을 미칠 수 있고 그것이 다시 부모와 아동의 관계에 영향을 미치지 않을까' 하고 생각할 수 있을 것이다. 이러한 의문에 정확한 해답을 제시해 주는 책이 안느-마리 앰버트 교수의 저서 『아이가 부모의 인생을 바꾼다 (The Effect of Children on Parents)』라고 생각한다. 그는 요크 대학교 교수로 1992년에 이 책의 초판을 발행했고, 2001년에 개정판을 냈다. 이 책은 개정판을 번역한 것이다.

이 책의 가장 큰 특징은 다른 많은 연구가 아직도 부모가 아동에게 미치는 영향에 더 큰 관심을 두는데 비해 부모와 자녀가 상호작용하고 있으며 그 과정에서 아동이 부모의 인생에 어떻게 영향을 미치는지를 설명하려고 했다는 점이다. 이러한 시각은 크게 두 가지 의미가 있다. 먼저 아동의 바람직한 발달을 위해서도 아동이 부모에게 어떤 영향을 주는지를 알아야 한다. 즉 부모가 아동에게 큰 영향을 미치는 존재임을 생각할 때, 부모가 아동으로부터 어떤 영향을 받는다면 그 영향 때문에 변화를 일으키며, 또 그 변화가 아이에게 다시 어떤 결과를 가져올 수 있기 때문이다. 다음으로는 한 개인으로서 삶을 영위하는 부모의 성인기 삶의 질을 향상시키기 위한 기초지식으로, 부모는 자신의 인생이 자녀로 인해 변화할 수 있다는 것을 알아야 한다. 부모가 겪을 수 있는 아동으로 인한 문제와 아동으로부터 받을 수 있는 영향을 잘 이해하고 잠재적인 문제에 대처하기 위한 노력이 필요하며, 이 책은 이에 도움이 될 것이다. 이러한 연구방향은 부모와 아동이 일방적으로만 주거나 받는 관계에 있기보다는 서로에게 책임이 있는 관계임을 시사해 준다.

이 책의 또 다른 특징은 다양한 범위의 학제적 접근으로, 아동과 부모의 관계를 사회학적 · 인류학적 · 심리학적 · 생물학적 접근으로 설명했다는 점이다. 이러한 다학제적 접근을 바탕으로 한 가지 접근으로는 설명하기 힘든 아동의 부모에 대한 영향에 대해 종합적인 통찰력을 갖고 다각적으로 설명했다. 또한 다양한 가족유형에서 나타날 수 있는 여러 가지 부모자녀 관계의 특성과 가족 외적 영향력에 대해서도 상세히 묘사한다. 이를테면 입양가족과 이민가족의 부모자녀 관계, 또래와 전문가가 부모에게 미치는 영향이 잘 설명되어 있다. 수많은 사례와 인터뷰 내용이 수록되었으며, 다양한 이슈가 제기되어 아동이 부모에게 미치는 영향에 대해 재미있고 쉽게 설명하고 있다는 것도 이 책의 장점이다.

평소 부모가 된다는 것의 소중한 의미를 끊임없이 생각하도록 해주시고 이 책의 사회학적 접근을 좀더 잘 이해할 수 있도록 도와주신 아버지께 감사하며, 이 책의 출판을 맡아준 도서출판 한울에 고마움을 전한다. 끝으로 이 책은 아동발달이나 부모교육, 가족학 등의 강의 교재로 이용할 수 있는 자료일 뿐만 아니라 아동과 부모의 관계를 개선하기 위해 일하는 현장전문가와 함께, 아이를 키우는 부모, 부모를 이해하려는 자녀의 입장에 있는 모든 사람들이 손쉽게 읽을 수 있는 지침서가 되리라고 기대한다.

이 책의 초판이 발행된 지 9년이 지났다. 그후로 다양한 분야에서, 특히 사회학과 심리학에서 부모자녀 관계에 관련된 주제에 대해 수많은 양의 연구가 축적되었다. 거기에 필자가 이후 집필한 책과 논문까지 더해 부모에 대한 아동의 영향을 바라볼 수 있는 좀더 넓은 시각을 가질 수 있게 되었다.

필자의 연구를 포함한 연구의 진행에 힘입어 2판은 사실상 새로운 책으로 나오게 되었다. 13장 가운데 8장을 새롭게 썼다. 1장, 7장부터 13장까지가 새로 쓰인 부분이다. 5장과 6장은 완전히 새로 집필해 사실상 변경되었으며 2, 3, 4장은 갱신되어 상당부분 수정되었다. 결과적으로 이 판은 초판을 완전히 대체하는 것이다.

2판은 부모에 대한 아동의 영향에 있어 새로운 주제를 포함하고 있다. 예를 들어 새로이 추가된 장에서는 아동의 또래가 부모에게 미치는 영향, 부모자녀 관계에서 전문가들의 역할, 성인 자녀가 부모에게 미치는 영향, 이민 부모와 양부모의 생활조건에 대해 여러 가지 입장에서 논의했다. 12장에서는 유전과 환경의 상호작용에 대해 생각하고, 사회학적 관점에서 행동유전학의 결과와 해석에 대해 논의했다.

전체적인 구조는 행동유전학뿐 아니라 상호 작용적·사회구성주의적·사회구조적 이론을 통합한다. 그러므로 부모에게 미치는 아동의 영향은 가족이 처해 있는, 부모역할이 정의되고 아동이 사회적으로 구조화되는, 광범위한 사회적 상황 내에서 연구되었다.

2판이 강사, 연구자, 특히 아동을 돌보는 교사나 임상의학자와 같은 전문가와 부모에게 더 유용하게 쓰이기를 바란다. 하워드 출판사(The Haworth Press)의 부대표인 파머(Bill Palmer) 씨에게 감사하며, 좀더 나은 책을 만들기 위해 애써준 브라운(Patricia Brown), 케스터(Yvonne Kester), 크리스코(Dawn Krisko), 마르(Peg Marr), 로이(Andrew Roy), 비세커(Donna Biesecker)에게도 감사하고 싶다.

이 책을 모든 부모와 그들의 아이들에게 바친다. 특별히 모든 워드 작업을 도맡아 줬을 뿐 아니라 나와 긴밀한 유대관계를 맺어준 딸 스테파니(Stephanie)에게 감사의 말을 전한다.

| 차례 |

 아이가 부모의 인생을 바꾼다

1장 서론: 아동의 영향은 무엇인가

"자녀가 부모에게 미치는 영향?" 언젠가 어느 회의적인 임상의학자가 나에게 이런 질문을 한 일이 있다. "부모가 자녀를 어떻게 다뤄야 하는지를 말하는 거겠죠?"

위의 질문과 같은 오해는 흔히 있을 수 있다. 그러나 연구자와 전문가들은 부모와 자녀 간에는 상호 작용적인 관계가 있다는 것을 점점 더 인식하고 있다. 그래서 아이들이 부모에게 어떤 원인을 제공한다는 사실도 깨닫기 시작한다. 그러나 아직은 부모가 자녀에게 일방적으로 영향을 미친다고 생각하는 경향이 일반적이다. 이런 생각은 부모역할과 자녀에 대한 고정관념을 널리 받아들이고 있기 때문에 생기는 것이다. 이 책에서는 부모와 자녀가 어떻게 인식되고 있는가와 이런 상황에서 생기는 잘못된 결론을 다뤄볼 생각이다.

나는 자녀가 부모의 생활에 어느 정도 영향을 주고 있는가를 설명하기 위해서 부모와 성인자녀들의 일상적인 이야기를 인용하면서 연구주제를 도입하려 한다. 이 내용은 나의 여러 연구자료에서 발췌한 것들이며, 학생 1,400명의 자서전과 이혼하거나 재혼한 부부와 한 면접, 청소년의 문제와 비행이 부모에게 미치는 영향에 대한 현장연구들이 포함되어 있다. 첫 번째는 성장하는 동안 부모에게 영향을 미쳤다면 어떤 게 있는가를 묻는 질문에 대한 학생들의 대답이다.

부모님의 생활에 내가 어떤 영향을 미쳤을까요? 나는 지금까지 이런 것을 한 번도 생각해 보지 않았습니다. 그들이 나에게 어떤 영향을 줬는지는 알 수 있고, 다른 질문에서 대답도 했습니다……. 나는, 특히 남자 아이치고는 언제나 모범적인 아이였어요. 그리고 솔직히 부모님이 나를 다른 아이들과 비교할 때 아주 잘 자라고 있고 학교에서도 공부 잘하고 있다고 생각했던 것으로 믿습니다. 나는 한때 부모님의 계획에 차질을 가져다주기도 했지만 대체로 그들은 나로 인해서 감동을 받았습니다. 나는 부모님에게 긍정적인 영향을 미쳤습니다.

-21세 정도의 남학생

스물다섯 살이 된 이래 나에게 가장 행복했던 순간은 내 아들이 태어난 때였습니다. 그 아이가 우리 인생에 얼마나 큰 기쁨과 생기를 불어넣었는지 묘사하기 힘들 정도예요. 또 다른 보너스는 그 아이가 우리 부모님에게 첫 아들손자였다는 사실이고, 그 때문에 부모님은 나를 상당히 존중해 주시게 되었는데, 이것은 지금까지 내 인생에서 없었던 일입니다.

-26세 정도의 기혼 남학생

보고서를 늦게 제출해서 죄송합니다. 딸이 수두를 앓아서 열이 많이 났습니다. 그래서 숙제에 매달릴 수가 없었어요.

-결혼한 여학생이 숙제에 첨부한 편지

새롭게 시작할 수 있다면 나는 아이를 갖지 않았을 겁니다. 나의 경우는 그래도 괜찮은 편이라고 생각하지만 부모가 된다는 것은 우리 사회에서 어려운 일입니다. 잠시도 벗어날 수가 없어요. 아이를 잘 키우는 데는 방해요인이 너무 많습니다. 정말 이 사회는 부모에게 불리하게 되어있다고 생각합니다. 그리고 나서도 우리는 비난 받지요.

-두 아이를 키우는, 재혼하고 취업중인
34세 된 어머니가 면접중에

나는 우리 아들들이 할 수 있는 한 우리와 오래 같이 있었으면 합니다. 나는 그 애들과 어울리는 것이 정말 좋아요. 그들은 재미있고 예의 바르고, 좋은 친구들이 있어요. 부모로서 무엇을 더 요구하겠습니까?

-45~50세 정도의 기혼 여학생

자녀의 입장에서 다음의 두 학생은 그들의 출생순위를 언급하면

서 우리가 2장에서 논의할 '자녀의 특성'에 대해 예고하고 있다.

0세에서 5세까지 나는 부모님에게 큰 영향을 줬다고 생각합니다. 내가 그들의 첫아이였고, 그들이 기대하는 바가 많았다는 점에서…….

나는 우리 가족의 맏이였고, 내 여동생들을 좀 돌봐준 기억이 납니다. 나는 내가 부모님에게 긍정적인 영향을 줬다고 확신합니다…….

전반적으로 학생들은 특정한 질문에 답하는 식으로는 자기들이 부모에게 미친 영향에 대해서 말할 수 있었다. 그러나 이것은 자기들의 생활과 부모의 관계를 일반적으로 설명할 때 자연스럽게 이야기할 수 있는 주제는 아니었다. 사실 15쪽에 예시된 것처럼 몇몇 사람들에게 이 질문은 놀라운 것이었다. 많은 학생들이 2, 3년 전 청년시절에는 그런 질문에 답할 수 없었을 것이라고 지적했다. 한 여성은 다음과 같이 썼다.

그런 질문은 내가 14살, 아니 17살 때까지만 해도 곧바로 적대감을 갖게 했을 겁니다. 그때는 내가 부모님에게 영향을 미치는 것에 대해서는 생각할 수가 없었어요. 왜냐하면 나는 부모님이 나에게 어떻게 하는가, 그들이 나에게 어떤 영향을 주는가에 대해서만 생각하고 있었기 때문입니다. 부모님과 견해가 일치하지 않던 시기에는 부모님은 잘못했고 내가 옳다고 생각합니다. 부모님이 단지 나한테 심술궂게 굴었다고 생각하게 되고요. …… 지금까지도 나는 많은 생각을 해야 했고 나의 작은 우주에서 탈피하려고 노력했어요. …… 내가 좀더 나이 들어서 아이를 갖게 되면 이 자서전을 다시 읽을 겁니다. 그러면 아마 내가 부모님에게 얼마나 지독하게 굴었는지를 생각하게 되겠죠.

자기 부모에게 부정적인 영향을 미쳤다고 생각하는 대부분의 학생들은 자기들의 청년시절을 자신과 부모의 인생에서 아주 해로운 시기였다고 지적한다(Ambert, 1992: 134). 사실상 전체 학생 가운데 3분의 1이 부모와 관계가 좋았다고 했지만, 그 나이에 부모에게 긍정적인 영향을 미쳤다고 느낀 학생은 8%뿐이었다. 학생들은 암시를 받지 않고도 연구자들이 발견한 것 — 청소년기는 부모에게 어려운 시기라는 것 — 을 확인해 줬다. 이 주제는 5, 6, 7장에서 다루게 된다.

앞에서 인용한 이야기들은 평균적인 상황에서 나온 것이고 약간의 부정적인 영향도 섞여 있지만 주로 부모에 대한 자녀의 긍정적인 영향에 대해서 이야기한다. 다음의 인용문들은 가족 내에서 생기는 약간의 문제를 말하는 것이지만 그래도 아직은 정상적인 것들이다. 가족을 빈곤의 굴레에서 벗어나게 하려고 부모가 감당했던 모든 희생을 말하면서 한 학생은 다음과 같이 결론지었다.

나는 우리 가족 가운데 처음으로 고등학교를 졸업하고 대학에 진학해서 금년에 졸업하게 되었습니다. 부모님이 나의 학문적 성취에 대해서 매우 자랑스럽게 여기기 때문에 정말이지 그분들이 스스로 희생한 것에 대해서 유감스러워한다고는 생각하지 않습니다.

15~18살에 이르러 나는 더 이상 반항적이지 않았고 성숙했기 때문에 부모님은 나에 대해서 긍정적인 감정을 다시 갖게 되었습니다. 나는 대학에 들어갔고, 부모님은 고등학교 이상을 다니지 않았기 때문에 나의 진학을 자랑스럽게 생각했습니다. 나는 대체로 성공적이었어요.

어머니는 26살 때 이혼하고 세 자녀를 혼자 키워야 했기 때문에 내가 어머니 인생의 모든 단계에서 큰 영향을 미쳤다고 생각합니다. …… 아이들이 없었다면 어머니에게는 재혼기회가 훨씬 더 많았을 텐데요. …… 내가 11~14살이었을 때 어머니는 가끔 자기의 데이트상대에 대해서 내 의견을 묻는 때가 있었지요.……

위 학생의 말은 특히 흥미롭다. 바로 자녀와 부모의 영향은 상호작용적 현상이라는 사실을 부각시키는데, 이는 이 책에서 다루려는 중요한 내용이다. 바꿔 말하면 자녀들은 어머니의 영향을 받을 뿐만 아니라 그들이 성장하면서 어머니의 인생에 뚜렷한 역할을 한다. 이 경우에 딸은 막역한 친구가 되어서 어머니를 정서적으로 돕는다. 이렇게 일찍 성숙해질 필요성이 생기면서 딸도 발전해 간다. 그래서 부모와 자녀 간에는 서로 영향을 미치는 상호 작용이 생긴다.

다음에는 자녀의 부정적인 영향을 많이 경험한 부모와 자신이 부모의 인생에 상당한 방해가 되었다고 생각하는 학생들을 소개한다.

부모님은 내가 남자애들과 교제하는 것에 대해 견해를 바꿔야 했습니다. 그것은 길고 긴, 감정싸움이었어요. 아버지는 잠도 자지 않았고 언제나 어머니에게 고함을 질렀죠(어머니는 항상 내 편이었기 때문입니다). 그리고 어머니는 무척 우울해 했어요.

-자신의 15~18살 청소년기에 대하여 한 여학생이

그때는 예를 들어 헤비메탈 음악을 즐기고 색다른 옷을 입거나 밤 늦게까지 자지 않고 술을 마시는 등 나에게 실험시기였어요. 내가 맏이였기 때문에 이런 나의 생활이 부모님에게는 새롭고 어려운 일이었을 겁니다. 나는 올바른 행동을 하지 않으려고 노력했고 그들은 나를 어떻게 다뤄야 하는지를 배워야 했겠죠.

이 마지막 학생에 대해서 사회학적으로 흥미로운 점은 자기가 부모에게 안겨준 고통에 대해 자서전에서 아주 대수롭지 않게 묘사한다는 것이다. 말하면서 마지막 문장을 반복하는 것으로 볼 때 부모는 자녀의 사춘기 동안에 생기는 시련과 고통에 적응해야 한다는 뜻이다. 이런 생각은 특별한 예가 아니었다. 대부분의 학생들은 사춘기의 어느 시점에 그들의 부모에게 부정적 영향을 끼쳤다는 것을 간접적으로 인식하고 있다. 그렇지만 4분의 1 정도는 자기들은 이 문제에 대해서 말할 것이 별로 없고, 이런 일은 정상적이며 부모가 마땅히 해결해야 하는 일이라고 생각하고 있었다. 그래서 우리는 사람들, 이 경우에는 학생들이 사춘기를 어떻게 정의하고 있으며 사회적으로 어떻게 해석하고 있는가 혹은 사춘기 자녀의 부모들은 무엇을 하는가에 대해서 계속 검토해 볼 것이다. 다시 말해 이는 의무가 많은 '직무에 관한 묘사'다. 다음의 인용문에서는 좀더 치명적인 자녀의 영향을 보게 된다.

11~14세 때. 나는 정말 부정적인 방향으로 어머니의 인생에 영향을 줬다고 생각합니다. 나는 아주 버릇없었고 어머니에게 반항적이었어요. 어머니의 생각을 이해하려는 노력을 전혀 하지 않았고, 모든 것에 대해서 어머니를 비난하기만 했죠. 이런 행동 때문에 어머니가 새 남편과 안정된 결혼생활을 하기 어려웠다는 것을 압니다. 나는 새 아버지에게도 기회를 주지 않았어요. 그가 나를 알 수 있도록 해주지 않았고, 나도 그를 알려고 하지 않았습니다. 내가 그들의 결혼생활 첫해를 아주 어렵게 만들었던 거죠.

-성인이 된 여학생

나는 나를 설득하려고 했고 긍정적으로 생각하려 했습니다. 나에게는 (18세의) 아주 좋은 딸이 있어요. 딸은 순하고, 행복해 하고, 다정합니다. 그리고 그 애는 우리들에게 어떤 문제도 만들지 않았어요. 긍정적으로 생각해야 하겠지만 그 애의 여동생은 악몽이었다는 사실을 지울 수가 없군요. (15살의 그 딸아이는 늘 학교를 빠지고 낙제를 반복하고 술을 마시고 마약을 복용하고 부모와 소리 높여 다퉜다. 그래서 통제할 수가 없었다.) 아침에 일어나서 제일 먼저 하는 일은 그 애가 어디에 있는가를 찾는 것이었고, 자기 전에 마지막으로 하는 일도 같은 일이었습니다. 하느님 맙소사. 왜 우리에게 이런 일이 생겼을까요? 그 아이는 나의 모든 생활을 뒤엎었고 남편은 더 이상 그 아이에 대해서 이야기도 꺼내지 않았습니다.

-중상층의 어머니가 면접중에

(비행아인) 아들은 이 단계에서 너무 빨리 자랐어요. 모든 사람이 그렇게 말했죠. 그러나 모든 것을 말하고 행동한 후에도 나는 그

애에 대해서 걱정하고, 기분을 살펴주고, 떠나겠다는 위협과 선생님의 불평을 염려하면서 잘못을 바로 고쳐주려고 몇 년을 허비했습니다. 무엇 때문에? 그 주위에는 그와 비슷한 친구들이 많기 때문입니다. 처음에 나는 그 아이들을 비난했어요. 그런데 지금은 아들이 그들과 같이 있고 싶어한다는 것을 압니다. 그래서 모든 것이 소용없어요. 좋은 남편이 있다 해도 이런 생활이 얼마나 외로운 것인지 상상조차 할 수 없을 겁니다. 우리 부부는 서로를 즐길 수조차 없어요.

-어머니가 16살 된 아들에 관해서 면담하면서

이 어머니의 아들은 5년 동안이나 다루기 힘든 상태였다. 그리고 가까운 장래에 잘되리라는 보장도 없다. 마지막 두 어머니의 회고는 우리가 4장에서 논의할 내용으로, 긍정적이든 부정적이든 자녀가 여러 가지 면에서 부모의 인생에 영향을 준다는 사실을 보여 주는 것이다. 면접 후반부에 이 어머니는 아들이 먼 훗날 바르게 된 뒤에도 그에 대해 호의를 갖고 공정하게 생각할 수 있을지 의심스럽다는 말을 덧붙였다. 그때쯤이면 아들이 오랜 세월 자기와 남편의 생활을 망쳐 놓았기 때문에 내 안에 무언가 죽어있고 그에게는 용서받을 권리가 없을 것만 같다고 했다. 이 어머니는 문제 있는 자녀를 가진 부모의 생애주기와 관련한 연구주제로, 인생 후반에 부모에게 어떤 일이 일어날 것인가를 제시한 것이다. 불행하게도 이 주제에 대해서 학자들은 아직 관심이 없다.

다른 많은 어머니들과 몇몇 아버지들이 그랬던 것처럼 위에 인용한 어머니도 면담 도중에 몇 번이나 울었다. 그럼에도 불구하고 이 부모들은 자기들이 비난 받거나 부정적으로 판단되지 않고 자신들의 입장을 설명할 수 있는 기회를 갖게 된 것에 감사하고 있었다. 그들의 인생에서 부정적인 일이 많았는데, 전문가와 만난 것은 처음이었다. 다음의 어머니도 앞의 어머니처럼 자기도 모르는 사이에 면담 과정에서 생애주기적 관점을 나타냈다. 그 어머니는 부정적인 아동의 영향에 끝이 없다고 생각하고 있었다.

나는 더 이상 견딜 수 없습니다. 은퇴하면 여기로부터 가능한 한 멀리 이사 갈 겁니다. 나는 혹사당하는 데 지쳤어요. 내가 계속 여기 있으면 나는 항상 그들의 문제에서 벗어나지 못할 겁니다. 만일 그들이 원한다면 사회복지에 의탁할 수 있겠지만(이 어머니는 중산층) 나는 조금도 관여하고 싶지 않아요. 나는 내 인생의 10년을 낭비했습니다.

-비행은 하지 않지만 문제 있는
18~26살의 세 딸을 가진 독신 어머니

부모의 사회적 의미

1990년대 후반에 이 같은 입장의 많은 부모들이 '낭비' — 자기들은 물론이고 자녀의 인생에서 낭비 — 라는 용어를 사용하기 시작했다는 것을 나는 알았다. 1980년대의 비슷한 상황의 부모들은 그런 용어를 별로 쓰지 않았다. 일부 부모들은 아동발달에서 비행과 어려움에 대한 대안이 있다는 사실을 알게 된 것 같다. 일부는 만일

상황이 달랐다면, 아동 주위에 부정적인 요인들이 그렇게 많지 않았다면, 부모들이 좀더 많은 지원을 받았다면, 이런 '낭비'는 없었을 것이라고 생각하게 되었다. 3장에서 사회적 반응의 특성 가운데 하나로 이런 상황을 다루게 된다.

1990년에 발행된 이 책의 첫판을 쓰고 있을 때 사람들이 나의 주제에 대해서 물으면 나는 아동의 영향이 어떤 것인지를 설명해야 했다. 방금 말한 것은 예외이지만 9년이 지났어도 부모와 자녀에 대해서 사람들이 가지고 있는 사회적 의미는 크게 변화하지 않았다. 전반적으로 교육받은 일반인들은 부모를 자녀에게 영향을 미치는 중요한, 때로는 유일한 세력으로 보고 있다. 같은 또래의 친구들도 아주 중요하다는 것을 알고 있더라도 사춘기의 자녀가 또래집단으로부터 부정적인 영향을 받았다면 그것은 부모의 잘못이라고 믿는다. 부모가 자녀들을 좀더 잘 감독했어야 한다는 것이다. 청소년의 생활에서 부모의 감독이 중요하다는 데는 동의할 수 있지만, 성장하면서 청소년 모두가 부모의 감독을 받으려 하지는 않는다. 더욱이 미디어의 책임이 크다고 할 때도 부모는 아이들이 무엇을 보고 있는지를 알아야 한다고들 한다. 불행하게도 TV와 인터넷을 통해서 무엇이 자기들의 집으로 들어오는지에 대해 부모들은 할 말이 없다. 그러나 그들은 어떻든 책임을 지게 된다.

또 다른 수준에서 부모자녀 관계에 관한 내 세미나를 수강한 학생들의 반응을 관찰함으로서 알게 된 것이 있다. 이들은 주로 사회학, 심리학, 교육학을 전공하는 4학년 여학생들이었다. 그들은 이미 주제와 관련한 실질적 배경분야를 이수했다. 그러나 대부분의 학생들이 **아동의 영향**이란 관점에서 생각하는 것은 어려운 일이다.

아동발달에서 부모됨의 인과관계와 책임에 대한 토론이 벌어졌다. 시험에서도 아동의 영향에 대한 문제는 피했고 부모가 원인이 되는 인과관계에 초점을 맞춰 대답했다. 아직 젊긴 하지만 학생들은 부모가 아이들에게 무언가를 한다고 생각하고 있었기 때문에 새로운 관점을 받아들이기는 어려웠다. 그들 주위에는 그와 반대되는 생각과 사회적 관념이 있고, 그중 많은 부분이 아동발달과 가족연구 교과서에 실려 있기 때문이다.

근본적으로 일반인과 전공자 모두 아동이 영향을 미친다고는 생각하지도 말하지도 않는다. 아이들이 어떻게 부모에게 영향을 주는가, 어떤 종류의 아이들이 부모에게 제일 많이 영향을 주는가, 어떤 성격의 부모들이 특히 자녀의 영향을 받기 쉬운가 등은 일반적으로 전문가들도 잘 하지 않는 질문이다. 특히 아동들이 어떻게 영향을 주는가, 준다면 부정적인 방향인가 또는 긍정적인 방향인가를 결정하는 데 사회적 반응이나 지원이 중요한 역할을 한다는 것도 논의되지 않는다. 마지막으로 부모자녀, 자녀부모 영향 사이에서 피드백의 순환성은 상호 작용이론의 중요 내용이지만 널리 알리거나 받아들이지 않는다. 지금 열거한 주제들은 다음 장들에서 논의될 것이다.

이 책의 1992년도 판은 두 가지 다른 반응을 불러일으켰다. 첫째 제일 많은 반응은 다음과 같다. 무수히 많은 부모들은 내가 이들 주제를 논하는 라디오나 TV 프로그램을 살핀 후에 이 책을 썼다는 데 대해서 감사하다는 말을 하고 때로는 자기들의 문제를 이야기했다. 어떤 사람은 그들의 경험을 인정해 주는, 대학 교수가 쓴 책을 읽는다는 것은 믿을 수 없는 자기확인의 경험이었다고 말했다. 수는 적지만 아동의 권리를 다루는 심리학자, 법률가, 사회사업가 등 일부 전문가들은 (책을 읽지는 않았기 때문에 내용이 아니라) 이 책의 제목 때문에 분노하기도 했다. 다른 사회학자들이 지적한 것처럼 이들 전문가들은 아동권익의 옹호자로서 돈을 많이 번다. 그런데 이 책은 아이들이 부모자녀 관계에서 참여자가 아니고 단지 일방적 수용자일 뿐이라는 주장에 도전장을 내는 것이다.

그러나 이는 잘못되었지만 이해할 수는 있는 반응이다. 아동의 권리와 아동이 부모에게 영향을 준다는 사실간에는 모순이 없다. 소수이지만 학대하는 부모로부터 아동을 보호해야 할 의무와 일반적으로 부모들이 그들의 자녀로부터 그리고 그들에 대한 사회의 부정적 태도로부터 영향을 받는다는 것을 인정해야 하는 의무 간에는 모순이 없다. 더욱이 아동과 청소년의 권리만이 아닌, 그들의 의무에 대해서도 생각해 봐야 한다. 그렇지 않으면 청년들은 정당하게 그들의 행동 결과에 대한 책임을 지지 않게 된다. 실제로 부모들이 자녀에 대해서 도덕적 권위를 가지고 있다면 자녀들은 학대받거나 유기당하지 않을 것이며 비행소년이 될 가능성도 적어지리라는 게 내 논제 가운데 하나다.

학계에서는 최근에 아동발달과 가족학 교과서에서 아동의 영향, 즉 '역' 인과관계에 대해서 간단히 논하기 시작했다. 일반적으로 청소년비행에 관한 교과서에서는 이런 주제를 다루지 않고 있다. 그러나 이론적 수준에서는 아동의 영향, 부모와 자녀의 상호 작용, 자기 발달의 주체로서 아동 등에 관한 주제들은 오래전부터 인정되어 왔다. 이들은 2장에서 다루게 된다. 약간의 예외는 있지만 경험적 조사연구는 부모와 아동에 관한 이러한 최근의 발달된 사고를 따라가지 못하고 있다. 그래서 일반적으로 교과서들은 가족사회학과 아동발달학의 발전된 이론을 취급하지 못하고 있다. 결과적으로 많은 전문가들은 물론이고 학생들도 사회현실과 맞지 않는 낡은 관점에서 교육받고 있다.

근본적으로 아동 영향의 상호성에 관한 주제들은 30년 전에 도입되었지만 일반적인 조사연구는 별로 진행되지 않았다. 많은 이론지향적인 학자들이 당연히 그래야 한다고 생각하고 있음에도, 아직 아동 영향이 연구주류에 포함되지 않는다는 것은 역설적인 일이다. 이 책은 아동 영향 분야에서 이미 '알려져 있지만' 일반적으로 무시되는 내용들을 검토하게 된다. 이는 조사연구 방법과 새로운 생각을 제시하고 표면적으로만 받아들여지고 있던, 최근에 개발된 아이디어를 다시 설명할 것이다. 여기에 제시되는 아동 영향의 연구는 부모됨의 인과관계와 책임에 대한 전통적인 관점을 부인하려는 게 아니고 보완하려는 것이다.

이 책의 구성

이 책의 구성에 대해서 설명하려고 한다. 2, 3, 4장에서는 여기서 시작된 논제들을 설명한다. 아동들의 영향을 역사적·이론적으로 조사연구와 관련해서 설명한다. 여기서 주제와 관련한 전반적인 틀을 제시한다. 2, 3, 4장은 1992년도 판을 수정한 것이다. 다루기 힘든 행동을 하고 정서적인 문제가 있는 아동들(5장)과 비행청소년(6장)을 다룬 두 장은 새로운 내용이다. 이 주제들은 1992년 판에도 포함되어 있었지만 이론적인 수준의 설명이었다. 나는 이들 분야에 대한 실질적인 현장 연구를 하지 않았었다. 이 두 장은 완전히 새롭게 썼는데 최근의 정보와 행동유전학분야에서 나온 새로운 연구방향이 포함되어 있다.

그 뒤의 장들은 모두 이 판에 처음 나온 내용이다. 아동의 또래친구들이 부모에게 미치는 영향을 다룬 7장은 생소한 내용이다. 왜냐하면 아동의 또래친구들에 관한 문헌은 두 가지 사항에 초점을 맞추기 때문이다. (1) 아동은 또래와 어떤 일을 하는가 그리고 그들에게서 어떻게 영향을 받는가? (2) 나쁜 또래친구가 있거나 또래친구들한테 거부당하는 아동의 부모는 무엇이 문제인가. 분명히 이 책의 이론적 흐름에 비추어볼 때 두 번째는 당치않은 질문이다. 왜 그런가는 책을 읽어가면서 알게 될 것이다. 그보다는 우리는 다음과 같이 묻는다. 아동들에게 '좋은' 또는 '나쁜' 또래친구가 있을 때 이것이 그들의 인생에, 결과적으로 부모의 인생에 어떤 영향을 주는가?

8장에서는 부모에 대한 자녀의 긍정적인 영향을 늘리고 부정적인 영향을 줄이는 전문가의 역할이 검토되었다. 상당한 부분 부모가 아니고 전문가 자신들이 연구문제의 유형을 결정하기 때문에 일반적으로 생각하지 않는 질문들이 제기되었다. 그 다음의 세 장에서는 세 가지 범주의 부모를 검토했다. 9장은 성인자녀가 노부모를 포함한 부모에게 미치는 영향을 설명한다. 이는 아주 '유행하는' 주제이지만 대개는 나이 많은 부모를 돌보는 것이 성인자녀에게 짐이라는 관점에서 검토되어 왔다. 사회적 의미라는 관점에서 우리는 이런 질문도 제기했다. 부모가 어린 자녀를 돌보는 것을 '짐'이라고 생각하지 않는데 성인자녀가 노부모를 돌보는 것은 왜 **짐**이 되는가?

다른 관점을 지닌 연구자는 다른 질문을 할 수 있는 것이다.

10장은 이민 부모와 소수민족 부모를 취급하고, 11장은 양부모를 다루고 있다. 이들 집단은 북미에서 아주 특별한 상황을 경험하고 있다. 사회가 그들을 정의하고 대접하는 방식에 따라 그들이 자녀들로부터 어떤 영향을 받고 있는지를 보려고 한다. 마지막으로 12장은 '유전인자를 잊지 말자'라는 도식적인 제목을 달았다. 이 장은 '유전인자와 환경의 상호 작용이 부모자녀 관계는 물론이고 아동의 인성발달과 생활을 결정하는데 어떤 역할을 하는가'라는 가족사회학에서 막 인정되기 시작한 이론을 소개한다. 행동유전학과 상호 작용론의 관점에서 시작된 연구는 자녀들을 키우는 부모의 노력에 한계가 있다는 것을 이해하도록 한다. 부모가 자녀들을 키우면서 봉착하게 되는, 그래서 결과적으로 많은 부정적 자녀 영향을 가져오는 유전적·문화적 장애물에 대해서는 13장의 결론부분에서 다루게 된다.

근본적으로 이 책은 비판사회학 또는 사회학의 사회학분야로 볼 수 있다. 이 책은 부모자녀 관계에 대한 전통적 입장을 비판하고 대안적 연구방법을 제시한다. 이 논의에서 사회구조주의의 이론적 방향을 따르고 있다. 사회구조주의는 당연한 것으로 받아들이고 있는 것, 자연스럽게 보이는 것이 — 부모노릇, 사춘기, 자녀/부모역할과 같은 것 — 실은 문화적으로 정의되거나 사회적으로 구축된 것이라고 주장하는 이론이다. 마지막으로 성역할에 대한 많은 자료도 여러 장에 걸쳐 제시되어 있다. 여기에는 아동이 아버지보다는 어머니의 생활에 더 많은 영향을 준다는 사실도 포함되어 있다.

이 책은 색다른 내용을 담고 있다. 그러나 그렇게 생각되지 않아야 한다. 새로운 연구방법은 자녀가 부모에게 대개는 자기도 모르는 사이에, 그러나 때로는 의식적으로 많은 영향을 미친다는 것을 보여준다. 이런 사실이 인정되고 적절히 연구되고 사회적으로 지지되었다면 부모는 자녀를 훨씬 잘 키웠을 것이다. 아동이 비록 어리지만 부모에게 영향을 미친다는 사실을 인정하면 부모와 자녀 모두에게 도움이 될 것이다.

2장 무시된 관점: 부모에 대한 아동의 영향

이 책은 다원적 인과론 — 상호 작용적·상호 교류적 이론틀(Magnusson, 1995) — 의 관점에서 자녀가 부모에게 미치는 영향에 초점을 맞추고 있다. 이런 관점에 의하면 개인은 환경과 자신들이 참여하는 상호 작용으로부터 동시에 영향을 받기도 하지만 스스로 발달과 환경을 이뤄가기도 한다. 부모와 자녀는 그들의 개인적 성격과 환경의 틀 안에서 그들의 관계를 만들어가는 데 기여한다. 그래서 자녀들에게는 그들의 부모에 대한 영향력이 있다. 이는 부모와 아동에 관한 많은 사회학과 심리학 문헌에서 무시되었던 사고방식이다. 부모와 자녀 관계는 사회화, 자녀양육, 아동발달의 개념에서 분석되어 왔으며, 모두 부모자녀의 상호 작용에서 부모는 원인, 자녀는 결과임을 의미하고 있었다. 이런 관점은 아동에게 미칠 수 있는 다른 잠재적인 영향을 고려하지 않고, 부모가 자녀에게 미치는 영향만 강조함으로써 가족역동성을 협의의 의미로만 해석하는 결과를 낳았다. 자녀가 부모에게 미치는 영향도 그렇지만 부모와 자녀 간의 상호 작용적 영향은 대체로 생략되었다.

전통적 관점의 실패

전통적 관점에서는 부모가 자녀의 안녕과 그들의 능력과 성격 발달에 미칠 수 있는 영향을 측정하는 연구가 많다. 좀더 구체적으로 보면 연구자들은 문제아동을 가진 부모의 배경과 특성에 초점을 맞췄다. 이들 아동의 문제에 기여했거나 원인을 제공한 자녀의 **부모**는 무엇이 **잘못되었는가**? 이와 관련해 적응을 잘하는 자녀가 있는 부모를 문제아동을 가진 부모와 비교해서 자녀를 양육할 때 부모의 어떤 실수, 기술부족이나 결함이 문제자녀를 만드는가를 알아보려는 연구들도 있다. 이 연구방법은 자녀가 그 속에서 성장하는 좀더 큰 환경과 그 환경이 자녀들의 문제에 기여한 점을 전적으로 무시하고 있다. 결국 소홀히 취급했다는 것이 나중에 알려지기는 했지만 자녀의 유전학적 구조 또한 간과해 온 것도 사실이다.

전통적 연구의 결과는 무엇인가? 흥미롭게도 대부분의 연구에서 부모역할은 자녀의 결과 가운데 **일부분**만 설명해 주는데, 이는 어떤 결과를 연구하는가에 따라 결정된다. 예를 들어 부모는 자녀가 특정한 행동의 발달 — 이를테면 학교공부, 음주, 조기 성행위 — 을 이루는 데 매우 중요한 존재다. 그와 대조적으로 부모는 자녀의 일반적인 성격 특성 — 그것이 상냥함, 외향성, 충동성, 수줍음 혹은 지속성이든 — 의 형성에는 관련성이 적다. 빈곤, 이웃, 또래집단, 편부모가족, 나이 어린 어머니, 부모의 저학력과 같은 사회적·경제적 변수 모두는 부모역할 자체보다 자녀의 다양한 결과에 대해서 더 강력하게 설명하는 변수가 된다. 여기에는 부모들이 아직도 '아주' 중요하다고 생각하는 것들 — 학업부진, 행동문제, 비행, 조기 성행위와 출산 — 도 포함된다. 달리 표현하면, 양육행동보다 많은 사회 인구학적 변수가 더 결정적이다. 그들은 부모보다 더 복합적인 영향력이 되며, 자녀를 지도·감독·지원할 부모의 능력을 손상시킨다. 환경요인에 아동의 유전요인이 추가된다면 아동의 결과와 관련한 연구의 설명력은 더 커질 것이다.

대체로 부모에 초점을 맞춘 전통적인 일방향적 연구는 **과학적 편견**을 의미한다. 이는 사실을 오도하며, 특히 부모와 자녀 간의 환경적·유전적·상호적 영향력을 부인하는 것이다. 이들 모든 연구의 결과 부모가 자녀의 발달에 주요한, 때로는 유일한 영향력을 미친다는 잘못된 믿음이 생긴다. 마지막으로 이들 연구는 이 책의 초점이기도 한 자녀가 부모에게 미치는 영향력을 의식하지 못하게 한다.

나중에도 설명하겠지만 부모와 자녀에 대한 단순한 관점은 부분적으로 서구 사회학과 가족심리학에서 주장되는 사회화와 아동발달의 이중개념에 기인한다. 이런 주장에 의하면 아동은 스스로 힘이 없는 것으로 해석된다(Thorne, 1987). 이런 전통적 문헌에서 아동은 단지 받아들이는 사람이고 미래의 존재며 부모는 아동한테서 받을 것이 없다. 아동을 현실적 인간이라기보다는 앞으로 완성될 인간으로 보는 입장 때문에 아동이 중요한 사회적 속성을 가지고 있으며 주요한 사회적 기능을 수행한다는 사실을 간과한다(Corsaro, 1997).

1970년대에 진행된 부모자녀 관계에 대한 문헌연구를 1980년에 검토하게 되었는데, 이에 의하면 이 분야에서 아동의 영향은 물론이고 부모와 자녀 간의 상호적 영향을 포함하는 방향으로 생각이 변하고 있음이 밝혀졌다. 그러나 이러한 문헌검토에 의하면 자녀가 부모에게 미치는 영향에 관한 초기의 지적과 자녀가 최소한 자기 발달에 대한 참여자이고, 공동연출자이기도 하다는 지적에도, 대부분은 전통적 관점에서 연구되었다는 것이 분명히 나타났다(Scarr & McCartney, 1983).

전통적 사회화 이론에 따른다면 기술사회에서 소비자로서 아동의 역할증가는 설명하기 힘들다. 현재 아동들은 소비상품(장난감, 전자용품, 패션)과 문화상품(음악, 책, 영화, 비디오, 콘서트)의 실질적 시장을 형성한다. 소비자로서 아동은 스스로 결정하는데 때로는 부모의 바람이나 선택과 맞지 않을 때도 있다. 자녀가 선택한 물건에 대한 대금을 부모가 지불하지만 어느 정도 성장한 자녀들은 많은 경우 자기들이 사는 물건값을 지불하기 위해 시간제로 일하면서 돈을 번다.

서구 아동의 이중적 역할 때문에 사회화의 주도자로서 부모의 역할은 이론적으로나 실질적인 면에서 궁지에 빠지게 된다. 아동은 이미 미디어와 또래친구들에 의해서 사회화되고 있다. 아동이 아동을 사회화하는 것이다. 아동에게는 그들 자신의 문화가 있다. 부모도 교사도 아동을 사회화하는데 좋든 나쁘든 두드러진 역할을 수행하지 않는다. 실제로 아동은 언제나 다른 아동을 사회화해 왔다. 특히 대가족과 농촌 또는 부락공동체에서 그랬다. 그러나 이러한 현상에서 새로운 것은 아동이 다른 아동에게 미치는 영향이 가족주의가 아니라 소비주의의 일부라는 것이다. 그래서 부모의 통제 밖에 있는 것이다. 또래문화는 더 이상 가족 문화의 일부가 아니다. 또래문화는 가족 외적인 것이 되었다.

과거와 현재의 전통적 연구와 여기에서 요약된 형식으로 설명한 가족이론에 대한 비판을 살펴보면, 이런 이론을 주장하는 일부 성인들이 '비록 무의식적이지만 있는 그대로의 현실과 아동 영향의 이슈를 피해야 할 이유가 있는 것 아닌가' 하는 의구심이 든다. 여성학자 파이어스톤(Firestone)이 물었던 것처럼 우리가 감상적으로 아동에 대해서 이야기할 때 우리는 아동을 대신해서 개인적인 꿈에 사로잡혀 있는 것이 아닌가(1970: 94)? 과거 여성들의 무기력한 위치와 현재 아동들의 무기력하고 행동력 없는 위치는 평행선상에 있다.

1장에서 언급한 것처럼 많은 연구자들은 입으로만 아동의 영향을 인정하고("물론 있지요!") 자신들의 연구에서는 이를 완전히 무시한다. 그들은 자기들의 연구모델에 아동의 영향을 포함시키려 하지 않고 단지 결론부분에서 간략하게 언급할 뿐이다. "그것은 새로운 생각이 아니다"라고 말하는 사람들도 있다. 그러나 그것이 새로운 생각이 아니라면 왜 아동발달, 가족사회학, 청소년비행과 같은 분야에서 다양하게 연구 주제로 포함되지 않는가? 그 해답은 아동기에 대한 낮은 사회적 인식 때문이라고 할 수 있다. 그런 인식의 기초 위에 연구산업을 포함한 모든 산업이 발달되었다. 대부분의 아동구

제산업의 한 가지 방법은 부모를 통제하는 것이다. 아동을 효과적인 사회적 행위자로(그리고 기획자로) 인정했다면 이것은 이익이 적은 산업이었을 것이다. 이는 누군가의 직업을 파멸시키지는 않더라도 바꿔 놓았을 것이다. 영국의 사회학자 데이빗 올드먼(David Oldman, 1994: 45)이 말했던 것처럼 "아동보호산업의 성장은 아동기 자체의 조건이 최근에 바뀌었기 때문이 아니라 성인 노동시장이 변화했기 때문이다." 부모로부터 아동을 보호하는 것은 필요할 뿐 아니라 이익이 생기는 시장이기도 하다. 그러나 최근 학교에서 일어나는 대량살상, 미디어의 폭력과 학대에 비춰보면 아동보호를 위한 투자는 가족을 넘어 또래집단과 미디어를 포함하도록 확대되어야 한다.

이 장 후반에서 보게 되겠지만 다행히 일부 이론과 경험적 조사 분야에서는 편견에 사로잡힌 이론에 반하는 건전한 경향이 존재한다. 그러나 우리가 서론에서 살펴본 것처럼 상호 영향을 적절한 방법으로 다룬 문헌이 없다. 그러므로 진보적인 생각과 연구결과 간에는 차이가 있다는 것을 명심해야 한다. 결과적으로 아동발달과 같은 하위분야는 물론이고 일반적으로 부모자녀간의 상호 작용 분야에서 통용되는 이론을 검토하는 것이 바람직하다.

아동기는 인생의 한 단계일 뿐이다

부모가 자녀에게 영향을 미친다는 일방향적 관점은 오랫동안 그리고 널리, 특히 임상연구에서 인정되어 온 전통에 어느 정도 기인한다. 이 전통은 생애 첫 5년 동안이 성격을 만드는, 결과적으로 인생과정을 정하는 결정적 시기라고 본다. 이 이론적 관점 또는 이론적 관점의 범주, 특히 정신분석학의 원조인 프로이드학파에서는 아동의 첫경험이 일생 동안 남아있다고 주장한다. 초기 몇 년 동안에 그들의 성격이 결정되고 성인이 되서도 이때 형성된 성격 유형에서 벗어나지 못한다는 것이다. 아동은 성인이 되어서도 초기 부모자녀간의 상호 작용을 반복할 것이고, 이 초기의 가족상황에 의해서 각인된 성격특성을 지니게 된다.

이런 식의 주장은 이제 일반적으로 너무 단순한 것으로 생각된다. 첫째, 이러한 관점은 부모자녀 단위를 나머지 세계와 전혀 관계없는 것으로 보고 있다. 둘째, 이런 전통적 연구방법은 출생 때부터 나타나기 시작하는 유전적 영향력을 무시하고 있다. 셋째, 이 연구 방법은 5세 이후의 인간의 성장 가능성을 부인하고 있다. 사실 유아시절부터 사춘기, 성인기까지의 종단연구에 의하면 성격은 여러 해에 걸쳐, 특히 성인 초기까지 어느 정도 변화한다(Caspi, 2000; Shiner, 2000). 생의 후반에도 사람은 성숙해 간다. 예를 들어 많은 사람들은 좀더 성실하고 원만하게 되지만 정서적 불안정성, 외향성(혹은 내향성)과 개방성의 점수는 낮아지는데, 이것이 성격의 다섯 가지 큰 요인들이다(McCrae et al., 1999). 수줍음과 공격성 같은 일부 성격 특성은 아동에게 오래 지속되고 어떤 특성들은 시간이 가면 변화한다. 더욱이 사람들의 태도, 가치관, 대처양식은 그들이 성장하고, 인생에 대한 새로운 접근이 필요한 상황을 맞으면서 변해 간다. 성인들은 그들이 취학 전에 부모에게서, 아동기와 사춘기에 또래친구들한테서 배운 긍정적 또는 부정적인 인간적 상호 작용 양식을 잊어버릴 수 있다.

바꿔 말하면, 아동기는 인생의 한 단계일 뿐이다. 과거의 인과모델이 주장했던 것처럼 되돌릴 수 없는 모형이 아니다. 발달은 일생 동안 계속되는 과정이다(Lerner, 1988). 생애과정 관점에서는 이상적으로 생애의 모든 단계를 통합하려 하고, 이는 문헌에도 뚜렷이 나타난다. 거기에는 전형적인 '아동발달' 문헌도 포함된다(Arnett, 2000).

이것은 초기 경험이 아동의 인생에서 특히 인지발달과 관련해서 중요하다는 사실을 부인하는 게 아니다. 우리의 주장은 환경이 제공해 주는 다른 기회는 물론이고 아동의 성격, 탄력성과 취약성이 똑같다는 가정하에서만 초기 경험이 중요하다는 것이다. 초기의 상처받은 경험도 모든 아동에게 동일한 결과를 가져오는 게 아니고, 반드시 오랫동안 영향을 미치는 것도 아니다(Steinberg & Avenvoli, 2000). 예를 들어 심리적·신체적·성적으로 학대받은 아동의 대부분은 자기 자녀들을 학대하지 않는다. 이는 가족폭력이 전이되는 비율이 30% 또는 그 이하라고 추산한 위덤(Widom, 1990)의 주장과 일치한다. 나중에 자녀들이 모방하거나 유전적으로 상속받을 수 있는 다른 반사회적인 특성이 부모에게 있다면, 즉 전반적인 반사회적 성향을 가지고 있다면 자기 자녀들에게 학대하는 처벌방법을 사용하는 부모들은 폭력성향을 계승시킬 가능성이 있다(Simons et al., 1995). 더욱이 성적으로 학대받은 어린 소녀들이 성인이 되어 자기 자녀들에게 이를 반복할 가능성은 극히 적다. 그러나 그들은 종종 다른 문제, 이를테면 우울증이나 이른 성경험과 같은 문제로 고통 받기도 한다. 그래서 가끔 부정적인 결과를 가져오기는 하지만, 전반적으로 대부분의 경우 상처받은 초기 경험은 연령이 증가함에 따라 반복되지는 않는다. 달리 설명하면 초기에 상처받은 경험은 모든 아동들에게 동일한 결과를 가져오지는 않는다. 어떤 사람들에게는 그 결과가 고통스럽지만 짧다. 다른 사람들에게는 때로는 모든 아동에게 동일하게 예측할 수 없는, 때로는 적절한 임상적 치료로 중단될 수도 있는, 살아가면서 겪게 될 일련의 부정적 사건의 시작일 수 있다.

실제로 수치가 높지는 않지만 부모로부터 학대받은 아동들과 대조적으로(Ambert, 2001) 이상적인 가정관계를 가지고 진정한 사랑을 받으며 전원적인 생활을 해온 자녀들도 있다. 그런데도 이들의 일부는 성장하면서 제대로 적응하지 못하고 아주 불행한 성인이 된다. 이와 같은 예외적인 일은 어떻게 설명할 수 있는가? 다시 한번 부모가 유일한 원인제공자가 아니며 인생의 처음 몇 년이 피할 수 없는 미래에 대한 청사진이 아니라는 것을 기억한다면 쉽게 이해할 수 있을 것이다. 우선 이들 가운데 많은 아동들은 태어날 때부터 부모 사랑과 노력의 긍정적 영향을 차단시킬 수 있는 불행한 취약성을 가지고 있다. 또 일부는 사춘기와 성인기에 심각한 스트레스를 경험했기 때문에 행복했고 잘 적응했던 초기 가정생활의 유리함이 다 없어졌다. 다시 말해 생애과정은 발달에 도움이 되는 기회와 방해가 되는 기회, 모두로 점철되어 있다.

이렇게 말한다면, 아동기의 긍정적인 경험은 살아가면서 그 위에 무엇인가를 이룩할 수 있는 최선의 기초를 마련해 준다고 할 수 있을 것이다. 성공적인 습관을 빨리 배울수록 그후에는 더욱 쉽게 된다. 그와 대조적으로 어릴 때 부정적 요소를 경험하면 위험하게 될 가능성이 크므로 이러한 잠재적인 위험을 극복해야 한다. 그래서 그런 경우 재적응하기 위한 노력이 더 필요하지만 나이 때문에 취약해지고 그런 문제를 잘 다루지 못하게 된다. 초기의 부정적 경험은 앞으로의 인생에 더 큰 스트레스가 되며 좀더 긍정적인 행동을 할 수 있는 귀중한 정신적 에너지를 낭비시킨다. 더욱이 모든 사람이 초기의 좌절된 생활을 회복하는 것도 아니다. 그래서 초기 경험은 확실히 많은 사람들에게 일생 동안 어떤 흔적을 남길 수 있다. 그러나 예외가 너무 많기 때문에 이런 설명에는 별 의미가 없으며 보충설명을 할 여지가 많다.

초기 경험이 지적발달, 특히 학교생활을 준비하는 데는 제일 결정적인 것처럼 보인다. 이는 부모가 중요한 역할을 수행할 수 있고 그렇게 하도록 쉽게 준비할 수 있는 분야다. 그러나 여기서도 일반적으로 아동의 지적발달을 결정하는 것은 부모의 사회계층, 교육 또는 빈곤수준이다. 인생의 첫 몇 년간의 빈곤은 아주 결정적인 변수다(Caspi et al., 1998; Duncan & Brooks-Guun, 2000; Mcloyd, 1998). 그것은 종종 부모 역할을 적절하게 수행하는 것을 방해하기 때문에 간접적으로는 물론이고 그 자체가 결정적이다. 그래서 이는 이중적 행위의 사회적 원인이 된다.

영아는 각 연구자의 이론적 성향에 따라 특성, 기질 또는 성격이라고 부르는 여러 가지 성향이나 특색을 갖고 태어난다는 것을 고려해야 한다. 궁극적으로 아동을 형성하는 것은 이들 특성과 처음에는 부모와 손위 형제, 이후에는 다른 사회화의 담당자와 사회적 영향력의 **상호 작용**이다(Collins et al., 2000). 아동이 긍정적인 환경(사랑하는 부모, 좋은 학교)은 물론이고 부정적인 환경(알코올 중독된 부모, 풍요 속의 빈곤, 비행형제)에 의해서 어떻게 영향을 받는가도 동일한 특성에 의해서 결정된다. 예를 들어 극단적인 경우 자폐아는 사랑하는 부모에게도 별로 긍정적인 반응을 보이지 않는다. 이 결함은 이상적 환경에 의해서도 보상되지 않는다. 또 다른 극단적인 경우 쾌활하고 순한 성격의 아동은 까다롭고 신경질적인 아동보다 부모의 잘못된 행동과 가족의 빈곤상태로부터 영향을 덜 받는다.

부모의 역할: 여러 영향 가운데 중요한 요소다

부정적이든 긍정적이든 아동기의 경험이 꼭 일평생 중요한 흔적으로 남아있는 것은 아니라는 증거가 분명히 있다. 무엇보다 이는 부모가 아동의 생애과정에 영향을 미치는 여러 요인 가운데 하나라는 점을 시사한다. 전통적 이론은 모든 부모들이 자녀의 장래를 통제할 수 있고 미래를 결정할 수 있다고 믿게 했지만 이는 잘못된 것이다. 아동과 청소년을 위해서 봉사하는 것을 직업으로 택한 전문가들, 즉 교사, 사회사업가, 정신의학자, 심리학자 들은 이 같은 일방적인 이론을 기꺼이 받아들여 왔다. 부모는 쉽게 접근할 수 있고, 쉽게 비난하거나 통제할 수 있는 '분명한' 목표이기 때문에 그들이 주장하기가 쉽다. 일단 부모에게 책임을 돌리면 아동문제의 원인을 다른 데서 찾지 않아도 된다. 예를 들어 빈곤이나 미디어 폭력 또는 물질주의에 대해서 아무 설명도 할 필요가 없다.

결과적으로 아동의 사회화과정이 실패하면 즉시 부모를 비난하게 된다. 특히 이 실패로 인해서 무방비상태에서 하는 십대 성행위, 청소년기의 임신, 약물남용, 퇴학과 비행 — 사회적으로 눈에 띄기 쉽고 전통적 관점에서 많이 연구된 문제만 열거한다 해도 — 이 생겼을 때 더욱 그렇다. 의심할 여지없이 일부 부모들은 자녀들의 좋은 행동에 대해서는 물론이고 자녀들의 불운과 잘못된 행동에 책임이 있지만, 다른 많은 부모들은 그렇지 않다. 오히려 다른 사회집단과 기관이 아동에게 영향을 미친다.

그럼에도 부모가 도움이 되도록 감독하면 빈곤과 같은 부정적 영향으로부터 자녀를 상당히 보호해 주고 보상해 주게 된다(Hanson, McLanahan, & Thomson, 1997). 비행, 마약복용과 위험한 성행위는 감독부재와 관련이 있다는 강력한 증거 또한 있다(Miller, Forehand, & Kotchick, 1999; Rodger, 1999). 그러나 많은 부모들이 일하느라고, 형편이 어려운 이웃 때문에, 사회적 지지가 없기 때문에, 자녀의 반항적 태도 때문에 아동들을 감독하지 못한다는 것을 고려해야 한다. 감독을 받지 않는 많은 아동도 좋은 또래집단 또는 안정된 성격 덕분에 스스로 잘해 나간다. 아동은 수동적이지 않으며, 특히 성장하면서 자신의 발달과 자기 행동에 무언가 기여하게 된다(Corsaro, 1997). 그래서 평균적으로 부모는 아동의 초기 발달에 주로 영향을 주는 사람이지만, 이는 가족이 살고 있는 환경을 통해서이며, 아동이 학교(보육원과 탁아소 포함)에 들어갈 때까지다.

여기에서 우리에게는 자녀에 대한 부모, 탁아소, 유치원의 상대적인 영향력을 비교할 수 있는 지식이 거의 없음을 지적해야 한다. 아주 어린 아동도 최소한 어떤 발달분야에서는 부모보다 탁아소 종사자의 영향을 더 받을 수 있다. 결과적으로 아동이 다른 보호자를 갖게 될 때, 그리고 어린 나이에 그렇게 될 때 부모의 영향력이 감소한다고 가정한 것은 합리적인 일이다. 특히 다른 보호자의 가치관이 부모의 가치관과 다를 때는 더욱 그렇다. 이 문제는 최근에 논의되고 있으며, 그와 관련한 아래의 문헌이 흥미롭다(Scarr, 1998; Singer et al., 1998).

우리 사회에서 아동, 특히 청소년들에게 미치는 영향력이 많고 이들이 부모의 영향력과 경쟁한다는 사실을 살펴볼 때, 별 생각 없이 부모가 계속 자녀의 생활에 높은 영향력을 행사한다고는 볼 수 없다. 이 주제는 13장에서 다시 다루게 된다. 부모들에게 계속 영향력이 있으려면 여러 환경이 동시에 존재해야 한다. 즉 사회적·경제적 환경은 물론이고 부모와 자녀의 특성(성격, 건강, 자원 면에서)이 모두 도움이 되어야 한다. 다시 말해 미국과 캐나다에서 부모가 계속 자녀의 인생에 강한 영향력을 행사하려면 부모와 자녀에게 유리한 환경이 조성되어야 한다. 또래친구의 가치관이 부모의 가치관과 비슷하고, 부모의 목표와 학교의 목표 간에 차이가 거의 없는 그런 학교에 다니고, 부정적인 텔레비전 프로그램을 거의 보지 않거나 본다 해도 영향을 받지 않는 그런 아동이 한 예가 된다. 불행하게도 현재 그런 유리한 환경을 모두 가지고 있는 부모는 드물다.

모든 것이 포괄된, 빠르게 변하는 기술세계에 살면서 부모가 자녀의 발달을 완전히 통제할 수 있다고 믿는다면 너무나 순진한 셈이다. 그래서 다른 사회적 영향력들(또래친구들, 매스미디어, 광고, 대중문화, 정치, 종교)이 아동에게 어떤 영향을 미치는가, 그리고 다시 이런 힘들이 어떻게 자녀로 하여금 부모에게 영향을 미치게 하는가를 연구하는 것이 타당할 것이다. 이 다원적 인과모델은 부모자녀 모델보다 분석하기가 훨씬 복잡하다. 그러나 이 인과경로를 따르게 되면, 과학적인 오류가 있고 사람들이 특히 전문가들이 따르게 될

때 사람들에게 피해를 입혀 부도덕해질 수도 있는 단순한 이론의
함정을 피할 수 있다. 이 모델은 또 자녀들이 부모의 인생에 미치게
될 영향에 대해서도 연구할 수 있게 한다.

상호 작용 이론의 출현

20년 전에 벨과 하퍼는 1977년에 발간된 그들의 책 『성인에 대한
아동의 영향(Child Effects on Adults)』의 서문에서 부모와 다른 보호자
에게 미치는 아동의 영향이 얼마나 간과되었는지 지적했다. 피터슨
과 롤린(1987), 맥코비와 마틴(1983)은 부모자녀의 상호 관계란 관점
에서 사회화를 보았다. 지겔(Siegel, 1985)은 부모자녀 관계의 질에서
자녀들이 그들의 부모를 어떻게 인식하고 있는가가 중요하다는 것
을 논의했다. 클러크-스튜어트(1973)는 아동과 어머니가 서로에게
애착을 형성함에 있어 교대로 원인을 제공하고 있으며, 아버지가
개입했을 때 영향의 방향은 더 복잡하게 된다는 것을 발견했다.
엘더, 라이커와 크로스(1984)는 "아동이 부모의 인생에 중요한 영향
력을 행사할 수 있는 가능성"이 있고, 그래서 결과적으로 '아동과
부모의 발달궤도'는 공통된 상황 내에서 이해되어야 한다는 것을
인정했다.

벨스키, 로빈스와 갬블(1984), 러너와 버시-로즈나겔(1981)은 아동
을 스스로 발달하는 존재로 봄으로써 이 논의를 진전시켰다. 그들은
아동 영향과 부모 영향 간의 순환적 상호 작용에 관심을 갖도록
했다. 예를 들어 영아가 복통으로 기분이 언짢은 상태라면 아버지가

안아서 편하게 해줄 수 없고, 더 이상 달래 보려는 시도를 못하게 한다. 아버지는 아기와 상호 작용을 하지 않게 되고 기피하게 된다. 아동의 자극(얼굴 찡그리기, 울음)에 대한 아버지의 이러한 반응은 다시 아이가 무의식적으로 더욱 부정적 방식의 상호 작용을 하게 하거나, 그렇지 않으면 최소한 사람을 회피하는 경향을 강화시킨다.

이렇게 영아도 부모로 하여금 어떤 유형의 반응을 보이도록 할 수 있는데, 이들 반응은 때가 되면 자신의 발달에 긍정적으로 또는 부정적으로 기여할 수 있다. 코너(1971)는 어머니-아기 사이에서 관찰된 다섯 개의 상호 작용 가운데 네 개의 상호 작용을 신생아가 시작한다는 것을 발견했다. 이 저자들은 주로 아동이 자신의 발달에 미치는 영향에 관심을 가지고 있지만 그들의 관점은 이 책의 핵심적 내용을 위한 기초로 사용될 수 있을 것이다. 사실상 아동을 자신의 발달에 기여하는 사회적 행위자로 본다면, 논리적으로 이들을 **부모에 대한** 행위자로도 볼 수 있다.

토마스와 체스(1980)는 부모와의 부정적 상호 작용이 자녀의 까다로운 기질 때문에 생긴다고 주장했다. 정신질환을 앓는 부모가 있는 가족에 대한 루터(1978)의 연구에 따르면 좋지 않은 기질을 가진 아동은 적응을 잘하는 아동과 비교할 때 부모로부터 비판받을 가능성이 두 배나 높았다. 타일러와 코건(1977)은 지체부자유 아동이 어머니에게 부정적으로 반응할 때 어머니가 어떻게 '애정차단'의 피해를 입는지를 보여주고 있다. 즉 이들 어머니들은 낙심해서 아동들과 접촉을 먼저 시도하지 않는다. 또는 그들은 자신들이 거절당한다고 느끼고 자신들이 자녀들의 인생에 중요하지 않다고 믿기 때문에 자녀들에게 반응을 보이지 않는다.

1978년에 ≪현대 심리학(Psychology of Today)≫ 지에 실린 한 논문은 일반 사람들에게 아동이 영향력을 갖는 새 시대가 왔음을 알렸다. 불행하게도 그 논문은 마땅히 있어야 할 추진력을 얻지 못했다. 아마 너무 일렀고 대중은 그것을 받아들일 준비가 되어있지 않았을 것이다. 세갈(Segal)과 야레스(Yahraes)는 "어머니 키우기(Bringing up Mother)"에서 이 주제에 대한 몇 편 되지 않는 문헌들을 요약했고 "부모는 자기들이 낳은 자녀의 산물"이라는 사실을 논의했다. 그들은 부모가 아동을 구속하여 다뤘기 때문에 아동이 의존적 성격을 지니게 되었다는 결론을 내리는 게 옳은지에 대해서 의문을 제기했다. 그렇지 않다면 아동이 의존적이기 때문에 부모가 아동을 구속하며 다루는가에 대해서 물었다. 그런 의문은 이 책에서도 제기된다. 특히 유전인자는 물론이고 비행, 행동과 정서적인 문제를 다룬 장에서 제기된다.

지금까지 아동 영향에 대한 초기의 제한된 연구들은 나이 든 아동 또는 반사회적 아동보다는 영아, 취학 전 유아, 장애 아동만을 다뤄 왔다(McKeever, 1992). 그 이유는 어느 정도 성장한 아동과 청소년들보다는 어린 아동과 그 어머니들을 연구하는 편이 더 쉽기 때문이다. 아직까지 아버지는 이 연구대상에 잘 포함되지 않는데, 이것도 또 다른 편견의 결과다. 아동이 6세가 넘으면 많은 외부 요인들이 경쟁적으로 영향을 미치기 때문에 어머니-아동의 제한된 모델 안에서 연구하기가 더 어려워진다.

제한된 내용이지만, 부모를 사회화하는 주체로서 아동을 내세운 중요한 연구가 나왔다(Brim, 1968; Peters, 1985). 예를 들어 피터스의 연구에서는 대학생의 부모 가운데 상당수가 태도와 행동 면에서

 아이가 부모의 인생을 바꾼다

자녀들의 영향을 받거나 자녀들로 인해 사회화되는 것으로 나타났다. 논의된 분야는 정치, 스포츠, 개인용모와 치장에 이르기까지 다양했다. 이 책의 초판(Ambert, 1992)에는 학생들이 부모에게 미친 영향에 대해서 설명하는 장이 있고 우리는 이 책 1장에서 거기서 인용한 글을 읽었다.

1980년대에 여성학적 시각의 연구는 아동의 정서문제에서 부모가 원인제공자라는 임상연구를 비판하기 시작했다. 캐플런과 홀-맥컬쿠오델(1985)은 임상학술지에 나타난 어머니를 비난하는 경향에 대해 분석했고 주요 어머니 인과모델을 비판했다. 처드로우와 콘트라토(1982)는 프라이데이(My Mother/My Self, 1977)와 디너스테인(The Mermaid and the Minotaur, 1976)과 같은 여성 저자의 글을 비판했다. 여기에는 아동의 운명을 결정하는 데 어머니가 큰 힘이 있고, 이 아동들은 어머니가 저지른 사소한 실수로부터도 일생 동안 피해를 본다는 내용이 수록되어 있다. 이와 비슷하게 사라세노(1984)는 여성관련 사회정책도 항상 여성들에게 아동에 대한 책임을 부과한다고 지적했다. 예를 들어 아이 돌보는 것은 취업중인 아버지의 일이 아니고 항상 취업중인 어머니의 일이다. 소른(Thorne, 1987: 98)은 어머니를 비난하는 이론의 또 다른 함정을 지적했다. "그것은 아동이 어머니와 이룬 유대관계 밖의 환경에서 행동할 의도와 능력을 부인함으로써 아동의 세상경험을 왜곡한다."

일부 학자들은 우리로 하여금 어머니 비난 또는 '어머니 지상주의'에 대해서 경각심을 갖도록 어머니 지상주의적 연구를 비난하는데, 이러한 어머니를 강조하는 연구의 또 다른 편견은, 비록 심리학과 사회학에서 드디어 이 문제를 다루기 시작하긴 했지만 아버지의 역할이 완전히 무시되었다는 것이다(Cabrera et al., 2000; Hawkins & Dollahite, 1997; Lamb, 1997; Larossa, 1997). 거기에 부수되는 문제는 연구된다 해도 주로 어머니에 대한 아동의 영향만 연구되고(예를 들어 장애아동의 어머니) 아버지에 대한 연구는 별로 없다는 것이다. 사실 아버지는 어머니보다 아동의 영향을 적게 받는다. 그래서 아버지는 언제나 부모역할 수행에서 어머니의 사회적 지지자로서 연구된다. 그러나 최근의 연구에 의하면 어머니와 아버지의 관계에 의해서 어머니역할이 영향 받는 것보다 아버지역할은 더욱 큰 영향을 받는다(Doherty, Kouneski, & Erickson, 1998; McBride & Rane, 1998).

역사적 관점에서 본 아동과 부모

출산의 경우를 제외하면, 현재의 아동에 비해 과거의 아동은 아마 부모의 인생에 부정적으로 영향을 미친 일이 적었다는 단순한 이유 때문에 최근 몇십 년 동안에 와서야 비로소 부모에 대한 아동의 영향이 연구될 수 있었다고 설명할 수 있다. 필자가 여기서 '부정적 영향'이 적었다고 하는 것은 자녀들이 부모에게 더 유용했다는 의미이고, 비용이 적게 들었다는 뜻이며, 요즘 그런 것처럼 부모의 생활양식을 바꾸기보다 보강해 줬다는 말이다. 과거에 자녀들은 어린 형제를 돌보는 일을 하든, 집에서 같이 일하든, 좀더 나이 들어서 밖에서 돈을 벌어 오든 부모에게 없어서는 안 될 자원이었다(Coontz, 2000). 그래서 그때 자녀들은 가정에서 큰 영향력이 있었지만 일반적으로 가족생활을 강화하거나 지원했다. 그래서 그 당시의 요구에 비춰볼 때 자녀들은 부모에게 긍정적인 영향을 미쳤다. 노동계층의 자녀들은 때로는 공장과 거리에서 일했고, 빨리 성장하여 부모로부터 일찍 독립하여 자녀로서 개인적으로 영향을 미칠 가능성이 적었다(Nasow, 1985). 20세기 초만 해도 대가족이었기 때문에 아동은 부모에게 개인적이기보다는 집단적으로 영향을 주었다.

19세기부터 20세기 초까지 캐나다, 미국, 유럽의 자료를 연구해 보면 아동의 수입이 가족수입의 상당부분을 차지했다(Nett, 1981). 노동계층의 부모들은 어느 정도 성장한 아동이 벌어 오는 수입에 의존했고 어린 아동은 집안의 잡일을 했다. 길리스(1981)는 1914년까지도 많은 지역에서 영국가족 가운데 10%는 자녀들의 임금 이외에는 아무 수입도 없었다는 것을 발견했다. 더욱이 농촌 아동들은 언제나 농사일을 많이 했고, 많은 아동들이 지금도 그렇게 하고 있다. 가족은 생산단위였다. 이런 환경에서 가족은 현재보다 좀더 완전하고 조직적이며 전체적인 제도였다(Thornton & Lin, 1994). 아동은 주로 가정에서 교육되었고 외부의 영향도 많은 부분에서 가치가 일치하는 동질적인 지역공동체를 통해서 들어왔다. 사회계층과 도시화 정도에 따라 상황이 다르긴 했지만 부모들은 가족의 생존과 자신들의 이익을 위해서 자녀들을 이용할 수 있었다(Graff, 1995).

리 바인스(LeVines, 1985: 31)가 설명한 것처럼 농업사회의 중요한 가치는 자녀들이 평생 동안 부모에게 충성하는 것이다. "…… 농업사회의 부모들은 자녀들이 어렸을 때는 복종을, 청년일 때는 충성을, 나이 들어서는 존경과 지원을 요구할 권한이 있다고 생각한다." 많은 농업사회에서는 아동이 6세가 되면 부모와 같이 일한다. 친족이 이들 사회를 지배하기 때문에 자녀 수가 많다는 것은 안정,

도움, 위신의 근원이다. 결과적으로 많은 수의 자녀를 원하게 된다. 부콕(1976: 422)은 가족이 생산단위인 사회에서는 어린 아동들을 전적으로 집에서 돌보는 것이 적합하다고 지적했다. 더욱이 농업 사회에서는 친척들이 자녀양육에 관여하며, 예를 들어 아직도 미국 원주민들의 경우가 그러하다(Machamer & Gruber, 1998: 358; Mintz & Kellogg, 1988).

북미에서는 19세기 중엽에 이르러 중산층에서 아동이 가족에게 경제적으로 기여하는데 방해가 되는 아동의 공교육이 실시되었다. 젤리저(Zelizer)는 이를 '아동의 경제적 무가치현상'이라고 불렀다 (1985: 5). 그때까지 아동은 '실용적 대상'이었다. 다른 한편 덴마크의 사회학자 크볼트럽(Qvortrup, 1995)은 이렇게 지적했다. 아동은 학교공부를 통해서 후에 사회에 나가서 역할을 담당할 준비를 하고, 기성세대를 지원하는 납세자가 될 준비를 하기 때문에 계속 유용하다는 것이다. 현재, 특히 도시화된 지역에서 아동은 살아남기 위해, 재정적 책임을 지기 위해서 부모의 자원이 필요하다. 그래서 새로운 경제적 현실은 물론이고 새로운 이념은 어린 가족구성원의 경제적 기여의 방향을 변화시켜서 부모보다는 큰 사회를 지향하도록 했다.

이런 의미에서 아동의 영향은 부모에게 비용요인으로 바뀌었다. 아동은 재정적으로 덜 유용하게 되었고, 키우는 데 비용이 많이 들게 됨으로써 출산율이 감소되었다. 결과적으로 아동 개개인은 부모의 사랑, 헌신, 자원을 많이 받게 되었다. 좀더 소규모 가족에서 각 아동은 정서적으로 부모에게 의미하는 바가 커졌다. 젤리저는 아동이 신성시되었다고 말했다(아동의 신성화). 그들은 감상적 가치의 대상으로 변했다. 이는 다시 부모가 자녀에게 정서적으로 의존하고, 개별적으로 자녀의 영향이 커지는 계기가 되었다. 사회사학자들 가운데서도 애리스(Philippe Aries, 1962)와 스톤(Lawrence Stone, 1977) 은 아동기의 정의와 의미의 변화에 대해 많이 논의했다.

아동의 역할과 지위가 변하면서 그들의 권리도 변했다. 아동은 국가적 보호와 규제의 대상이 되었다. 아동노동은 규제되고 금지되었을 뿐만 아니라 부모의 의무가 법제화되어 부모의 의무는 공적 감시를 받게 되었다. 그래서 직접적이든 간접적이든 자녀가 부모에게 미치는 영향이 커졌고 불균형이 생겼다. 젤리저는 다음과 같은 현실적인 말을 저서에 씀으로써 결론을 내렸다. "그러나 아마 가정에서 자녀의 착취를 방지하기 위한 적절한 안내, 새로운 태도와 보호가 있기에 아동들은 협력적 가족단위에서 말할 수 없이 유용한 참여자가 된다(1985: 228)."

역사적 변화의 정점

1974년에 마틴 컬러는 오늘날 대부분의 부모는 자신의 행복보다 자녀들의 행복이 우선이라고 말하는 것에 대해 자부심을 갖는다고 쓴 바 있다. 그는 영아가 아니라 청소년을 말하고 있었다. 이런 가족들은 아버지 중심 또는 어머니 중심이기보다 자식 중심이라고 말할 수 있다. 그는 여러 면에서 "미국은 인류 역사상 처음 나타난 본질적·노골적으로 청년지향적인 또는 청년에 의해서 지배되는 사회의 원형으로 꼽을 수 있다"고 지적했다(1974: 13). 그러나 이 상황은 사회적 수준에서 볼 때 애매한 것이기도 하다. 한편 아동은

20세기 동안에 권리를 획득했고, 아동의 복지와 교육을 증진시키는 제도들이 많이 생겼다. 사회는 부모로 하여금 자녀의 교육을 지원하고 다른 기관에도 가게 해야 한다고 강요한다. 다른 한편 시장경제는 이익을 가져다주는 근원으로 아동과 청년들을 착취하고 그들에게 가끔 인간적 자질의 발달을 위태롭게 할 수 있는 '중재'상품을 제시하기도 한다. 달리 말하면, 청년지향적 사회는 반드시 청년에게 이익을 주는 사회가 아니며, 이는 아동과 청소년을 괴롭히는 모든 종류의 문제 발생률이 높은 것을 봐도 알 수 있다.

이런 사회적 실패로 인해서 부모에 대한 아동의 부정적 영향이 커지는데, 경제적 요구까지 커지는 시기에 부모는 자녀에게 많은 것을 투자해야 한다(Hays, 19960). 부모에게 요구되는 자기 부정은 그들이 문화로부터 배우고 자기 개인생활에서 점점 늘어나는 개인주의와 상반된다. 그래서 더 귀찮아지는 부모로서 의무와 자기 개인만족을 얻으려는 성인으로서 취향 사이에 틈이 생긴다. 거기에 더해서, 아동과 청소년들은 가족에 대한 의무를 수행할 책임에서 벗어나 있다.

미디어가 전해주는 가치관들은 가끔 부모의 가치관과 정반대되는 것이어서 잠재적으로 부모의 영향력을 감소시키거나 최소한 약화시킨다. 우리 교육제도에 대한 탁월한 비판가인 앨런 블룸은 다음과 같이 주장했다. 북아메리카에서 아동들이 많이 듣는 록음악은 '어느 누구도 그것에 심각한 관심을 갖지 않을 때 자녀의 도덕교육에 대한 부모의 통제력을 상실하게 한다(1987: 76).' 닐 포스트먼은 『아동기의 소멸(The Disappearance of Childhood』(1982)에서 텔레비전은 아동을 '성인화'할 뿐만 아니라 성인을 '아동화'하는 매체라고 그럴듯하게 묘사한 적이 있다. 요약하면 부모는 과거처럼 아동에게 많은 도덕적 영향력을 행사할 위치에 있지 않고, 그래서 아동의 영향력이 커질 수밖에 없다.

아동의 영향력을 증가시키는데 기여한 또 다른 역사적 요인은 청소년기를 별개의 사회적 범주로 취급하게 되었고 또래집단의 영향력을 알게 되었다는 것이다. 우리는 청소년기가 필수적이며 인간 발달에서 피할 수 없는 반항단계라고 생각하고, 그것이 보편적 현상이 아니라 지난 세기의 특별한 문화적 산물이라는 것을 가끔씩 잊고 있다. 머스크로브(Musgrove, 1964)에 따르면 청소년기가 '만들어진' 영국에서 17세기 중반부터 청소년기의 지위는 변하기 시작했다. 케트(1977)는 1890년에서 1920년 사이를 경제적 조건이 변하면서 14세에서 18세까지의 청년들을 청소년이라고 부르게 된 결정적 시기로 보았다(Demo, 1974. 참조). 십대 이전과 십대의 소비문화는 확실히 북미에서 제2차세계대전 이후에 생긴 새로운 현상이다. 또래집단이 좀더 자율적이고 분명해지면서 그들 역시 아동의 생활에 더 많은 영향력을 행사하게 되었다. 불과 20년 전에 비해 아동이 좀더 어렸을 때부터 또래지향적으로 된다는 증거가 있다. 이런 증거에 의하면 아동에 대한 또래집단의 영향이 커지고 있으며, 결과적으로 부모의 영향은 감소하고 동시에 아동의 영향은 커지고 있다.

결론

이 장에서 검토한 사회 · 역사적 발달은 모두 아동이 도덕적으로 그리고 사회적으로 부모로부터 더 독립적으로 되고 있다는 것을 의미한다. 부모의 영향력은 감소하고 있다. 그리고 이러한 발달로 인해서 과거보다 아동의 영향력이 증대될 가능성이 생긴다. 사회가 발달하면서 각각 상이한 연령층의 부모가 상이한 연령층의 자녀로부터 어느 정도 영향을 받는다. 다른 방식으로 표현하면, 한 사회에서도 아동의 각 세대가 계승되면서 부모들은 달리 영향을 받는다. 부모 역할은 물론이고 아동과 부모의 '본질'은 정적인 것이 아니라 그것이 존재하는 사회적·역사적 조건에 따르게 되는 것이다. 부모와 아동은 시간이 지남에 따라 변하는 사회적 산물이다.

3장 부모에 대한 아동 영향의 결정요인

이 장은 세 가지 질문에 대해서 논의한다. 첫째, 어떤 유형의 아동이 부모에게 부정적으로 또는 긍정적으로 영향을 미치는가? 즉 아동의 어떤 특성 혹은 변수가 부모에 대한 영향과 관련이 있는가? 그 다음, 자녀들로부터 제일 영향을 받기 쉬운 부모의 유형에 대해서 알아본다. 마지막으로 부모자녀의 관계는 특정한 환경에서 상호 작용하기 때문에, 아동의 영향을 가능하게 하고 아동의 영향에 기여하거나 감소시키는, 그리고 그 영향이 부정적일 때는 악화시키거나 그 원인이 되는 사회적 상황을 연구해야 한다. 요약하면 아동, 부모, 아동과 부모에 대한 사회적 지원이라는 세 부류의 특성들이 아동의 영향과 영향의 내용을 결정하거나 좌우한다.

　이들 세 부류의 특성들이 이 장에서 다룰 중심 내용이다. 이들 특성에 바탕을 두고 아동 영향의 방향(부정적·긍정적)과 정도에 관한 가설을 세웠다. 부모와 자녀의 특성은 가끔 영향의 상호성이론에 비추어 같이 검토되었다(Lerner, 1995). 아동과 부모는 서로 영향을 주고받기 때문에 여러 행위자의 특성들은 영향의 순환에서 매우 중요한 요인이 된다. 단일 원인론보다 상호 작용론의 이론적 관점을 취하고 있기 때문에 아동, 부모, 환경 간의 관계가 중시된다(Magnusson, 1995). 이 책은 아동의 영향에 초점을 맞췄지만 이 모델은 아동에 대한 부모와 사회의 영향을 연구하는 데도 마찬가지로 타당하다. 이들 전체를 이용한 일은 드물고, 처음부터 세 부류의 변수를 통합해서 연구를 기획한 학자도 거의 없다. 예외적으로 크루터와 동료들(1999)은 아동의 일상생활에 대한 부모의 지식에 영향을 미치는 조건들을 검토했다. 거기에는 아동과 부모의 몇 가지 특성과 두 수준간의 상호 작용, 가족 외적 변수들이 포함되어 있다.

아동의 특성

　영아는 부모가 반응을 보여줘야 하는 특정한 욕구를 지닌 존재로 세상에 나타난다. 아동이 자라면서 다른 욕구를 지니게 되고, 행동 영역을 넓히며 사회와 접촉하는 부분을 확장해 나갈 때 부모는 계속 거기에 반응한다. 아동은 부모에게 요구를 많이 하거나 적게 하는, 그리고 만족 또는 욕구불만을 가져다줄 수 있는 개인적 특성들을 가지고 있다. 다른 방식으로 설명하면, 일부 아동들은 그들의 특성이나 특별한 욕구 때문에 좀더 많은 **부모의 투자**(시간, 노력, 가르침, 개인적 희생)를 요구한다. 다른 아동들은 좀더 '평균적'이다. 그래서 부모의 특별한 투자가 필요하지 않고 일생을 통해서 지속될 필요도 없다.

아동의 특성은 인구학적 특성과 개인적 특성으로 분류된다. 인구학적 특성은 18세 미만의 아동들에게 해당된다. 일부 아동의 인구학적 특성은 부모의 것과 같다. 사회적·경제적 지위가 중요한 예이며, 자녀의 사회적·경제적 지위를 따로 생각할 필요가 없다. 자녀들은 일반적으로 부모의 사회계층, 종교, 인종집단에 속한다. 예를 들어 다른 사회계층에 속할 수 있는 성인자녀를 연구하는 경우에 비해 아동기 자녀를 연구할 경우 인구학적 특성의 수가 더 적다. 성인자녀는 9장에서 다루게 된다.

아동의 인구학적 특성

1. 연령
2. 성별
3. 출생순위
4. 다태아 여부
5. 초혼 또는 재혼 부모
6. 형제자매 집단의 질과 구성
7. 또래집단의 질과 구성

아동의 개인적 특성

 8. 출생 시 몸무게를 포함한 신체건강

 9. 신체적 외모 / 장애

10. IQ와 그밖의 다른 능력

11. 성격 특성, 태도, 정신건강, 애정수준, 부모에 대한 애착

12. 학교 성적과 성취

13. 다른 활동분야(예를 들어 운동이나 음악)에서의 수행과 성취

14. 행동(가정, 학교, 또래, 이웃집단)

15. 다른 중요한 사람(형제자매, 또래, 친척, 교사)과의 관계

인구학적 특성과 관련해서 아동의 성이 부모의 기대, 계획, 아동의 장래에 관한 부모의 꿈, 아동을 다루는 방법, 아동이 쓰는 방의 색깔까지 영향을 준다는 것을 보여주는 문헌들이 많다. 이런 일들에 성역할이 중요하다. 더욱이 아들을 기대했던 일부 부모는 딸을 갖게 되면 순간적으로 실망하게 된다. 아들만 있는 부부가 딸을 원하는 것보다 딸만 가진 부부가 아들을 좀더 원한다. 딸보다 아들을 더 선호하는 것이며, 그래서 아동의 성이 부모의 가족계획에 영향을 준다(Yamaguchi & Ferguson, 1995).

여러 장에 걸쳐 아동의 연령은 아동 영향의 중요한 결정요인으로 관심의 대상이 될 것이다. 예를 들어 1장에서 제시된 학생들의 자서전을 분석한 연구에 따르면, 청소년기는 특히 부모에게는 스트레스가 많은 시기다. 사실상 청소년기는 사회적으로 어려운 시기로 규정되고 있으며, 결과적으로 특히 일상생활과 관련해서 다양한 부모자녀 갈등이 생긴다(Gecas & Seff, 1990).

널리 연구된 또 다른 인구학적 변수는 아동의 출생순위다. 첫아이보다 다음 아이들은 부모의 관심을 덜 받게 되고, 새로운 자녀 출산은 이미 태어난 자녀들에 대한 어머니의 행동을 변화시킨다(Teti et al., 1996). 그래서 새로 출생한 자녀는 부모의 투자를 변화시키게 된다. 이제는 첫아이와 비교해서 늦게 태어난 자녀들이 부모에게 어떤 영향을 주는가를 연구하는 데도 관심을 기울여야 한다. 최소한 첫아이는 성인들이 부모 역할을 직접 배우는 틀을 제시해 준다고 말할 수 있다. 그래서 첫아이는 자기도 모르는 사이에 부모를 사회화하는 역할을 수행한다(Ambert, 2001).

불임치료의 결과로 쌍둥이 또는 다태아 출산이 증가하고 있는데, 이렇게 태어난 아동에게도 특성이 있다(Ventura et al., 1999). 쌍둥이가 태어나면 스트레스를 더 많이 받는다. 쌍둥이는 작게 태어나는 경향이 있고, 그래서 의학적으로 많이 배려해야 한다. 그들의 출생은 부모에게 정서적·재정적 부담을 가져다준다. 쌍둥이 어머니는 아이 돌보는 일에 좀더 많은 시간을 보내며, 쌍둥이 아버지도 한 아이의 부모보다 아이 돌보는 일에 더 참여하는 경향이 있다. 비록 부모가 쌍둥이 돌보는데 더 많은 시간을 할애하지만, 한 아이의 부모보다 쌍둥이와 개별적 상호 작용은 적다.

리튼(Lytton, 1980)은 쌍둥이라는 사실이 아기의 발달뿐만 아니라 부모 역할의 조건에도 큰 영향을 미치는 생태학적 요인이라고 했다. 쌍둥이 부모는 가끔 다른 부모들이 경험하지 못하는 많은 긍정적 관심의 대상이 되고 긍지를 갖는다. 불행하게도 아동 초기 이후 쌍둥이 부모가 어떤 영향을 받는가에 대해서는 적절히 연구되지 않았다. 특별히 다른 십대 자녀와 비교해서 십대 쌍둥이가 부모에게 어떤 영향을 미치는가를 아는 것은 매우 중요할 것이다. 특히 또래 집단의 영향과 관련해서 이런 질문을 할 수 있다. 쌍둥이들은 친구지향성, 학교지향성, 부모지향성이 더 적은가 또는 더 많은가? 그들은 부모에게 덜 협조적인가 혹은 더 협조적인가? 그들은 부모에게 더 보상하려 하는가 아니면 덜 보상하려 하는가?

이 장에서는 아동의 개인적 특성에 대해서 가설의 틀 안에서 광범위하게 다룬다. 다음에 나오는 여러 장에서, 특히 5장과 6장에서 이들 특성 하나하나에 초점을 맞춘다.

여기서 8~15세 아동의 특성상 사회적으로 인정된 평균으로부터 아동이 많이 벗어날수록 부모에 대한 아동의 영향이 크다는 가설을 세울 수 있다.

이 가설은 평균으로부터 긍정적으로 많이 일탈한 경우부터 부정적으로 크게 일탈한 경우까지 연속선상에서 조정할 수 있다.

(A) 8~15세의 아동에게 사회적으로 인정된 평균으로부터 부정적으로 일탈한 특성이 있을수록 아동은 부모에게 부정적 영향을 끼칠 것이다.

부정적 영향은 일시적이거나, 산발적일 수 있고, 평생 동안 지속될 수도 있다. 이 가설을 종단적으로 검증하는 것은 흥미로운 일이지만 그렇게 하기에는 우리의 지식이 너무 단편적이다. 문제를 더욱 복잡하게 하는 것은 아동이 평균으로부터 부정적으로 벗어났음에도 불구하고 많은 부모들은 개인적인 힘으로 그 상황에 대처해서 긍정적 영향을 경험한다는 것이다. 특히 부정적 아동 영향은 호의적인 사회적 반응을 통해서 감소될 수 있다.

아동의 부정적인 규범 일탈이 외부에 의해서거나 자연이나 환경의 사고 때문이 아니고 **아동 자신으로 인한** 것이라면 부모에게 더 부정적인 영향을 줄 수 있다는 가설도 세울 수 있다. 예를 들어 청소년비행이나 잘못된 아동행동은 아동과 또래에게 상당한 책임이 있다. 그와 대조적으로 뇌성소아마비, 폐렴 또는 음주 운전자에 의한 부상은 아동의 '행동' 탓이 아니다. 즉 원인이 외부에 있는 것이다. 후자의 경우 부모는 고통 받는 아동의 편이 되지만, 아동으로 인해서 문제가 생겼을 때는 사회의 규범에 맞게 아동을 사회화하기 위해 부모는 가끔 아동과 '싸워'야 한다.

모든 사회에는 '정상적인 아동은 어떤 아동이어야 하는가, 어떤 외모를 가져야 하는가, 어떻게 행동해야 하는가'에 대한 명시적·묵시적 기대치가 있다. 그래서 부모는 자녀가 태어나기 전부터 여러 가지를 기대한다. 자녀가 태어났을 때 영아와의 시각적 첫 만남으로 자기들의 기대가 어느 정도 충족되는지를 알게 된다. 건강한 신생아는 부모를 기쁘게 하고 저체중아는 걱정을 안겨준다. 아동이 성장하면서 걷기, 말 배우기, 애정표현과 같은 문화적으로 결정된 성장이정표를 생각하게 된다. 부모의 기대를 충족시키거나 앞서가는 아동에 비해 정상적인 기대에서 벗어난 아동은 부모에게 다른 영향을 미친다. 부모에 대한 아동의 다양한 영향(자녀에 대한 부모의 영향은 물론이고)은 규범과 아동 간의 불일치의 내용에 따라 결정된다. 사회적으로 인정되는 평균으로부터 부정적으로 일탈한 자녀의 부모는 무엇을 기대할 것인가에 대해서 자신들을 재교육해야 한다.

부모의 많은 적응이 필요하며, 기대와 현실의 불일치 때문에 스트레스가 야기된다. 부모의 적응은 5, 6, 7장에서 많이 다룬다.

(B) 8~15세 사이에 아동이 사회적으로 인정된 평균으로부터 긍정적으로 일탈된 특성을 가질수록 부모에 대한 아동의 긍정적 영향도 커진다.

예를 들어 음악적 재능을 가진 자녀(평균으로부터 긍정적 일탈)의 부모는 자기 자녀가 하는 일에 만족하고, 친구들과 교사들의 칭찬에 흐뭇해할 것이다. 그들은 자신들을 다른 부모와 비교할 것이며, 자녀의 장래에 대해서 별로 걱정하지 않을 것이다.

가설 B는 다음과 같이 정리할 수 있을 것이다. 부모에 대한 영향은 어떤 **영역**에서는 긍정적일 수 있고 다른 영역에서는 부정적일 수 있다. 영향의 방향은 부모의 특성과 사회적 반응의 질에 따라 결정될 것이다. 예를 들어 자신감이 없는 부모는 자녀가 높은 지능지수(IQ)를 가졌다면 사회적 칭찬을 받음으로써 득을 보기도 하지만 동시에 심리적으로 위협을 느끼기도 한다. 만일 아동의 부모가 교육을 많이 받지 못했다면 자녀가 지적으로 부모를 앞지르기 때문에 부모는 열등감을 갖게 되고 어떤 일에서는 역할이 서로 바뀔 수 있다. 이들 부모는 특히 자녀가 학교에서 공부를 잘할 때, 자녀를 도울 수 없을 때 무력감을 느끼게 된다.

그와 대조적으로 교육을 많이 받은 부모는 이런 자녀에게 부정적 부담이 없다 — 오히려 부모와 자녀는 아주 잘 맞을 것이다 — 고 할 것이다. 대부분의 경우 부모는 재능이 많은 자녀를 특히 가깝게 느낀다. 교육받은 부모는 이런 자녀들을 더 동일시한다. 부정적인 면을 살펴보면, 그들은 아동이 받아야 할 특별 교육과 관심에 부담을 느낄 것이다. 아동은 부모에게 더 많은 관심과 사랑을 직접적으로 요구할 것이다. 부모는 많은 시간과 돈을 투자하게 된다. 그래서 자녀의 욕구와 개인시간을 원하는 부모의 욕구가 상충한다.

아동의 특성은 부모에 대한 아동 영향을 결정하는 중요한 요인이다. 평균으로부터 부정적으로 일탈한 자녀가 부모에게 미치는 영향을 다루게 될 다음 장들에서 이 주제를 충분히 설명할 것이다. 비행소년은 물론이고 정서와 행동상의 문제가 있는 아동에 대해 이 관점에서 논의할 것이다. 또 한 장에서는 또래집단이 부모에게는 물론이고 아동에게 미치는 영향을 다룬다.

부모의 특성

이제 부모 특성과 자녀 특성의 상호 작용에 초점을 맞춰보자. 상당부분 부모의 특성이 자녀의 영향을 증가 또는 감소시키거나 예방한다. 어떤 부모는 자신들의 특성 때문에 자녀들의 영향에 좀더 **취약하다.** 취약하다는 용어가 반드시 부정적 의미로 사용되지는 않는다. 이는 일부 부모들은 좀더 개방적으로 자녀들로부터 즐거움을 받아들이고 다른 부모들은 손해로 받아들일 가능성이 크다는 것을 의미한다. 이는 또 일부 부모는 비슷한 자녀를 가진 다른 부모보다 어떤 특성이 있는 자녀로부터 부정적 영향을 받을 가능성이 더 많다는 것을 의미한다.

다음에 열거하는 몇몇 부모 특성은 다음 장에서 논의할 부모의 생활영역과 중복되는데, 이는 자녀의 그러한 영향을 받을 수 있는 영역이다. 특히 건강과 관련해서 그렇다. 더욱이 몇 가지 부모 특성은 자녀로부터 영향을 받은 직접적인 결과일 수 있다. 부모의 개인적 특성 혹은 헌신적 부모 역할과 관련한 18가지 변수가 한 예가 된다. 가끔 까다롭거나 거부적인 자기 자녀의 행태 때문에 그 결과로 부모 역할에 덜 집착하는 부모가 있다. 달리 표현하면 부모의 특성은 실제로 아동 때문에 생긴다. 이렇듯 서로 영향을 미치며, 상호 작용하는 상황이므로 부모의 변수를 연구할 때 그들에게 영향을 미칠 수 있는 아동과 사회의 특성을 염두에 두어야 한다.

부모의 인구학적 특성

1. 부모의 연령(자녀 출산 때와 현재)
2. 성별
3. 사회·경제적 지위(SES): 교육, 수입, 직업
4. 결혼상태
5. 양부모 또는 친부모
6. 인종과 소수민족 집단의 지위
7. 이민
8. 종교
9. 부모의 다른 자녀, 이들 자녀의 특성, 자녀수와 터울

부모의 개인적 특성

10. 지능지수(IQ)와 다른 능력

11. 성격, 정서적 반응성

12. 아동기에 그들 스스로 받았던 양육의 질

13. 성역할에 대한 생각과 실천(노동의 분담을 포함해)

14. 대처 방식

15. 양육기술

16. 부모 역할에 대한 기대

17. 아동에 대한 인식

18. 부모 역할에 대한 헌신

19. 정신적·신체적 건강

20. 신체적 외모/장애

21. 물질적 자원

22. 사회적 자원(예를 들어 '사회적 지지'이라고 일컫는 친구들)

23. 부부관계의 질

24. 다른 가족 구성원, 특히 자신의 부모와의 관계

인구학적 특성과 관련해서 우선 아동은 아버지보다 어머니에게 더 영향을 주는데, 그 주된 이유는 어머니가 주 양육자이기 때문이다(Larson & Richards, 1994). 주 양육자 역할을 수행하면서 어머니가 아버지보다 아동과 더 많은 상호 작용을 하는데 그 상호 작용에는 여러 형태가 있다. 예를 들어 아동은 아버지보다 어머니와 더 가깝기도 하고 더 많이 갈등하기도 한다(Noller, 1994; Patterson, Reid, & Dishion, 1992). 더욱이 편모가족이 많고, 이런 가족에서는 어머니가 부모 역할을 전부 수행해야 한다. 이혼을 하게 되면 일반적으로 어머니들이 자녀를 돌보게 되고 아버지 역할은 대부분 없어지거나 크게 변한다. 그래서 '자녀가 어떤 행동을 하는가, 자녀가 어떤 아동 인가(아동의 특성)'는 아버지보다 어머니에게 더 많은 영향을 준다. 게다가 호치쉴드(Arlie Hochschild, 1983)가 『조율된 마음(The Managed Heart)』에서 잘 설명한 것처럼 사회는 자녀를 양육·지원하고, 정을 주는 일에 대해서 남자보다 여자에게 더 기대한다. 자녀들 또한 그렇게 기대하기 때문에 결과적으로 아버지보다는 어머니에게 양육에 대해 더 많이 요구한다.

부모의 또 다른 인구학적 특성에 대해서 말한다면, 부모자녀 관계를 조정하거나 강화시켜 주거나 부모를 지원해 줄 또 다른 부모가 없다는 이유만으로도, 편부모는 결혼생활을 지속하는 부모보다 자녀들의 행동에 의해서 더 많이 영향 받는다. 우리 사회에서 편부모는 종종 다른 부모보다 더 가난하며, 이런 상황이 부모자녀 관계를 악화시키고 양쪽에 모두 부정적인 영향을 준다. 더욱이 편모의 재정적 부담은 무겁다. 여러 연구에 의하면 자녀들이 사별한 편부모의 행복에는 긍정적인 영향을 줄 수 있으며(Umberson & Gove, 1989), 이혼한 아버지가 자녀들과 계속 접촉하면 아버지는 좋은 영향을 받고(Umberson, 1989), 양육권을 가진 아버지는 부정적인 영향과 긍정적인 영향을 모두 경험한다(Shapiro & Lambert, 1999).

부모의 연령은 부모와 자녀에게 모두 영향을 주는 또 다른 중요한 특성이다. 나이가 아주 어린 부모는 가난하고 편부모인 경향이 있다(Coley & Chase-Lansdale, 1998). 이 두 가지는 다시 아동에게 부정적 결과를 가져다준다. 결과적으로 아기는, 아동이 되면서 젊은 어머니의 인생에, 나이 들어서 자녀를 출산한 어머니에게 주는 것과는 다른 영향을 준다. 그런 아동들은 나이가 들어서 노동시장에서 확고한 자리를 잡은 어머니보다 젊은 어머니에게 좀더 많은 문제를 가져다주고 재정적으로 큰 짐이 될 것이다. 한편 아동이 성장하면서는 나이 많고 교육을 많이 받은 어머니보다 젊은 어머니와 연령차이가 적어서 어머니에게 무언가 보답해 주는 동료가 될 수 있을 것이다. 어릴 때 경제적으로 불리한 여건 때문에 어머니보다 특별히 더 많은 교육을 받지는 못할 수도 있기 때문에 어머니와 아동의 문화적 격차가 크지 않으므로 이것이 어머니가 나이 들어가면서는 유리할 수도 있다. 일찍 자녀를 출산한 어머니와 나이 들어서 출산한 어머니를 비교하면서 일생 동안 모자녀간 유대관계의 질을 밝힐 수 있는 생애주기 관점을 적용한 연구는 없다.

몇몇 연구에 의하면 나이 많아서 첫아이를 출산한 부모는 육아에 어려움을 적게 겪으며(Garrison et al., 1997), 나이 많은 아버지는 젊은 아버지보다 첫아이를 더 돌보는 경향이 있다(Heath, 1995). 그렇다면 나이 많은 아버지가 여러 가지 불리한 특성을 가진 아동으로부터 부정적 영향을 받을 위험이 더 큰지를 아는 것은 흥미로운 일이다. 깊이 관여할수록 아버지도 역할 수행에서 어머니와 비슷하게 된다.

부모의 취업도 중요한 변수다. 예를 들어 장애아동을 가진 어머니는 일에서 위안을 찾는다. 직장에서 일은 힘든 일상생활에서 벗어나는 휴식이 되며, 아동의 부정적 영향을 감소시키는 데 도움이 된다.

일을 할 때는 모든 것을 잊을 수 있어서 좋아요. …… 정신 장애아 자녀가 없는 여성들과 같이 있는 거니까. …… 좀더 정상적인 환경에 있는 거죠.

-간질과 뇌성소아마비를 앓고 있는 4세 된 딸의 어머니,
Baldwin & Glendinning, 1983: 66에서 인용

한편, 직장문제로 스트레스가 많은 부모는 아동의 영향 — 긍정적
으로든(자녀들이 보상이 될 수 있다) 혹은 부정적으로든(자녀들이 더 스트
레스를 줄 수 있다) — 을 받기 쉽다.

많은 자녀를 가진 부모는 자녀가 적은 가족의 부모와는 다른
영향을 받는다. 시간과 돈 같은 부모의 자원은 새 자녀가 태어날
때마다 감소된다(이를 부모자원 감소이론이라 한다). 자녀가 많아지면
자녀 개개인에게 사용되는 시간과 물질자원은 감소되지만 전체적
으로는 더 많은 시간과 돈을 쓴다. 자녀들의 터울이 짧은가 여부에
따라 대가족은 다른 영향을 받는다. 대가족의 부모들은 융통성이
적은 관리형 육아법으로 대처해 간다(Richardson et al., 1986). 평균적
으로 대가족의 아동들이 소가족의 아동들보다 학교공부를 못하는
이유 가운데 하나는, 특히 자녀터울이 짧은 가족에서 부모자원이
감소하기 때문이다(Downey, 1995). 어머니의 건강은 특히 자녀수가
많은 대가족에서는 약점이 된다. 전체적으로 부모의 사회·경제적
지위는 대가족에서 아동 영향을 결정하는 매우 중요한 변수가 될
것이다. 7장에서 살펴보겠지만 형제들이 많을 때 단결해서 부모에
대항할 수 있게 되는데, 부모는 자녀들을 적절히 사회화할 능력이
부족해진다. 자녀들의 터울이 짧은 가족의 아동은 터울이 긴 가족의
아동보다 형제들로부터 영향을 더 받고 부모로부터는 영향을 덜
받는다. 또한 자녀가 많은 부모는 그들의 가족생활을 잘 통제하지
못하고, 원하는 만큼 아동의 장래에 기여하지 못한다고 느낀다는

가정을 할 수 있다. 이는 특히 어머니에게 건강문제를 일으킴은 물론이고 자아존중감을 낮추는 결과를 가져온다(자녀수가 많을수록 자녀가 긍지의 근원이 되고, 자녀들이 가족경제에 기여하는 농업사회에서는 반대 현상이 생긴다).

이제 부모의 개인적 특성이 아동 영향을 결정하는데 어떤 역할을 하는지 몇 가지 예를 간단히 살펴보자. 부모의 결혼생활의 질에 관한 연구는 동일한 결과를 제시한다. 좋은 결혼생활을 하면 자녀들도 긍정적으로 성장하고, 애정적인 부모자녀 관계가 형성된다(Amato & Booth, 1997). 행복한 부부는 지지적이고 친근하며, 그래서 자녀들에게 긍정적이고 자녀들로부터도 좋은 영향을 받는다. 그와 비슷하게 이러한 부부에게 문제 있는 자녀가 있으면 부부는 서로에게서 보상이 될 만한 탈출구를 찾는다. 그와 대조적으로 적대적인 부부는 이런 이점이 없다. 그래서 사이좋은 부모는 적대적인 부모보다 아동으로부터 부정적 영향을 덜 받는다.

더욱이 **부모의 갈등**은 아동에게 부정적 결과를 가져오고, 특히 까다로운 행동의 원인이 된다는 의미에서 부모관계의 질은 아동에게 간접적으로 영향을 준다(Buehler et al., 1998; Seltzer, 1994). 이와 같은 아동의 행동은 다시 부모에게 부정적 영향 — 비록 많이 연구되는 주제는 아니지만 — 을 준다. 이들 부모는 이미 부부갈등을 많이 경험했기 때문에 특히 부정적인 아동 영향을 받기 쉽다.

확대가족제도하에서는 부모가 자기 부모와 좋은 관계를 유지한다면, 그들은 부모 역할과 조부모 역할의 기쁨을 나눌 수 있다. 그러나 부모와 조부모가 잘 맞지 않고, 조부모가 아동의 사회화방법에 간섭하거나 동의하지 않고, 조부모가 실제로 도울 수 있는데도 돕지 않는 상황에서는 세대간의 관계로 인해서 부정적 아동 영향이 증가된다.

필자는 여기에서 부모의 특성에서 나온 연구주제와 가설을 제시했다. 그 목표는 긍정적 아동 영향을 받을 수 있는 부모와 비교해서 부정적 아동 영향에 취약한 부모를 밝혀내는 것이다. 독자는 아마 가족과 아동발달 문헌들이 자녀를 학대할 위험성이 있는, 즉 아동들이나 때로는 영아들 — 흔히 '위기의 아동들'이라고 불리는 — 에게 부정적 영향을 줄 위험성이 있는 부모를 밝히는데 초점을 맞춘다는 것을 알 것이다. 예를 들어 불리한 조건을 가지고 가난한 이웃과 함께 살고 있는, 젊고 미혼이며 혹은 남자와 동거중인 어머니가 다른 사람보다 어린 자녀를 학대하거나 방치할 가능성이 많다(Bell & Jenkins, 1993; McLoyd, 1995; Pelton, 1991).

이 단계에서는 자기 자녀를 학대할 위험성이 있는 부모와 자녀로부터 부정적 영향을 받을 가능성이 있는 부모가 비슷한 유형의 사람인지를 알기가 어렵다. 쉽게 좌절하고, 성미가 급하고 자기가 해결할 수 없는 문제가 많은 부모가 영아와 어린 자녀들로부터 부정적인 영향을 받을 가능성이 크고, 결과적으로 자녀들에게 폭언을 하거나, 자녀들을 방치할 것이다. 그러나 그런 부모들은 자녀들이 성장하면서 생존과 자기보존에 너무 신경을 많이 쓰기 때문에 실제로 자녀들로부터 영향을 덜 받게 된다. 그와 대조적으로, 친사회적이고 관대한 부모는 문제 있는 어린 자녀로부터 매우 부정적인 영향을 받더라도, 그냥 피해를 보고, 거기에 대처하려고 한다.

부모의 특성과 아동의 특성은 서로 상호 작용해서 상호 교류적 모형이라는 결과 — 아동에 대한 영향과 부모에 대한 영향이 서로 교환되는 것이다 — 를 만들어낸다. 일부 부모 특성과 아동 특성은 — 아동 영향을 부정적으로 증가시키든 긍정적으로 증가시키든 — 가족생활주기 상의 특정 단계에서만 영향력이 있다. 예를 들어 부모의 역할수행은 시간이 지나면서 변화한다, 그래서 자녀가 어렸을 때 부모는 매우 헌신적이고 자녀가 청소년기에 접어들면 덜 헌신적이게 된다. 헌신 정도가 그처럼 변화함으로써 부모는 시간이 지나면서 자녀의 영향을 더 많이 받거나 덜 받게 된다. 그래서 여기서 설명된 특성들은 역동적 관점, 발달적 관점 또는 생애과정 관점에서 살펴야 한다는 것을 의미한다.

사회적 반응의 특성

부모와 자녀는 사회적·문화적 배경 속에서 상호 작용한다. 그래서 한 사회적 특성은 부모에 대한 자녀의 영향을 촉진하거나 완화한다(Horowitz, 2000). 모든 사회는 아동과 부모의 행동에서 지침이 되는 문화적 내용뿐만 아니라 구조적 한계와 기회를 제시한다. 더욱이 부모와 아동에 대한 지원수준은 아동이 부모에게 미치는 영향의 방향뿐만 아니라 부모 반응의 상당 부분을 결정한다. 부모에게 중요한 것은 사회가 아동의 발달을 극대화하고 긍정적인 부모자녀 관계를 높이기 위해서 아동들에게 제공하는 자원은 물론, 사회 전체로부터 받는 도움과 도덕적 지원이다. 아동의 발달기회는 상당부분 부모가 처한 사회적 상황이 그들을 어느 정도 돕거나 방해하는가에 관련된다. 일반적으로 부모에 대한 사회적 지원은 자녀들에게 도움이 된다. 이러한 점에서 아동의 영향에 대한 연구와 아동의 발달과 행복을 증진시키는 요인들에 대한 연구가 접점을 갖게 된다.

사회의 지원이란 부모의 역할수행을 쉽게 하기 위해서 사회가 부모에게 임의로 처분하도록 맡기는 **자원**을 의미한다. 이용할 수 있는 자원이 별로 없을 때, 사회가 사회경제적·정치적 고려 때문에 가족에게 투자하지 않으면 부모는 사회의 지원을 받지 못하게 된다. 의도적으로 보통 사용하는 '사회적 지원(social support)'이란 말 대신 '사회의 지원(societal support)'이란 말을 사용했다. 사실 연구에서 사회적 지원은 개인들로부터 받는, 좀더 구체적으로 가족과 친구와 같은 가까운 개인들한테서 받는 지원으로 정의된다. 친척과 친구들도 지원해 줄 수 있지만 그들은 여기서 '사회의' 지원 또는 반응이라고 부르는 것의 작은 부분일 뿐이다. 이 장에서 우리는 개인보다는 사회의 여러 측면들을 말하고 있다. 이는 부모와 아동의 욕구를 충족시키기 위해 사회가 조직화되는 방법에 대해 말하는 것이다.

사회적 반응의 특성

1. 적절한 주거시설

2. 유아 보호체계의 존재와 질적 수준

3. 학교의 질적 수준

4. 방과 후 프로그램의 존재와 질적 수준

5. 빈곤가족을 위한 소득 보조

6. 적절한 치과, 일반의료, 정신의료 자원

7. 부모교육 프로그램의 이용가능성

8. 매스미디어 내용의 질적 수준(미디어폭력과 성역할에 대한 고정

관념화가 두 가지 역기능적 내용이다).

9. 이웃의 안전성

10. 젊은이들과 가족들을 위한 적절한 오락시설

11. 특수한 욕구를 가진 부모와 특수욕구를 가진 아동의 부모를
위한 가정과 공동체의 지원

12. 부모의 기여에 대한 사회의 공개적 인정

13. 아동과 청소년들 사이에서 긍정적 또래집단문화의 육성

14. 소수민족 부모와 아동의 사회적 수용(차별에 반대되는)

15. 성 평등 이데올로기의 사회적 수용과 육성

16. 다양한 형태의 가족, 예를 들어 동성부모 가족의 사회적 수용

이러한 사회적 특성들은 건강한 아동을 육성하고 부정적인 아동의 속성과 행동을 예방하는데 기여하는 자원들이다(Lerner, Fisher, & Weinberg, 2000). 이들 사회적 자산 모두는 아동이 부모에게 미칠 수 있는 잠재적으로 유해한 영향을 감소시키거나 예방할 수 있으며, 이들 부모는 영향을 받을 수 있는 취약성과 저항할 수 있는 탄력성에서 차이가 있다. 더욱이 이런 사회적 특성들은 일반적으로 자녀들이 긍정적 영향을 미칠 가능성을 증가시킬 수 있다. 한두 가지 사회적 특성을 개별적으로 생각할 때보다 여러 효과적인 사회적 특성을 함께 생각할 때 잠재적 가능성이 명백히 커진다. 사회적 지원이 없다면 부모에 대한 아동의 부정적 영향이 증가될 수 있고 그 반대일 수도 있다. 사회적 지원이 적은 상황에 처해 있는 부모는 자기 자녀들에게 부정적 영향을 줄 수도 있다. 적절한 사회적 반응은 부모가 대처하는데, 그리고 자녀의 욕구에 적절히 반응하는데 도움

을 주는 것이 분명하다. 사회적인 지원을 받는 부모들은 자기 자녀들을 위해 좀더 적절히 투자할 수 있다. 그러면 그들은 어린 자녀들로부터 부정적인 영향을 덜 받게 된다.

1980년대에 우리의 논제에 맞는 몇몇 연구가 있었다. 예를 들어 커닉과 동료들(1983)은 스트레스를 많이 느끼지만 적절한 외부 지원을 받는 어머니는 지원을 적게 받는 비슷한 어머니보다 유아를 정서적으로 건강하게 키울 수 있다는 것을 발견했다. 시츠, 로젠바움과 애펠(1985)은 가난한 어머니에게 제공하는 사회의 지원은 동일한 지원을 받지 못한 통제집단과 비교할 때 장기간에 걸쳐 긍정적 영향을 준다고 보고했다. 이 경우에 어머니들은 탁아소를 포함한 사회봉사는 물론이고 의료봉사도 받는다. 크로켄버그(1981)의 연구에 의하면 보채는 아기의 어머니가 지원을 받게 되면 지원을 충분히 받지 못한 어머니와 아기에 비해 좀더 안정애착을 이루게 된다. 그러나 보채지 않는 아기의 어머니들에게는 사회적 지원이 많은 영향을 주지 않았다. 이 결과들을 보면 **적절한 사회적 반응은 문제아동을 가진 부모에게 좀더 큰 효과를 가져다준다.** 그래서 장애아 혹은 까다롭거나 불안한 자녀를 가진 부모가 평균적인 자녀를 가진 부모보다 더 많은 지원을 받아야 한다. 그와 같은 부모가 아동을 돕는 전문가에 의해 무시될 때 반대의 현상이 생긴다. 게다가 가끔씩은 비난이 따르기도 하는데, 이는 부모에 대한 아동의 부정적 영향을 증가시키는 요인이다(8장 참조).

문제아동의 부모에게 특히 중요한 것은 부모의 책임을 잠시 면해 주는 특수 학급과 방과 후 프로그램이다. 그런 봉사는 이런 아동이 미칠 수 있는 부정적 영향을 감소시키고 부모의 즐거움을 더해 준다.

이는 특히 가난하고, 고립되어 있고, 건강이 나쁜, 혹은 별거, 가족구성원의 사망 또는 실업과 같은 어려움을 극복하고 있는 부모에게 그렇다. 예를 들어 여러 연구에 의하면 편부모는 다른 부모에 비해, 학부모와 교사의 밤 혹은 학교개방의 밤(open school night) 같은 때 학교와의 접촉이 많지 않은데, 이러한 부모의 학교활동 참여와 아동의 성적 간에는 상관관계가 있다(Trusty, 1998). 학교에 탁아시설이 없거나 교사들이 편견을 가지고 부모의 위신을 세워주면서 대하지 않기 때문에, 편부모는 그런 행사에 참여할 수 없을 것이다. 학교제도를 통한 사회적 반응은 편부모와 그 자녀들의 욕구를 충족시키지 못한다.

사회적 반응은, 특히 아동의 영향을 받기 쉽게 만드는 부정적인 부모의 특성은 물론이고 부정적인 아동의 특성도 보완해 줄 수 있다. 아동의 영향에 취약하도록 만드는 한두 가지 부정적 특성을 갖지 않은 부모가 별로 없기 때문에 이러한 설명은 널리 인정받고 있다. 부정적인 아동의 특성이 '완벽한' 부모에게는 영향을 미칠 수 없다고 생각해서도 안 된다. 그래서 적절한 사회의 반응과 자원의 마련이 아동은 물론이고 부모의 행복을 위해서도 중요한 요인이된다.

부정적 또는 긍정적 아동 영향에 많이 기여할 수 있는 또 다른 중요한 요인은 이웃의 특성, 특히 안전성이다. 가난하고 범죄가 많은 지역이 아동에게 미칠 수 있는 부정적 영향에 관한 연구는 많지만(Miller, Foreland, & Kotchick, 1999), 아동의 부모가 지불해야 할 많은 대가에 대한 연구는 별로 없다. 부모들은 범죄의 영향을 두려워할 뿐만 아니라 공격, 강도, 강간당하는 것 또는 싸움질하는 갱들의 총에 맞는 것이 두려워서 자기 자녀들이 밖에서 노는 것을 허락하지 않을 것이다. 그런 부모들은 자기들의 작은 아파트가 이미 만원인데다 갇혀 있는 아동들을 다루기 힘들기 때문에 이중적인 피해를 입고 있다. 때때로 부모는 아동을 학교까지 걸어서 데려다 주기도 해야 한다. 이웃의 위험을 피하기 위해서일 뿐만 아니라 아동을 늘 보호해야 하기 때문에 부모는 포로처럼 사로잡혀 있다. '과도하게 동기화된' 부모들은(Furstenberg et al., 1994) 일찍 소진되고 스트레스를 많이 받는데, 결과적으로 신체적·정신적 질병이 많이 생길 것이라고 추측할 수 있다. 그러므로 안전한 이웃이 있다는 구실로 가난한 사람들을 위한 사회적 지원을 하지 않는다면 아동의 부정적 영향은 바람직하지 않는 수준까지 증가된다.

마지막으로 고려해야 할 사회적 반응의 한 측면은 그 시기다. 커닉과 그린버그(1987)는 부모와 아동의 일생 가운데 사회적 지원이 제일 필요하고 가장 효과적인 시기가 있을 것이라고 말했다. 그들은 아동이 태어난 첫해에 대해 연구한 다음 첫해 후반기보다는 막 부모가 되었을 때 개별적으로 사회적 지원을 받으면 더 많은 도움이 된다고 결론 내렸다. 그러나 특정한 유형의 부모(아주 젊거나 병들거나)나 특정한 유형의 아동(특별한 시련을 겪는)을 위해서는 아동이 자라면서, 특히 사춘기 때 더 많은 사회적 반응이 필요할 것이다.

결론

부모와 아동의 특성들은 사회적 환경의 특성들 안에서 상호 작

 아이가 부모의 인생을 바꾼다

용하면서 아동 자신의 발달과 부모에 대한 아동의 영향을 만들어 간다. 어떤 특성들이 중요한가는 아동과 부모의 생애 단계는 물론이고 불균형 또는 일탈의 위치, 즉 불균형의 정도에 달려 있다. 비록 부정적인 혹은 긍정적인 아동 영향을 조성하거나 예방하는 데 사회적 반응의 중요성을 가정했지만, 부모와 아동의 어떤 특성들은 너무 극단적인 것이어서 사회의 지원이 아무리 많아도 그들을 예방하거나 보상할 수 없다는 사실도 생각해야 한다. 또한 심각한 정신질환, 마약중독, 만성적 범죄 성향과 같은 부모의 특성들은 있는 사회적 자원도 이용할 수 없게 한다. 부모와 심지어 조금 성장한 아동조차도 실제로 그것들을 이용하려고 노력하지 않을 수도 있다.

아동이 사춘기에 접어들면 부모의 특성은 자녀의 특성보다 덜 중요하게 된다. 그 시점에 이르면 아동자신의 발달은 물론이고 부모에 대한 아동의 영향을 만들어내는 데 아동과 사회의 특성이 부모의 특성보다 압도적으로 작용한다. 부모와 아동이 성장하면서 사회의 자원은 물론이고 각자의 다른 특성들도 아동 영향이라는 방정식에서 크거나 혹은 작은 중요성을 띤다. 그와 비슷하게 부모가 영향을 받는 분야도 시간이 지나면서 달라진다.

로스키스가 오래전에 우리가 여기서 특성이라 부르는 세 가지 조건의 중요성을 인정했다는 것은 흥미로운 일이다. 그녀는 진정제 복용으로 인한 기형아의 출생이 가져오는 영향을 논의하기 위해서 아동, 어머니, 사회로 구성된 이 모델을 사용했다. 1972년에 그녀는 이 출산 때문에 아동, 어머니, 사회의 욕구와 의무가 맞물린 미묘한 연결망이 실패했다고 지적했다. 그 연결망에는 성공적인 육아가 달려있고, 우리의 분석모델에 의하면 부모에 대한 자녀의 영향도 거기서 시작된다. 그녀는 덧붙여 "이 일을 더 파괴적인 것으로 만드는 것은…… 한 차원에서만 또는 한 당사자만 실패하는 게 아니라는 점이다. 그보다는 어머니, 아동, 사회의 욕구가 조화되지 않고 이해관계의 복합적 갈등을 초래해 연쇄적 반응을 일으킨다(1972: 289)"라고 설명했다. 불행하게도 로스키스의 주장은 문헌에서 너무도 자주 무시되고 있다.

마지막으로 여기에서 시도한 이론적 종합은 가족생활에 대한 사회사적 관점에서 정보를 얻은 것이다. 각 사회는 아동기, 청소년기에 대해서, 가족이 무엇인가에 대해서뿐만 아니라 좋은 부모 역할은 어떤 것인가에 대해서 정의를 내린다. 그런 정의는 그 사회의 특정한 역사적 시점에 존재하는 이데올로기와 제도들에 의하여 뒷받침된다. 그래서 여기에서 설명한 상호 교류적 이론의 한 가지 내용은 세 가지 특성의 내용이 시간이 지남에 따라 변화한다는 것이며 그들간의 상호 작용 또한 그렇다는 것이다. 부모자녀간의 관계는 주로 문화현상이거나 사회적 구성물이다.

4장 부모의 생활영역들

이 장에서는 단지 자녀가 있다는 것 때문에 또는 자녀에게 특별한 행동, 특성과 태도가 있기 때문에 영향을 받을 수 있는 부모의 생활영역을 설명한다. 이들 영역들은 중복될 수도 있지만 필자는 부모의 생활을 11개의 주요 영역으로 나눴고, 거기에 기초해서 아동 영향을 좀더 전문적으로 연구할 수 있도록 했다. 각 영역을 설명할 때 연구 결과를 예로 제시할 것이다. 무엇보다도 생각을 이끌어내는 것이 이 책의 주요 과제이므로, 여러 수준에서 연구되어야 할 연구문제들을 제시한다. 제시되는 영역은 어머니 건강, 부모의 위치/공간/활동, 취업, 경제상황, 부부관계와 가족관계, 인간 상호 작용, 부모와 공동체의 관계, 그들의 성격, 태도/가치/신념, 인생계획, 자기생활에 대한 통제감 등이다. 여기에 아동에 대한 부모의 행동에 아동이 미칠 수 있는 영향을 추가할 수 있다. 이에 대해서는 다음의 여러 장에서 많이 논의될 것이다.

어머니의 건강

연대순으로 볼 때 아동의 첫 영향은 임신과 출산 때 생긴다. 임신한 여성은 많은 신체적 변화를 경험하며, 입덧, 요폐(尿閉), 경우에 따라 당뇨가 생기기도 한다. 규칙적 식사에도 적응해야 하고, 흡연자이거나 음주자라면 아기의 건강을 보호하기 위해서 그것들을 금해야 한다. 요즘은 사회의학적 추세 때문에, 때로는 의사의 일정을 편하게 해주고 보험금의 위험부담을 덜기 위해서 출산의 5분의 1 정도가 그 자체가 중요한 외과수술인 제왕절개로 아이를 낳는다. 더욱이 출산을 위해서 입원하는 여성들은 병원에서 감염될 수도 있다. 입원환자의 10% 정도가 이런 피해를 입는다. 또한 환자의 20% 정도는 오진 같은 의료사고로 인한 질병에 노출되어 있다. 그래서 자녀의 출산은 가족의 일인 동시에 의학적인 일이 되고 있다.

수유를 하는 여성은 즐거운 경험을 하는 이점도 있지만 한편 일정한 기준의 위생상태를 유지해야 한다. 흥미롭게도 아동은 수유를 하는 어머니에게 직접적인 영향을 미친다. 게걸스럽게 젖을 먹어대는 아기는 어머니의 젖이 더 많이 나오도록 자극한다. 부모, 특히 어머니는 자녀가 영아일 때 아기의 질병과 밤에 해야 할 일 때문에 피로해 한다. 약 13%의 어머니는 훨씬 가볍고 흔한 고통인 산후우울증(baby blues)과는 다른 산후우울증(postpartum depression)으로 고통 받는다(Deater-Deckard et al., 1998). 더욱이 어린 아동은 어른보다 감기에 걸리기 쉽다. 그들은 1년에 평균 5~9번 독감과 감기에 걸리는데, 탁아소에서 첫 몇 년 동안은 그보다 더 많이 걸리기도 한다. 전염병에 걸린 아이를 지켜야 하는 어린 아동의 부모, 특히 어머니는 가끔 자신이 병에 걸리기도 한다.

가난한 어머니는 자녀들에게 기본적인 생활필수품을 마련해 주느라 종종 식사조차 거른다. 대가족의 어머니는 소규모 가족의 어머니에 비해 건강하지 못하다. 이 차이는 반복적인 출산 때문만이 아니라 과로, 수면부족, 여가시간의 부족, 자녀의 건강과 행동에 대한 걱정 때문이기도 하다. 대가족에서 어머니는 자신의 욕구보다 남편과 자녀들의 욕구를 먼저 충족시켜야 한다. 육아의 책임을 혼자 맡고 있는 편모는 특히 취약하고, 결과적으로 의료자원의 주요 소비자가 된다.

장애아동을 돌보는 것은 어머니의 정신건강에 영향을 주게 된다(McKeever, 1992). 쿡(Cook, 1988)은 정신질환이 있는 성인자녀의 어머니가 받는 스트레스를 잘 설명했으며, 그들로부터 받는 신체적 폭력의 위험도 함께 설명했다. 일반적인 조사연구와 폭력을 행사하는 비행아동에 대한 연구에 의하면 부모에 대한 공격은 그것만의 고립된 현상이 아니라는 것이 분명하다(Mirrlees-Black, Mayhew, & Percy, 1996; U. S. Department of Justice, 1994). 불행하게도 필자는 그러한 폭력이 부모의 여러 생활영역에 미치는 영향에 특별히 초점을 맞춘 연구를 찾을 수 없었다. 그 부분적인 이유는 부모들이 그런 학대를 숨기기 때문이다. 더욱이 그 문제를 제기하고 싶어하지 않는 연구자의 편견도 있다. 연구자들은 "모든 자녀들은 그들의 부모를 사랑하고 존경한다"는 신화를 유지하고 싶어한다(Agnew & Huguley, 1989: 699). 위에서 언급한 몇 가지 연구에 의하면 부모의 정신적·신체적 건강은 자녀들의 특성에 따라 조심스럽게 그려야 한다.

위치 / 공간 / 활동

이 영역은 일상생활구조는 물론이고 부모가 사회에서 차지하는 위치와 공간에 관한 것이다. 일반적으로 이 영역은 '자연적인 것'으로 간주되고 당연시되기 때문에 연구되지 않는다. 먼저 부모는 자녀가 태어난 후 또는 자녀가 학교에 가게 되면, 공간을 생각해서거나 자녀양육에 좀더 적합한 이웃을 찾아서 이사해야 할 것이다. 이사는 집세인상, 융자, 가구구입으로 가족에게 경제적 부담이 된다. 또한 이사를 하면 새 이웃의 형태에 따라 부모의 공동체활동이나 여가활동이 억제되거나 증가될 수 있다. 예를 들어 먼 교외로 이사한 부모는 도시 안에서만 가능했던 사회활동과 오락활동을 못하게 된다. 더욱이 그들의 일상적인 통근거리가 멀어진다.

그래서 근본적으로 자녀가 있다는 것만으로도 공간에 대해서 부모가 가지는 느낌뿐만 아니라 사는 위치, 필요한 공간, 공간을 어떻게 쓸 것인가(예를 들어 아동의 사고를 예방할 수 있는 주거시설의 필요성) 등이 영향을 받는다. 예를 들어 경제적 이유나 인종적 제한 때문에 좀더 좋은 지역으로 이사할 수 없는 부모에게 자녀의 출산과 성장은 특히 스트레스가 된다. 그들은 충분한 공간을 갖지 못할 것이고, 이웃이 안전하지 못할 경우, 특히 자녀들이 폭력을 목격하게 되면, 부모와 아동 모두는 장기적으로 영향을 받게 된다(Aneshesel & Sucoff, 1996).

부모의 **일**과도 바뀐다. 특히 영아기에는 자녀들의 생존욕구를 충족시키기 위해서 부모가 취침, 식사, 친구와 친척의 방문시간을 마음대로 정할 수 없다. 자녀가 성장하면서 자녀의 과외 활동은 물론 학교에서 필요한 일을 잘 도와주기 위해서 부모의 일과는 다시 바뀐다. 여기서 즉시 부각되는 연구문제는 '노동자계층 부모의 일과보다 중산층 부모의 일과가 자녀들의 요구 때문에 더 많이(또는 더 적게) 변하는가'다. 사실 중산층의 아동이 노동자계층의 아동보다 과외수업, 운동, 시합과 같은 여러 가지 과외활동에 더 많이 참여한다(Alder & Alder, 1998). 이 같은 요구는 아동을 차로 데려다줘야 할 책임이 있는 부모의 일과에 특히 많은 영향을 미치는 것으로 보인다. 한편 도심지역에서는 부모들이 자녀들의 안전이 걱정되어 등교할 때와 하교할 때 동행 — 처음부터 끝까지 걸어서 — 한다.

부모의 **활동** 역시 변한다. 예를 들어 부부간의 성행위도 감소하고 좀더 억제된다(Call, Sprecher, & Schwartz, 1995). 첫 자녀가 출생한 다음 부모는 이동의 자유가 감소된다. 그들은 더 이상 원할 때 언제든지 집을 떠날 수가 없게 된다. 자유의 상실은 부모와 성인이 모두 일반적으로 제일 자주 이야기하는 불이익이다. 더욱이 첫째나 둘째 아이의 출산 이후에 어머니는 출산휴가를 가져야 하는데, 이는 직업상 후퇴를 의미한다. 다른 어머니들은 직업을 포기하거나, 일이 많지 않거나 집 가까이 있는 직장을 찾는다. 전반적으로 아버지의 활동보다 어머니의 활동이 더 많은 영향을 받는다.

부모는 전에 참여했던 활동을 다양한 수준에서 제한받는다. 그러나 동시에 그들의 역할과 관련한 다른 활동의 범위는 넓어진다. 예를 들어 부모는 교사를 만나거나 다른 부모들을 알게 되고, 소아과 의사와 상담하거나 아동용 놀이를 하며 아동용 책을 읽고 학교에서 광범위한 과외활동에 참여한다. 그와 대조적으로 부모가 아닌 사람들은 이런 접촉에서 오는 혜택을 받지 못한다. 아동이 행동, 정서 또는 학업으로 때문에 생긴 문제로 고통 받을 때 부모는 여러 전문가와 상의해야 하는데, 그들 모두가 유능한 것은 아니다. 그래서 부모가 되었을 때 성인으로서 활동은 개인적 성장과 새로운 사회접촉의 근원은 물론이고 한계와 좌절의 근원 모두가 될 수 있다.

아이를 돌보는 데, 특히 영아기에는 매우 많은 시간이 소요되기 때문에 부모의 일거리는 늘어간다. 아버지보다 어머니의 짐이 더 무겁다. 가장 기본적인 가사인 요리의 빈도와 복잡함이 아동의 건강문제, 체중과 소란스러움에 의해서도 영향을 받는다. 일거리가 늘어나면서 그것이 부부관계의 질이든, 이용 가능한 자유시간이든, 일반적인 행복이든, 사회화할 시간이든, 또는 앞에서 본 것처럼 건강이든, 성인생활을 변화시키는 영향요인이 추가된다(Hochschild, 1997). 우리 사회에서 스트레스와 과중한 역할부담을 피하기 위해서는 부모의 시간을 좀더 조심스럽게 관리해야 한다.

부모의 취업

이미 언급했듯이, 자녀가 태어날 때 여성이 취업중이라면 출산휴가를 가질 가능성이 많다. 여성은 최소한 아이가 클 때까지만이라도 직업을 포기할 수도 있다. 예를 들어 아이가 있는 여의사는 남자의사와 아이 없는 여의사보다 일하는 시간이 적다(Grant et al., 1990). 미디어에서는 아버지 휴가와 어머니 취업 때문에 주 양육자가 되는 아버지에게 많은 관심을 표시하지만 전체적으로 보면 그 수가 너무 적다. 아버지가 주 양육자가 된 것은 대부분의 아버지가 어머니와 일을 교대하기 때문이다(Casper & O'Connell, 1998). 두 가지 역할을 다 수행해야 하는 여성에게, 취업은 스트레스가 될 수 있다. 이는 왜 많은 어머니들, 특히 저학력·저소득의 직업을 가진 어머니들이 어린 자녀를 돌보기 위해서 휴직을 하는가를 설명할 수 있을 것이다(Volling & Belsky, 1993).

아동들이 아플 때 책임지는 사람은 일반적으로 어머니들이다. 그래서 자녀가 영아일 때 여성의 직업생활에 큰 영향을 미치는 것은 자녀의 건강상태다. 갤럼보스(Galambos)와 러너(Lerner, 1987)에 의하면 '까다로움' 같은 아동의 특성들이 어머니가 재취업을 할 것인가를 결정하는 중요한 요인이다. 카르(Carr, 1988)는 다운증후군이 있는 아동의 어머니들은 아동의 나이에 관계없이 통제집단의 어머니들보다 취업하기 어려울 것이라고 설명했다. 더욱이 좋은 육아시설의 이용 가능성 같은 사회적 반응의 특성이 아버지 취업보다는 어머니의 취업에 직접적인 영향을 주고 어머니 취업에 대한 아동의 부정적 영향을 감소시킬 것이다.

남성들은 첫 자녀가 출생한 다음 직업을 바꿀 가능성이 적다. 달리 말하면, 새로 아버지가 되면 아이에 대한 재정적 책임이 추가되기 때문에 취업의 안정성에 대한 필요성을 더 크게 느낀다. 그러나 직업을 바꾼다면 보수가 더 좋은 직업을 택하게 된다(Gorman, 1999). 아버지가 된 후에는 남성의 일하는 시간 역시 대체로 늘어난다(Kaufman & Uhlenberg, 2000). 아이가 더 생겨서 좀더 크고 비싼 주택이 필요할 때 부모는 수입이 더 좋은 직업을 찾아야 할 것이다.

재정적 · 경제적 측면

경제와 재정영역은 부모의 취업, 인생계획, 활동, 건강과 같은 다른 영역과 긴밀히 연관되어 있기 때문에 여기에서는 간단하게 설명하려고 한다. 현재 중산층 아동을 18세까지 키우는 데 18만 달러 이상 소요되는 것으로 추산된다. 지역에 따라 상당한 차이가 있다는 것을 인정하지만 자녀를 갖는다는 것은 성인들에게 상당한 투자를 의미한다. 그와 동시에 자녀를 가지면 부모 가운데 한 사람은 집에 있어야 되기 때문에 가족의 자원은 이중으로 감소한다. 더욱이 물가상승과 아동을 위한 소비증가 때문에 이 비용은 꾸준히 증가되어 왔다. 1980년에는 겨우 8만 5,000달러로 추산되었다.

청소년기는 미디어광고로 조장되는 소비요구 때문에 부모에게 경제적 부담이 큰 시기다. 더욱이 높은 수준의 교육이 요구되기 때문에, 그리고 초임급여가 최소수준이어서 독립적인 생활을 할 수 없기 때문에 자녀들은 과거보다 더욱 오랫동안, 때로는 30세까지도 집에 남아있다(Boyd & Norris, 1995). 다른 자녀들은 실직, 이혼 또는 정신질환 때문에 집으로 돌아온다. 아동의 경제적 영향은 계획에 없이 젊은 나이에 편모가 된 경우, 별거와 이혼의 경우에 특히 심각하다. 양육권을 가지고 아동을 돌봐야 하는 이혼 여성은 이런 점에서 심한 고통을 받는다. 가계수입이 40%가량 감소된다(Smock, 1994). 많은 사람이 복지정책에 의존하는 것 이외에 다른 대안이 없다.

1장에서 재정적으로 지출이 큰 아동현상의 역사적 발전과정을 요약한 적이 있다. 이런 상황은 교육 때문에 자녀의 의존기간이 길어지고, 경제적 독립이 늦어지는 상황 때문에 생긴다고 말할 수 있다. 더욱이 우리가 본 것처럼 다른 형태의 사회에서는 아직도 자녀들이 부모에게 경제적 자산이 되고 있다.

부부관계와 가족관계

첫아이가 태어났을 때, 이 작은 인간이 더해짐으로서 부부는 가족으로 변한다. 혹은 다르게 보면, 여성이 자신의 아이를 가질 때 그 여성과 아이는 작은 가족체계를 이룬다. 이 절의 첫 부분에서는 결혼한 부부, 두 번째 부분에서는 재혼부부에 초점을 맞출 것이다.

부부가 부모로 변하는 과정에 대한 종단연구에 의하면 배우자의 50%는 스트레스를 경험하고, 많은 사람이 그들의 결혼에 대한 환상에서 깨어난다(Cowan & Cowan, 1992). 우애, 친밀감, 낭만적 사랑이 아주 높이 평가되는 사회에서 영아가 최소한 일시적으로라도 이런 측면들에 긴장을 가져오는 것을 피할 수 없다. 공동활동이 현저히 감소하고 그런 상황은 아동기 초기까지 지속된다(Kurdek, 1993). 부모에게 요구되는 적응수준은 일반적으로 과소평가된다. 자녀가 앞으로 스트레스를 가져다줄 것을 잘 아는 부부도 준비하지 못한다. 작은아이가 태어나면서 부부가 가족이 되는 이 단순한 변화에 수반되는 문제가 분명히 있는 것이다.

당장 나는 아기 때문에 어떤 일에도 집중하기가 어렵습니다. 나는 이렇게 피곤하리라고는 생각지도 못했어요. 나는 내가 젊기 때문에 쉬울 것이라고 짐작했죠. 하지만 전에 책을 읽었는데도 아이를 돌보는 일과 관련한 모든 일에 준비가 되어있지 않았던 거예요. 남편은 나보다도 더 준비가 되어있지 않았어요. 그러니 집이 얼마나 엉망이고 내가 얼마나 크게 낙담했는지 짐작이 갈 겁니다. 아이가 울기 시작하면 나도 누워서 같이 울었어요. 나에게는 아무 힘도 남아있지 않아요. 곧 둘째 아이를 갖는다는 것을 상상도 할 수 없습니다.

-어느 여대생의 자서전에서

초보 어머니들은 종종 남편들이 육아에 좀더 참여해 주기를 바랄 것이다. 결혼 2개월 후와 2년 뒤에 다시 면접한 부부에 대한 종단연구에서 시간의 흐름에 따른 육아 분업의 선호도가 평가되었고 비교되었다. 존슨(Johnson)과 휴스튼(Huston, 1998)은 아내의 사랑이 강할 때, 그 반대의 경우보다 훨씬 자주 그들의 분업선호도가 남편이 원하는 방향으로 변한다는 것을 발견했다. 아내에 대한 남편의 사랑은 그처럼 상대를 배려하는 변화를 가져오지 않았다. 이와 같이, 어머니들이 사랑으로 일을 하기 때문에 부모가 되어가면서 어머니 역할과 아버지 역할의 전통적·사회적 관습이 유지되고 있는 것이다. 이러한 적응은 다산인 경우 또는 특별한 약점이 있거나 생명을 위협하는 상태와 같은 특수한 요구를 가진 아동이 출생했을 때 더 철저해진다.

전부터 잘 적응해 온 부부와 가족이 되는 시기를 미리 계획한 부부는 원만하게 부모가 된다. 그럼에도 부부간 의사소통이 절반 이상 감소한다. 코원(Cowan)과 코원의 연구(1997: 24)에서는 "…… 같이 살면서도 자녀가 없는 부부는 연구가 진행된 7년 동안 우리가 평가한 다섯 가지 생활영역에서 모두 현저한 안정성을 보여줬다. 그와 대조적으로 부모가 된 부부는 모든 영역에서 예상하지 못했던 혹은 혼란스러운 변화가 있었다"고 했다. 아동이 5세 되었을 무렵 부부의 20%는 별거했거나 이혼했다. 그러나 부모가 되었다는 이유만으로 이혼했다고는 할 수 없다. 사실 부모가 되면 이혼율이 낮아진다. 연구가 진행된 7년 동안 자녀가 없었던 부부의 50%가 이혼했다. 부모가 된다는 것이 이혼의 위험을 감소시키거나 아이를 갖기로 결정한 부부는 처음부터 좀더 안정된 관계를 가졌을 것이다. 두 가지 설명을 모두 뒷받침하는 증거들이 있지만 아마 서로 다른 부부들을 위한 설명일 것이다. 사실 일부 부부는 아이들이 클 때까지 기다렸다가 이혼한다.

다음 인용문에서 볼 수 있는 것처럼 자녀들은 성장하면서 긍정적이든 또는 부정적이든 계속 부모의 부부관계를 변화시킨다.

나의 부모님에게는 내가 14~16세였던 때가 최악의 시기였습니다. 나와 같이 있는 것이 힘들었을 겁니다. 나는 아주 비열했고, 교묘했고, 남자 친구가 전부였던 나의 목표를 이루기 위해서 부모가 서로 대립하도록 했죠. 나의 부모는 내가 늘 그렇게 협박했기 때문에 내가 가출하는 것을 두려워했고 그로 인해서 당황할 때가 많아서 서로에게 화풀이를 했어요. 부모님은 말하지는 않았지만 내가 임신하지 않을까 두려워했습니다. 뒤돌아보면 부모님이 나 때문에 이혼하지 않았다는 것은 놀라운 일이예요. 나는 이 일에 대해 쓰는 것이 부끄럽습니다.

-20세의 여학생

재혼가족에서 아동의 영향을 알아보는 것도 중요하다. 매년 이루어지는 모든 결혼의 절반 가까이는 최소한 한 배우자에게는 재혼이다. 양쪽 다 자녀가 없다면 재혼에의 적응이 초혼의 경우와 다를 바 없다. 의붓자녀와 같이 살거나 방문한다면 좀더 복잡하게 되고 같이 사는 의붓자녀도 있고 방문하는 의붓자녀도 있으면 더 복잡해진다(Ambert, 2001). 계부모가 된다는 것은 예상하지 않았던 또는 준비하지 않았던 역할이다. 그것은 규범적인 일이 아니다. 또한 동화 속에 나오는 '사악한 계모'의 문화적 유산을 생각할 때 욕먹는 역할이다. 좋은 부모의 경우처럼 '좋은' 계부모의 행동을 안내하는 규범이나 규칙이 없다. 각 계부모는 유리할 수도 있고 불리할 수도 있는 역할과 관계를 새로 만들어야 한다.

방문하든 동거하든, 자녀가 있을 때 새로 결혼한 부부는 두 가지 중요한 역할 — 부모와 배우자 — 에 동시에 적응해야 한다. 초혼의 경우에는 일반적으로 두 역할이 따로 시작된다. 적응에 필요한 요소가 복잡하기 때문에 재혼은 초혼보다 더 불안하게 된다. 자녀들이 관련될 때, 자녀의 다른 부모와의 관계에 따라 재혼에 대한 적응은 부분적으로 더 쉬워지거나 복잡하게 된다. 부모관계의 질과 직접 만나거나 전화로 하는 접촉의 빈도에서 많은 차이가 있다. 그러면 이런 질문을 할 수 있다. 전 배우자(아동의 다른 부모)와 새 배우자(계부모)의 관계에 어떤 일이 생기는가? 이 흥미롭고 복잡한 주제에 대한 연구는 비교적 적다. 그래서 필자의 질적 자료를 이용하는데, 결혼한 어머니의 이야기부터 시작한다.

우리가 사회적인 관계를 만드는 것이 아닙니다. 이것은 솔직히 아동을 위한 일이예요. 나는 남편의 전 부인이나 그 여자의 새 남편을 얻기 위해 남편과 결혼하지 않았어요. 그리고 내 남편도 분명 내 전 남편과 그의 새 여자친구를 맡으려 하지 않고요. 아니고말고요. 그런 관계는 텔레비전 화면에서는 좋지만 실제 생활에서는 그렇지 않아요.

양육권이 없는 아버지들은 가끔 자기 자녀의 계부가 된 전처의 새 배우자에 대해 심각하게 걱정한다. 그들은 계부가 아동을 다루는 방법에 대해서, 예를 들어 성적 학대 가능성에 대해서 염려한다.

내 전처의 남편은 나에게 부담입니다(그는 알코올 중독자다). 나는 나의 아내, 전처에게 딸들이 계부와 단둘이 같이 있지 않도록 조심해야 한다고 말했습니다. 전처는 불쾌해 했지만 알아듣는 듯했어요. 나는 그 남자를 신뢰할 수 없습니다…….

한편 청소년들은 가족으로부터 자립하려고 할 때 또 다른 권위를 가진 인물이 등장하는 것에 종종 분개한다. 자서전을 보면 계부모를 미워하고 아버지나 어머니의 재혼을 깨기로 결심하고, 성공했다고 기록한 학생들이 나온다. 그들은 계부모의 생활을 불쾌하게 만들었고, 새로 결혼한 부부는 청소년들이 부추기는 대로 서로 갈등에 빠지게 되었다. 한 여학생은 자기가 어머니의 재혼을 파탄 내는 역할을 한 것이 부끄럽다고 고백했다.

왜냐하면 그것이 어머니의 인생을 다시 시작할 수 있는 유일한 기회였는데 내가 그것을 망쳐놓았기 때문입니다. 현재 어머니는 결혼에 두 번 실패했고, 아주 외롭기 때문에 많이 약해졌어요. 나는 죄책감을 느끼고 있으며 어머니를 행복하게 해드리려고 노력합니다.

만일 우리가 부부관계에서 넓은 친족관계로 눈을 돌린다면 아동의 존재 자체가 부부로 하여금 가족관계에 좀더 잘 통합되도록 기여할 수 있는 것이 된다(Munch, McPherson, & Smith-Lovin, 1997). 성인자녀나 청소년이 독신 부모가 되었을 때 그 영향은 관련된 가족의 인종적 지위, 계층, 연령에 따라 아주 다를 수 있다. 독신 부모가 되는 것은 만일 그의 부모가 그와 같은 현상을 도덕적으로 반대하는 입장이라면 부모에게 상당한 부담을 주게 된다. 그들은 조부모로서 이득을 볼 것이 없고 사실상 자신들이 손자라는 이름으로 다른 아동을 인계 받게 될 뿐이다.

많은 자녀들은 그들의 부모와 친족들을 밀접하게 하지만 어떤 자녀들은 자기도 모르는 사이에 멀어지도록 할 수 있다. 예를 들어 조부모는 성인자녀의 육아방법을 간섭하거나 동의하지 않을 수도 있다. 이 성인자녀들은 자기 자녀들에게서 조부모와의 관계를 뺏고 싶지 않기 때문에, 결과적으로 자기 부모를 원망하게 되고 갈등을 느낀다. 또는 일부 조부모들은 아동들에게 너무 빠져 있어서 부모들이 난처한 입장에 처할 수도 있다. 이들 세대간의 갈등과 유대는 그 자체로서뿐만 아니라(노인학 분야에서 어느 정도 연구된 것처럼) 아동 영향이란 관점에서도 살펴봐야 한다.

인간 상호 작용

특히 자녀가 어릴 때 부모자녀 관계는 독특한 것이기 때문에 아동으로 인해서 성인들의 상호 작용 종류가 많아진다. 부모가 아닌 성인들은 일반적으로 이러한 교육적 경험에서 오는 혜택을 받지 못한다. 부모와 자녀는 신체언어, 얼굴표정, 행동 또는 언어소통 등 다양한 수준에서 상호 작용한다. 한 독특한 연구에서는 부모는 자녀들 때문에 극심한 분노에서 기쁨까지 정서적 변화의 폭이 넓어졌다고 보고했다(Purrington, 1980). 좋든 싫든 부모는 부모가 아닌 사람과 비교할 때 아주 특별한 형태의 상호 작용에 참여한다.

아동은 부모의 언어형식에 직접적인 영향을 미친다. 부모는 어리거나 정신적으로 발달이 늦은 아동에게 무엇을 설명할 때는 단순한 단어를 사용하고 반복해서 말한다. 자녀가 성장하면서 부모는 자녀들이 더 잘 이해할 수 있다는 것을 알기 때문에 좀더 복합적인 언어를 사용한다. 그렇게 아동변화의 직접적인 결과로 부모의 언어 형식도 바뀐다.

여기에 추가해서 아동은 부모로 하여금 새로운 형식의 상호 작용을 하도록 한다. 10장에서 보게 되는 것처럼, 특히 부모가 영어를 못하는 이민가족에서 이 현상이 더 두드러진다. 대조적으로 말을 유창하게 하는 자녀들은 부모에게 상호 작용의 형식은 물론이고 북미의 태도와 습관을 설명해 줄 수 있다.

자녀들은 훌륭한 동료가 될 수도 있다. 특히 젊은 부모와 비교적 사회로부터 고립되어 있는 부모나 장애인 부모에게는 그렇다. 볼튼 (Bolton, 1983)은 영국의 노동자계층 어머니들은 좀더 교육을 많이 받은 여성들의 경우보다 자녀들과 같이 있을 때 동료로서 득을 많이 본다고 보고했다. 교육을 많이 받은 어머니는 아동과 나누는 대화를 지루하게 생각한다. 동료적 면에서 부모와 자녀 간에는, 특히 어머니와 자녀 간에는 일반적으로 가까운 정서적·신체적 유대가 있다는 것을 추가해서 말할 수 있다. 많은 어머니들은 그들이 젖을 먹일 때 정서적으로 만족하게 된다는 것을 알고 얼마나 놀랐는지를 자연스럽게 말한다. 또 다른 어머니들은 신체적 즐거움에 대해서 말한다.

더욱이 자녀들은 종종 자기들의 부모를 돌보기도 한다. 그들은 어려울 때 부모를 돕고, 격려하고, 어렸을 때는 단지 장난감을 나눠 갖자고 해서 위로할 수 있다. 자녀들은 부모에게 신체적 애정을 표현해 줄 수도 있다. 예를 들어 다른 것을 시험하기 위한 한 연구에서, 실험과정에서 연구자에게 화를 내는 어머니를 2~5세의 아동이 말로 위로하고 있었다(Cummings et al., 1989). 작은아이가 가까이 있다는 것만으로도 부모를 위로하는 효과가 있다. 자녀들로부터 신체적 애정을 받는 것이 부모에게 미치는 영향에 대해서 좀더 아는 것은 흥미로운 일일 것이다. 부모 측의 신체적 애정은 자녀들의 행복을 증진시킨다. 그 반대의 경우도 마찬가지로 중요하다고 생각할 수 있다.

공동체

아동의 욕구를 충족시키고 가족단위로서 기능을 수행하기 위해서 부모는 자녀 없는 성인들보다 공동체 활동에 많이 참여해야 한다. 예를 들어 부모는 자녀 없는 성인들보다 교회예배에 더 많이 참석한다(Nock, 1998). 최소한의 공동체 활동을 말한다 해도, 그들은 의사와 학교, 베이비시터와 관계를 가져야 하고 발레, 가라데 같은 특별반, 하키 팀에 참여해야 한다. 이들 사회적 상호 작용은 여러 상황에 따라 긍정적일 수도 있고 부정적일 수도 있다. 예를 들어 앞에서 언급한 것처럼 평균으로부터 부정적으로 일탈한 특수한 요구를 가진 아동의 부모는 많은 전문가들과 상의해야 하고, 장애인의 권리보호에 헌신하는 주창자 또는 행동가가 되기까지도 해야 할 것이다. 그러나 일반적으로 건강문제에 대해서 외부 서비스의 조정자 역할을 하는 사람은 여성들이다. 이와 같이 자녀가 태어나면 공동체 생활이 확장된다.

어머니들은 자녀 없는 여성들보다 복지혜택을 받을 가능성이 많다. 결과적으로 그들은 복지기관과 그들의 생활을 통제하고 있는 복지기관 직원들의 요구에 따라야 한다. 사회복지사와 직원들은 어머니의 개인생활을 점검한다. 그래서 어머니들은 외부에서 가족이란 경계 안으로 들어와 가족 일에 관여할 수 있게 된다는 사실을 인정해야 한다(Rubin & Quinn-Curan, 1983: 89). 즉 가난하고 자녀가 있다는 이중적 이유 때문에 이들 여성들의 가족생활은 무관한 사람들의 간섭을 받게 되면서 고통스러워진다. 그래서 홀어머니들은 상당한 자유가 보장되고, 복지기관에 보고하지 않은 채 취직해서 돈을 벌 수 있고, 사회복지사 몰래 아이 아버지로부터 비공식적 지원을 받을 수 있는 대처방안 역시 배우게 된다(Edin & Lein, 1997).

어린 자녀들이 어머니의 여가를 위한 사회적 접촉을 감소시키기는 하지만 한편 자녀들은 부모들이 친척과 친구들을 많이 접촉하고 도움도 많이 받도록 만들기도 한다. 나중에는 자녀들 때문에 가족 모두 많은 친구가 생긴다. 부모는 또래친구의 부모를 알게 된다. 성인이 되면 자녀들은 동거하거나 결혼한다. 그러면 두 가족은 간접적으로 서로 연관된다. 자녀 없는 사람보다 부모의 사회적 연결망이 넓고 도움이 되는가 여부를 아는 것도 중요하다. 예를 들어 부모로서 필요한 역할을 수행하다 보면 사회적 상호 작용은 덜하게 되는가? 혹은 더하게 되는가?

6장에서 보게 되는 것처럼, 비행소년의 부모는 자기 자녀의 행동 때문에 이웃, 친구, 심지어 친척들과도 문제가 생기거나 그들로부터 비난을 받게 되고, 그래서 거리가 멀어진다. 누구도 신뢰할 수 없다고 느끼기 때문에 관계를 보류하는 사람들도 있다. 장애아동이나 심각한 질병을 앓고 있는 자녀들은 부모가 사실상 사회적인 여가활동을 시작하고 계속하는데 방해가 된다. 그런 아동들을 돌보는 부모들은 시간적·공간적 제약을 받는다. 우리는 앞에서 부모는 교사와 다른 전문가와 접촉해야 한다고 말했다. 그와 같은 공식적 상호작용은 도움이 될 수도 손해가 될 수도 있다. 아동이 일탈되었을 때 후자의 결과가 생길 가능성이 있다. 불행하게도 이러한 문제에 대한 연구에 대해서는 알려진 바가 별로 없다.

부모의 성격

자녀들은 부모의 성인으로서 발달에 어떤 영향을 미치는가? 자녀들이 부모의 성격에 어떻게 영향을 미치는가는 상당한 부분 아동의 연령과 성에 의해서뿐만 아니고 부모가 생애주기상 어떤 단계에 있는가에 달려있다. 나이 많은 부모들만큼 성격이 안정되어 있지 않는 젊은 부모는 아이를 가짐으로써 많이 변화할 것이며, 특정한 유형의 아동에 민감한 반응을 보일 수 있다. 성인발달의 전 분야가 아동 영향을 연구하기 위한 대상이 될 수 있을 것이다.

예를 들어 1960년대와 1970년대에 진행된 커밍스(Cummings, 1976), 커밍스와 그 동료들(1966)의 연구에 의하면 아동이 비정상적으로 발달할 때 심리적으로 스트레스를 느끼는 상황이 생기고, 그것은 부모에게 각각 다른 성격 양상을 가져온다. 더욱이 어머니와 아버지는 각각 다른 영향을 받는다. 그래서 다른 유형의 아동이 그들 부모인생의 심리적 면에 미치는 영향은, 앞으로 연구해 볼 필요가 있는 타당한 주제다. 예를 들어 아동에 대한 불안과 걱정은 재정문제 다음으로 사람들이 제일 자주 이야기하는, 자녀를 가짐으로써 지불해야 할 대가다. 이런 경우라면 부모의 성격 발달이란 면에서 어떤 결과가 생기는가에 대해서만 물을 수 있을 것이다.

부모 역할의 책임은 종종 젊은 사람들을 크게 성숙시킨다. 무력한 아동을 돌봐야 한다는 것과 재정적 어려움에 직면한다는 사실이 아이가 없는 사람보다 부모의 성격에서 **어떤** 면을 일찍 성숙시킬 수 있다. 동시에 젊은 나이에 부모가 된 여성은, 특히 그 결과로 부모가 교육기회를 박탈당하고, 그래서 취업이 어렵게 될 때 성격 발달이 중단될 수 있다.

부모의 성격에 대한 아동의 영향은 다음 장들에서도 직접 또는 간접적으로 반복해서 제기되는 논제다. 사실 모두가 기대하는 평균으로부터 일탈된 행위를 하는 자녀를 둔다는 것은 부모의 성인으로서 발달에 강한 영향을 주는 것으로 가정할 수 있다. 그러나 단순 인과 모델을 받아들이는 식의 오류를 범해서는 안 된다. 2장에서 살펴본 것처럼 부모의 성격에 대한 아동의 영향은 이들 성인들의 개인적 탄력성과 취약성에 달려있을 것이다. 강한 성격(이는 긍정적 면은 물론이고 부정적 면도 있다)을 가진 부모는 특히 자의식이 고도로 발달되어 있을 때 이 분야에서 자녀의 영향을 전혀 받지 않을 수도 있다. 더욱이 아동의 영향처럼 보이는 것도 사실은 부모와 자녀들이 같이 가지고 있는 유전인자의 결과일 수도 있다. 이 주제는 12장에서 더 논의할 것이다.

태도, 가치, 신념

부모들은 행동하고 직접 가르침으로써, 자녀들의 행동을 받아들이거나 거절함으로써 자기들의 태도와 신념을 자녀들에게 전수한다(Grusec, Goodnow, & Kuczynski, 2000). 그러나 부모들이 이렇게 사회화 역할을 수행하는 동안, 자녀들은 부모의 가치관에 최소한 간접적 영향력이라도 행사한다. 부모들은 첫아이의 출생으로 완전히 새로운 인생관을 갖게 되었다고 자주 말한다.

- "나는 좀더 책임감을 갖게 되었습니다. 나는 부양할 가족이 있고 더 이상 홀몸이 아닙니다."
- "전에 나는 텔레비전에 무엇이 나오는지 관심이 없었으나 지금은 관심이 많습니다. 그 프로그램들이 내 아이들에게 영향을 미친다는 것을 알기 때문에 나는 좀더 보수적이 되었어요."
- "나는 언제나 자유로운 성생활을 지지했었으나 지금은 나의 딸이 자라고 있어서 달리 생각하게 되었습니다. 같은 식으로 생각할 수 없어요."
- "내가 젊었을 때는 돈이나 물질적 소유에 대해서는 관심이 없었으나 지금은 아이들이 있기 때문에 돈이 필요합니다. 나는 좀더 물질주의적으로 되었죠."
- "학생으로서 나는 마약을 복용하기도 했으나 부모로서 나는 마약에 절대 반대합니다. 나는 마약의 어떤 긍정적 면도 인정하지 않아요."

우연한 대화에서 나오는 이러한 말들은 부모 역할과 자녀의 연령, 성 때문에 그들의 가치체계가 변하고 있음을 보여준다. 부모가 된다는 사실만으로도 새로운 인생관이 생기기 때문에 영향력이 있는 것이다. 부모노릇이란 성인이 무엇인가 수행하도록 요구하는 역할이다. 이러한 변화의 일부는 부모가 되었기 때문이 아니고 연령 때문에 생겼을 수도 있을 것이다. 그러나 부모가 되었다는 것도 최소한 이와 같은 변화가 생긴 이유의 일부가 된다고 볼 수 있을 것이다. 자녀 없는 부부를 자녀 있는 부부와 비교한 문헌들이 있기는 하지만 부모 역할(그리고 아동특성)과 관련한 가치변화/안정성의 문제는 설명되지 않았다.

새로 부모가 된 집단과 같은 연령이지만 부모가 안 된 집단에 대한 종단연구는 시간이 지나면서 어떤 가치관은 두 집단에서 모두 변하고 어떤 가치관은 두 유형의 부부 가운데 어느 한쪽 부부에서만 변하는가를 알기 위한 연구의 첫 단계가 될 것이다. 자녀가 있는 부모는 같은 나이이지만 자녀가 없는 성인과 달리 처음부터 다른 가치관을 가졌을 수도 있다. 그래서 부모가 되려는 사람들은 부모 되는 것을 연기하려 하거나 계속 자녀를 갖지 않으려는 사람들과는 처음부터 다른 가치관을 가졌을 가능성을 통제할 필요가 있다.

상이한 가치관을 가진 성숙해 가는 청소년과 젊은 성인의 존재는 촉매요인이 될 수 있다. 부모는 더 보수적이거나 더 진보적으로 될 수 있다. 예를 들어 자기 아이들에 대해서 좀더 환경을 의식하는 견해를 가질 수 있고, 그들의 가치관도 이 방향으로 변해 갈 수 있다. 청소년기와 성인기에는 부모와 자녀 간에 주고받는 일이 많다. 그리고 자녀들이 교육을 많이 받고 성공했다면 또는 부모가 이민 와서 새로운 사회에 통합된 경우에는 자녀들의 영향력은 더 클 것이다.

성역할에 대한 부모의 입장은 중요한 하나의 영역이다. 여기서도 모든 문헌은 사회화과정을 통하여, 특히 가족과 관련해서 아동이 성유형화되고 성역할 의식을 갖게 되는 아동발달에 초점을 맞추고 있다. 단지 부모가 되는 것만으로도 성역할 이데올로기에 영향을 줄 수 있다. 예를 들어 첫아이가 출생한 다음 가사노동분업이 덜 평등하게 되고 성별분업이 이루어진다. 여기에 가치변화도 수반되는지를 알 필요가 있다. 그 원인과 결과는 분명하지 않다. 자녀를 갖지 않기로 결정한 사람은 성유형화가 덜 심각할 가능성이 있다. 그러나 부모가 되었기 때문에 성역할이란 관점에서 좀더 전통적으로 될 가능성도 여전히 남아있다.

개농(Ganong)과 콜먼(Coleman, 1987)은 아들만 있는 부모, 딸만 있는 부모, 아들과 딸의 수가 같은 가족을 비교했다. 그들의 연구결과에 의하면 아들만 있는 부모는 딸만 있는 부모보다 좀더 성유형화되었다. 특히 아들 있는 아버지는 딸만 있는 아버지보다 남성적인 태도를 보였고 아들 가진 어머니는 딸만 있는 어머니보다 더 여성적이었다. 많은 학자들은 우리 사회에서 딸보다 아들을 높이 평가하기 때문에 아들이 적절한 남성역할을 수행할 수 있도록 사회화하는 데 많이 투자하는 게 필연적이라고 생각한다. "성역할의 사회화가 불완전하거나 불충분할 때 딸보다 아들이 잃을 것이 많고, 부모도 위태롭게 된다(Ganon & Coleman, 1987: 280)." 결과적으로 아들 있는 부모들은 자신들의 행동이 적절한 예가 되도록 하기 위한 노력을 많이 하게 되고 그래서 자신들이 좀더 성유형화될 수도 있다.

인생계획

　자녀들로 인해서 영향을 받게 되는 부모생활의 또 다른 측면은 그들의 장래에 대한 계획이다. 이들 계획은 가족을 새로 이룬 젊은 부부가 집을 소유하려는 소망과 같은 물질자원을 의미할 수도 있다. 여성이 임신했다는 것을 알고 박사과정을 포기할 때와 같이 자신의 직업적인 성장을 의미할 수도 있다. 혹은 자녀들에게 주거상의 안정성을 제공해 주기 위해서 특정지역에서 직업생활을 해나갈 때와 같은 경우다.

　자녀가 있는 부모보다 자녀가 없는 부부가 미래를 덜 조심스럽게 계획하는가 그리고 미리 계획하지 않는가를 아는 것은 흥미로운 일이다. 자녀가 없는 사람들은 수입과 기회를 자유재량으로 처리할 수 있기 때문에 미리 그리고 조심스럽게 계획을 수립하지 않을 수 있다. 그들은 시간을 자유롭게 사용할 수 있고 자유롭게 움직일 수 있다. 그들은 어떤 일은 우연에 맡기고 기회는 좀더 잘 받아들일 수 있다. 그러나 그들은 말하자면 조기 은퇴와 같은 계획을 자녀가 있는 부부보다 미리, 그리고 정확하게 세울 수 있다고 생각할 수도 있다. 자녀가 없는 부부는 미래를 더 잘 예측할 수 있고 따라서 그에 맞춰 결과에 대한 계획도 세울 수 있을 것이다. 그들은 아동기의 질병, 장애, 교육비용, 독립하지 못하고 예상보다 집에 오래 머물러있는 성인자녀와 같은 '위험'에 직면할 가능성이 적다. 자녀들은 장기적인 관점에서 보면 예측 불가능한 요인이다. 그들은 떠나야 할 때 집을 떠나지 않고, 제때에 학업을 마치지 못하고, 기대했던 직업을 갖지 못하거나, 결혼을 하지 못하고, 손자를 못 낳기도 한다!

그래서 자녀들은 어른들의 계획을 지연시키기도 하고 전적으로 무효화시키기도 한다.

앞의 세 단락에서 제시된 가능성들이 논리적인 것처럼 보이는데도 불구하고, 경험적으로 검증되지 않았다는 것은 놀라운 일이다. 자녀가 있는 부모와 비교해서 자녀 없는 부부는 미래에 대해서 무엇을 기대하는가? 더욱이 차이가 있다면, 사회계층, 인종과 같은 중요한 사회학적 변수들이 더 많은 차이를 만드는가 혹은 잠재적 차이를 감소시키는가?

인생에 대한 통제감

자녀가 중요한 경제적 자원이 되고 다산이 자랑거리였던 과거에는 자녀들로 인해서 어른들이 자기 인생 — 아마 인생과 일반적으로 다른 것까지도 — 을 통제할 수 있다고 생각했다. 아직도 주로 농업을 위주로 하는 사회에서는 같은 말을 할 수 있다. 그러나 포스트모더니즘 시대에 이르러 아동의 인생에 대한 예측이 불가능해졌고, 이는 부모에게 불안정과 불안전의 요인이 된다. 부모들은 자기 자녀들과 자녀친구들의 요구를 들어주기 위해서 많은 전문가들 — 소아과 의사, 치열교정의, 보육종사자, 교사 — 한테 의지할 수밖에 없다(다음 장들에서 이 문제를 논의할 것이다).

그래서 부모들은 아기의 생존을 위해서, 나중에는 교육에 대한 기대가 큰 사회에서 아동발달에 필요한 일을 해주기 위해서, 자신들의 계획을 구성해야 하고 자신들의 욕구를 조정해야 한다(그렇게 하지 않는다면 죄책감을 느끼게 된다). 이러한 요구들이 인생에 대한 통제감에 어떤 영향을 주는가? 예를 들어 만성질병을 가진 아동에 대한 연구는 그러한 요구가 부모를 얼마나 속박하는지를 잘 보여준 다(McKeever, 1992). 그러나 우리 사회에서는 만성질환 아동이 있을 때만 아동을 돌보는 전문가와 준 전문가의 필요 때문에 압박감을 느끼는 것은 아니다. 이 점을 설명한 예가 있다.

치과의사는 어린 환자들에게 일 년에 네 번 진찰을 받고 불소치료 를 받아야 한다고 말한다. 그 어머니에게는 두 아들이 있는데, 한 아들은 일 년에 몇 번씩 치열교정치료를 받고 있다. 두 아들은 매 주 하키와 축구연습을 해야 한다. 어머니는 여러 치과의사와 의사 를 찾아간다. 그녀는 건강을 위한 이런 일들로 애를 먹는다. 어머니 는 자기 아들들은 충치가 없고 구강위생이 좋아서 일 년에 두 번만 치과의사에게 가도 충분하다고 설명한다. 치과의사는 화가 나서 "당신은 아들의 치아를 위태롭게 하고 있습니다"라고 말한다. 어머 니는 웃어야 할지 울어야 할지 모른 채 자리에서 일어난다. "내가 만일 아들들의 치과의사와 의사, 내 의사들의 말을 다 듣는다면 나는 택시운전회사에 취직해 있을 겁니다. 게다가 나는 죄책감을 느낄 거고요. 그들은 자신들의 작고 좁은 전문지식에 내가 확고한 우선순위를 둬야 한다고 생각하는 것 같습니다. 그들은 그렇게 근 시안적입니다. 최소한 내가 내 아이들을 소홀히 대했다면야 그들에 게 불평할 권리가 있겠죠." 이 점에 이르러서 그녀는 매우 언성을 높였다. 그녀는 확실히 외부로부터 통제 받는다고 느낀다.

결론

아동은 다양한 상황에서 자기 부모에게 영향을 미칠 수 있다. 일부 영향은 이 장에서 설명된 인용문에서 잘 볼 수 있었던 것처럼 간접적인 것이다. 우리는 자녀들이 영아기의 타고난 무력함 때문에 부모의 생활에 필요한 변화를 가져오는 것을 언제나 당연시해 왔다. 그러나 이 상황의 '자연스러움' 때문에 우리는 이에 대해 적절히 연구하지 못했다. 좀더 성장한 자녀의 경우에도 전혀 연구되지 않았다. 어떤 것이 당연한 것으로 간주되거나 정상적인 것으로 생각될 때 그것은 가끔 우리 의식에서 사라진다. 사회적으로 명백하게 여겨지는 것이 연구주제가 되는 일은 드물다.

더욱이 앞의 여러 단락에서 부모는 자녀로부터 과학적 연구와 매스미디어에 제시된 것보다 더 많은 분야에서 또는 더 많은 방법으로 영향을 받는다는 것을 분명히 설명했다. 그런데도 연구되지 않은 이유는 그것이 자연스러운 상황이기 때문이다. 더구나 이점에 관한 모든 가능성이 완전히 설명되지 않았으므로 다른 연구자들이 이 주제에 대한 설명을 추가할 수 있을 것이다.

부모가 자기 자녀들에게 영향을 미친다는 것은 그 반대에 비해 당연시되어 왔다. 부모가 자녀들을 돌봐야 한다는 것도 당연시되어 왔다. 과거의 연구와 논의들은 생활의 여러 분야에서 부모에게 미치는 긍정적 영향과 부정적 영향을 구별하지 않았다. 5장에서 설명한 것처럼, 사실 부모가 자기 자녀들에게 문제가 있음을 시인하거나 자녀들이 자기들에게 부정적 영향을 준다는 것을 시인하는 게 적절치 않다고 생각해 왔다. 이 생각 때문에 많은 부모는 자신들에 대한 부정적 영향을 인정하려 하지 않았다.

이 장에서는 일반적으로 전 생애를 연구대상으로 하지 않았다. 이 분야에서 종단연구가 없기 때문에 시간이 지나면서 자녀의 영향이 어떻게 변하는가를 알기 위해서 부모생활의 모든 영역을 볼 수가 없었다. 즉 부모와 자녀가 모두 나이 들어가면서 자녀 영향이 어떻게 **발달** 혹은 전개하는지를 설명해 줄 수 없었다. 그래서 미래의 연구자들은 자녀들이 성장하면서 부모의 건강에 미치는 영향을 연구하고 젊어서 부모가 된 집단과 늦게 부모가 된 집단을 비교하고 싶어할 것이다. 이 연구방법은 부모와 자녀 각각의 성장과정을 동시에 통제할 수 있도록 할 것이다. 그와 비슷하게, 자녀와 부모가 같이 나이 들어가면서 부모의 자아 존중감과 자신의 인생에 대한 통제감에 자녀들이 어떻게 영향을 줄 수 있는지를 알아내는 데 관심을 쏟을 수도 있다. 이는 전 생애를 연구대상으로 할 때 연구할 수 있는 두 가지 예일 뿐이다.

이 사회에서 자녀를 갖는 것과 성인이 되는 것이 서로 얼마나 '잘 맞고 적합한가'는 생활영역에 따라 다르기 때문에, 아동의 영향(긍정적이든 부정적이든)을 받을 수 있는 부모의 생활영역을 자세히 밝히는 게 중요하다. 예를 들어 어떤 상황에 있어서는 부모의 취업, 성생활, 건강과 아동의 욕구 사이보다는 부모의 생활양식과 아동의 욕구 사이에 더 잘 맞는 적합성이 있을지도 모른다. 또는 더욱 구체적으로 말하면 관여된 아동의 유형, 부모의 유형, 사회적 반응의 적절성에 따라 부모생활의 일부 영역에서는 적합성이 더 부족할 수도 있다.

5장 행동문제와 정서문제가 있는 아동들

연구된 바에 의하면 부모와 어린 자녀들 간에는 한 시간에 1.5～3.5번의 갈등적 상호 작용이 일어난다(Dix, 1997). 30년 전에 민튼, 케이건과 레빈(1971)은 두세 살 된 자녀의 어머니가 3분마다 지시하거나 안 된다는 말을 한다는 것을 발견했다. 이 연구에 의하면 우리 사회의 정상적인 아동도 가끔 곤란한 행동을 한다. 그러므로 때로는 평균적인 아동과 문제아동이 잘 구별되지 않으며, 그래서 우리는 행동문제가 있는 아동이 얼마나 많은지 알지 못한다. 따라서 이 장에서는 행동문제와 정서문제가 있는 아동에 초점은 맞추지만 평균적인 아동과 접촉하는 전문가와 부모에게도 도움이 될 것이다.

무엇이 행동문제인가?

때로는 품행장애라고 불리기도 하는 행동문제가 무엇인가에 대한 정의는 복합적이다(Earls, 1994). 간단히 말하면 이 아동들은 아주 곤란하다. 이들은 정기적·지속적으로 혐오스러운 행동을 하는데, 말하자면 그것이 생활방식이다. 전부는 아니지만 대체로 이런 행동양식은 어린 나이에 시작되었고 많은 아동들에게 만성적인 현상이다. 공격성은 초기에 중재하지 않는다면 계속 문제가 되는 좋은 예다.

행동문제의 첫 범주는 공격성에 관한 것이다. 이 문제는 싸우는 것, 때리는 것, 들볶는 것, 욕설을 퍼붓는 것, 조롱하는 것과 같은 노골적인 적대행위로 구성된다. 두 번째 범주는 불복종, 동의하지 않는 것, 요구에 저항하는 것을 포함한다. 최근에 공공연한 도전행위를 의미하는, 적대적 반항장애라는 새로운 용어가 만들어졌다. 셋째 범주에는 이유 없는 울음, 방해, 들어줄 수 없는 즉흥적 요구, 반복되는 짜증 등의 다른 혐오스러운 행동이 포함된다. 넷째, 주의력결핍 과잉행동장애(ADHD)가 나타나는데 이는 과도한 신체 행동과 불안정성, 짧은 주의력, 충동성과 미약한 자기 통제력으로 특징지을 수 있다. 과잉행동은 다른 품행장애를 수반한다. 예를 들어 과잉행동을 하는 아동의 65% 이상이 공격적이기도 하다(Barkley, 1997).

다섯째, 관심을 끌기 위한 행동은 앞에서 설명한 어떤 범주에도 해당된다. 이들 아동 가운데 일부는 관심을 끌기 위해서 짜증을 부리거나 반항적일 수 있다. 그들이 원하는 것은 어떤 종류든, 긍정적이든 부정적이든, 관심을 끄는 것이다. 이런 점에서 꾸중이나 처벌은 바로 아동이 원했던 것, 즉 관심을 끄는 것이기 때문에 실패를 의미한다. 예를 들어 어느 10세 소녀는 자기 어머니에게 학교에서 한 자기의 나쁜 행동에 대해서 이렇게 설명한다. "내가 다른 애들과 같이 행동할 때 선생님은 나에게 관심을 갖지 않아요." 이 같은 아동은 자기를 알아보지 못하는 것을 용인할 수 없다. 언급해야 할 마지막 범주에는 은밀하고 부정직한 것이 포함된다. 바로 거짓말하고, 부정행위를 하고, 훔치는 것이다. 일반적으로 아동은 뒤에서 이런 행동을 한다. 예를 들어 어떤 아동들은 그저 거쳐 가는 한 단계로 훔치는 행동을 보이지만 다른 아동들은 어렸을 때부터 일종의 생활방식으로 물건을 훔치고 거짓말을 한다. 초점을 흐리지 않기 위해서 방화, 동물에 대한 잔인한 행동, 성적 일탈과 같은 병리적 행동과 정신질환을 앓고 있거나 양심이 없는 아동과 청소년까지는 다루지 않을 것이다.

행동문제의 원인은 무엇인가?

상당히 많은 경우에 확실히 유전적 영향이 있지만 그것은 아직도 검증되어야 한다(Eley, Lichtenstein, & Stevenson, 1999). 좀더 중요한 것은 품행장애가 그것이 나타나는 문화에 따라 다르다는 것이다 (Braungart-Rieker et al., 1995). 다른 형태의 사회는 다른 종류의 행동문제를 만들어낸다. 어떤 사회에서는 품행장애가 없거나 아주 드물다.

　행동문제의 원인을 제일 간결하게 설명하는 방법은 아동이 부정적 행위를 하는 어떤 성향을 지니고 태어난다고 말하는 것이다. 이들 성향의 대부분은 긍정적인 가정과 학교환경이 일반적으로 그것들을 '없앨 수 있다'는 점에서 아주 미약한 것이다(O'Connor et. al., 1998). 또 다른 아동들은 강한 성향을 갖고 있지만 역시 환경이 거기에 제동을 걸 수 있다. 특히 아동들에게 나쁜 선례를 따르거나 반사회적 행동을 배울 수 있는 기회가 없는 사회에서는 더욱 그렇다. 그러나 매우 강한 부정적 성향을 지닌 예외적인 아동들에게는 좋은 환경이라도 언제나 효과가 있는 것이 아니다.

　예를 들어 공격성이 있고 화제에 오르기 좋아하는 성향이 있는 아동도 통제와 감시가 잘 이루어지는 가족에서는(Bates et. al., 1998) 혹은 폭력 텔레비전 프로그램과 그 비슷한 비디오게임이 없는 사회에서는 그런 행동을 하기가 어렵다. 그런 아동은 인생의 첫출발을 잘한다. 그러나 그 아동의 성향이 강하다면 성장해서 더 독립적으로 되었을 때 아동은 자기 기질에 더 잘 맞는 환경을 선택 — 즉 그가 우리 사회처럼 긍정적인 것에서 부정적인 것까지 다양한 환경을 제공해 주는 사회에 산다면 — 할 수 있다. 그렇게 되면 초기 가족환경의 영향은 감소한다(Kendler, 1995). 그러나 아동이 가족으로부터 받은 이점이 계속 유지된다면 그는 친사회적인 환경을 선택할 수 있을 것이다(Collins et. al., 2000). 그러면 그 환경은 가족과 마찬가지로 그가 기능적으로 행동하도록 인도할 것이다(Simons et. al., 1998). 그 사람은 초기 가족환경의 이득을 간직하는 것이다.

　뉴질랜드에서 실시한 종단연구에 따르면 몇 가지 행동문제(이른 성경험, 약물남용, 경찰접촉, 기분장애)가 있는 대부분의 청소년은 심각한 약점을 지닌 역기능적 가족 출신이다. 비록 그런 배경출신의 모든 아동 가운데 13%는 문제가 없지만 말이다(Fergusson, Horwood, & Lynskey, 1994). 유리한 가정(경제적으로나 정서적으로)에서 성장한 아동의 경우, 400~500명 가운데 한 명만 여러 가지 문제가 있는 청소년이 되고 80%는 전적으로 아무 문제도 없다. 그와 같은 연구에 의하면 부모자녀간에는 어느 정도 수준의 유전성이 있는데, 그것은 부모, 이웃, 학교가 제공하는 환경에 의해서 나빠지거나 완전히 좋아질 수도 있다. 이와 같이 행동문제에 어떤 유전적 요인이 있더라도 환경에 의해서 완화될 수 있다(Bohman, 1996).

사회변동이 빠르고, 가치관이 상이하고, 유혹이 많고, 사회통제가 약한 우리 사회와 같은 크고 이질적인 사회에서는 품행장애가 현실화될 가능성이 많다. 기성세대가 자기들의 시대에는 지금보다 아이를 키우기가 쉬웠다고 말한다면 그것은 옳은 말이다. 왜냐하면 아동들의 사회적·문화적 환경이 변했기 때문이다. 현재 동시에 작용하는 여러 가지 요소들 때문에 유전적으로 위험한 상태의 아동들이 정상적으로 자라는 데 필요한 조용함, 안정성, 감독 등 구조적 혜택을 받아들이지 못한다. 동일한 요소들이 유전적으로 긍정적 경향을 상속받은 다른 아동들에게는 그러한 긍정적 경향이 현실화되지 못하게 하기도 한다. 달리 말하면, 우리와 같은 형태의 사회에서는 역기능적 성향을 가지고 있지 않은 아동들조차도 나쁘게 되는 것을 배울 기회가 생긴다.

첫째, 품위 없는 언어, 폭력, 과도한 성관계, 물질주의적 목표와 의심스러운 행동을 포함하고 있는 불안한 가치관을 반영하는 매스미디어의 내용과 프로그램 편성이 아동들에게 중요한 역할모델이 되고 있다. 폭력적인 비디오게임도 그렇다. 그것들은 반사회적 행동과 극단적인 경우 살인의 훈련장소가 되고 있다. 게다가 아동의 생활을 지도해줄 부모나 성인이 집에 그리 오래 머무르지 않는다. 부모는 오랜 시간 일을 하며, 배우자가 없는 사람도 많다. 지금의 부모가 아이들과 같이 있는 시간은 20년 전보다 일주일에 10시간이나 적다(Hofferth et al., 1998). 이웃도 더 이상 효과적인 공동체가 아니므로 집단적인 감독도 충분치 못하다. 누구도 아동과 청소년들이 공공장소에서 적절한 행동을 하도록 책임지지 못한다. 종교도 생활을 끌어가는 요인으로서, 사회통제기관으로서 중요성이 적어지고 있다. 아동과 청소년들의 일상생활사건의 일정을 규제하는 가족의례도 별로 없다. 교실도 충분히 정비되어 있지 않고, 소란스럽고, 학습이나 훈육을 위해서 좋은 장소가 못 된다. 대체로 오늘의 아동들은 들뜬 생활을 하고 있는데, 과거보다 개인적으로 어른의 관심을 덜 받고, 자기들처럼 감독을 받지 않는 또래나 미디어의 영향을 더 쉽게 받는다.

이 모든 요소들을 생각할 때 어떤 자료를 봐도 다양한 형태의 품행장애가 늘어나고 있다는 것은 놀라운 일이 아니다(Garbarino, 1999). 우리 사회에서는 특히 어떤 집단에게는 행동문제가 생길 기회가 너무 많고 아동의 능력과 친사회적 특성을 개발할 기회가 너무 적다. 우울증과 불안은 말할 것도 없고 품행장애는 빠르고 무계획적으로 진행되는 사회변동에 대해서, 그리고 제임스 콜먼이 일컬었던 기능적 공동체가 없는 점에 대해서 부모와 자녀들이 지불해야 할 대가다(Coleman & Hoffer, 1987).

나의 하나뿐인 남동생은 16세인데 우리들 사이에는 아무 관계도 없습니다. 사실 나는 그 애가 없었으면 좋겠습니다. 아주 어릴 때부터 그 애는 짜증을 잘 냈고, 파괴적이었으며 싸움을 잘했죠. 어머니가 점잖게(부모님은 참을성이 많았습니다) 무엇을 하라고 말하면 그는 피해갔고 반대로 행동했습니다. 학교에서도 마찬가지였어요. 다만 무언가를 원할 때는 잠시 착해질 수 있었죠. 그는 단지 약탈자일 뿐이었습니다……. 그는 부모님의 생활을 파괴했지만 스스로는 그렇게 생각하지 않았습니다. 그는 언제나 부모님이 자기에게 충분히 주지 않는다고 불평합니다……. 그는 전혀 정상적으로 생각하지 않습니다. 그는 자기는 옳고 부모님이 틀렸다는 것을 증명하기 위해서 부모님이 말하는 모든 것을 곡해합니다. 정말 사람을 괴롭게 합니다. 그는 보통사람처럼 생각하도록 훈련받아야 했지만 그에게는 과도한 요구였어요. 치료사도 시도해 봤지만 포기했고 부모의 희망을 좌절시켰습니다……. 나는 부모님이 적어도 한 아들한테서만이라도 부모라는 것이 보람 있는 일이라는 것을 느낄 수 있도록 최선을 다합니다……. 나는 아이를 갖는 게 걱정됩니다. 내 아이들 가운데 내 동생과 같은 아이가 한 명 있다고 상상해 보세요. 아이가 얼마나 파괴적일 수 있는가를 알기 때문에 나는 내 부모님처럼 친절할 수 없을 겁니다. 그렇게 상처받거나 학대받는 것을 용인할 수 없습니다.

이 학생의 관찰은 연구자들이 발견한 것을 설명해 준다. 공격적인 아동은 가끔 편견을 가지고 정보를 받아들인다. 이러한 결함은 4~7살의 아동에게서도 나타난다(Webster-Stratton & Lindsay, 1999).

문제가 있는 아동이 문제가 되는 것은 일부분 그들의 지각과 인식이 잘못되어 있기 때문이다. 거기에는 부모와 다른 권위 있는 사람에 대한 지각과 인식도 포함된다. 달리 말하면 이 아동들의 사고방식은 평균적인 아동들의 사고방식과 아주 다르다. 이들은 자기들이 잘못된 행동을 하는 이유나 근거, 구실을 찾으며, 규범적 아동들을 비정상적이고 어리석으며 '손해 보는 사람'으로 판단하는 경향이 있다.

그들의 문제성 있는 행동과 거기에서 생기는 결과는 다시 젊은이의 잘못된 생각을 더욱 잘못되게 한다. 사실 그들은 부정적인 사회적 반응에 직면하는데, 성인들과 또래들은 그들을 노려보거나 처벌하거나 설득하거나 배척하려 한다. 그러나 그들은 그것을 자기들이 차별 대우 받고 있고 세상은 자기들을 적대시하고 있다는 표시로 보기 때문에 이런 반응을 제대로 알지도, 인정하지도 못하고, 그것으로부터 무엇을 배우지도 못한다(Baumeister, 1999; Straub, 1999 참조). 이것은 편집증 환자의 경우와 비슷하다. 그와 대조적으로 친사회적인 청소년은 상호 작용 규칙에 동조하는 가치관과 동기를 지지할 가능성이 많고, 적대적 의도를 가질 가능성이 적다(Nelson &Crick, 1999).

그 같은 결과에 근거해서 베이츠(1987: 1132)는 '다루기 힘든 영아와 아동은 평균적인 아동들보다 자기 부모의 태도와 감정으로부터 배우는 것이 적을 것'이라고 추론했다. 그들은 부모를 무시하고 비행 친구와 그들의 행동에 관심을 가질 수 있다. 정서적 문제가 있는 성인에게서도 이 같은 편견을 볼 수 있다(MacLeod, Mathews, & Tata, 1986). 문제의 아동들은 아마 고도의 충동성과 까다로움 때문에 다른 아동들보다 사회적 신호를 배우고 다른 사람들을 '읽을' 능력과 그렇게 할 의지가 적다. 이런 결함은 다시 아동과 부모의 갈등을 조장하고 아동의 부정적 행동을 증가시킨다(Pepler & Slaby, 1994: 35). 더욱이 문제의 아동은 사회성이 적기 때문에 친사회적인 부모를 덜 동일시하며 그들을 역할모델로 인정하지 않는다. 그런 아동들은 부정적 행동을 뒷받침하는 정신상태를 갖고 있기 때문에 키우기가 훨씬 어렵다.

부모 역할의 혼란: 상호 작용론적 관점

어떤 가족은 부모의 문제와 기술의 부족 때문에 품행장애가 생기기도 하고 양육철학 때문에 적절한 사회화관행을 받아들이지 못한다. 아동의 품행장애가 습관화되면 실제로 그런 행위를 하는 빈도가 증가하고 심각성이 더해진다(패터슨은 1982년에 평균적인 아동은 1분당 0.31번 자기 어머니에게 혐오스럽고 위협적인 행동을 하는데, 문제의 아동은 1분당 0.75번 그런 행동을 한다고 보고했다). 이런 행동을 통제하려고 시도할 때 부모자녀 관계는 더 악화된다. 부모가 자녀에게 바로 행동하도록 설득하거나 강요할수록 자녀는 더 잘못된 행동을 한다. 그래서 '전면전'이 될 수도 있다. 부모가 부모 역할을 못하는 극단적인 경우에는 아동이 집을 통제한다. 그래서 일부 가족에서 부모 역할을 수행하는 기술이 없으면 아동이 우월한 위치에 있게 되고 결국 그것은 아동의 품행장애를 가져오게 되는데 이는 부모 역할의 수행과 부부관계까지도 더 어렵게 한다. "아동은 부모의 잘못된 행동을 유도함으로써 혹은 겨우 유지되고 있는 부부관계에 긴장을 증가시킴으로써 자기 자신의 환경을 더 나쁘게 한다(Earls, 1994: 316)."

패터슨, 뱅크와 스툴밀러(1990)는 4학년 때 성격검사에서 반사회성 점수가 높게 나타난 아동의 부모는, 같은 아동을 6학년 때 다시 평가했을 때 4학년 때 친사회성향을 보인 아동의 부모보다 부모 역할 수행이 더 나빠졌다고 보고했다. 그들은 어떤 환경에서도 가장 위협적인 사람이 그 상황을 장악하게 된다는 것을 암시하고 있다. 이 가족들에게는 가장 위협적인 사람이 자녀이기 때문에 그들이 집을 통제한다. 잘못된 자녀가 있는 가족에서는 어머니와 자녀 간에 갈등적 상호 관계가 유지된다(Johnston & Pelham, 1990). 어머니는 특히 문제 있는 소년에게 규범을 지키는 아동이 되라고 설득하지만 결국은 아동이 이긴다. 그래서 역할이 바뀌고 부모자녀 관계는 역기 능적으로 된다. 아동의 사회화에 실패하는 것이다.

장기적으로 볼 때 많은 문제아동의 어머니들은 그 상황에 익숙해 진다. 그들은 잘못된 행동에 민감하지 않게 되고 그것을 정상적인 것으로 받아들인다. 그들은 문제가 없는 자녀의 어머니에 비해 정상 적인 행동과 잘못된 행동을 구별할 능력이 부족하다. 이는 그들이 아동의 나쁜 행동을 나쁘게 보지 않기 때문에 그것을 규제할 능력이 없다는 것을 의미하기도 한다. 예를 들어 친척집을 방문했을 때 그들은 자기 자녀들이 '법석을 떨고 뛰어다니도록' 내버려둔다. 그 들은 매우 지쳐있을 뿐만 아니라 행실이 좋은 아동이 어떻게 행동해 야 하는지 알지도 못한다. 그래서 아동의 문제행동은 미숙한 부모 역할 수행에 영향을 줄 뿐만 아니라 이들 부모가 부모역할을 수행하 든 수행하지 않든 아동은 계속해서 부정적으로 행동하게 된다 (Collins et al., 2000).

적대적·갈등적·공격적인 아동들은 문제를 해결할 수 있는 가 족의 능력을 훼손하는데, 그 문제는 원만한 기능수행과 관련이 있는 것이다(Forgatch, 1989). 부모들은 자기 자녀들이 계속 무언가를 요구하고, 까다롭고, 교묘한 행동을 하기 때문에 너무 괴로워 올바르게 생각할 수가 없다. 하여튼 문제를 해결하려는 어떠한 시도도 자녀 때문에 실패한다. 이런 상호 작용의 결함 때문에 청소년은 더욱 적응하지 못한다. "어떤 자녀들은 잘못된 행동을 고쳐주려는 부모의 행동을 실제로 중지시킴으로서 궁극적으로 '이긴다'(Loeber & Stouthamer-Loeber, 1986: 110)." 그래서 만일 여러 연구에서 행동문제가 있는 자녀가 신체장애 아동보다 부모에게 더 많은 긴장을 가져다준다는 게 밝혀지더라도 이해할 수 있을 것이다(Floyd & Gallagher, 1997). 장애아동들은 의도 자체는 좋은 편이며 훨씬 예측 가능한 행동을 한다. 홀어머니들은 자녀들의 순종하지 않는 나쁜 행실 때문에 쉽게 희생된다(Olson & Banyard, 1993). 그들은 수적으로 고립되어 있고 자녀들의 혐오스러운 기질이 그들의 기질보다 훨씬 강할 수 있다.

어머니에 대한 영향

자녀들과의 상호 작용에서 아버지보다는 어머니가 더 많이 연구되었다. 그 이유 가운데 하나는 어머니들이 집에 있기 때문에 연구 대상이 되기 쉽고 또 그런 일에 관심이 많기 때문이다. 하지만 좀더 중요한 이유는 아동발달에서 어머니들이 좀더 중요한 원인 제공자라고 생각하기 때문이다. 그러나 1980년에 제럴드 패터슨은 현명하게도 다음과 같이 지적했다. "아버지의 역할보다 어머니의 역할은 많은 혐오스러운 사건을 감당하지 않으면 안 되도록 정해져 있다 (Patterson, 1980: 10).” 위협적인 소년들은 아마 어머니들이 ‘더 위협적 공격을 강화하는 경향이 있기 때문에’ 아버지보다는 어머니를 갈등의 희생자로 삼는다(Patterson, Reid, & Dishion, 1992: 49). 즉 어머니들은 자기 자녀들에게 반응을 보이고 그들을 달래거나 진정시키려 한다. 이는 위협적 아동에게 자기의 나쁜 행동을 더 심하게 할 수 있는 길을 열어주는 것이다.

아동이 문제성 있는 행동을 하면 최소한 어떤 어머니들은 부정적 행동을 감소시키기 위한 필사적 노력의 일환으로 지시와 명령을 하거나 위협을 가한다(Patterson, 1980). 그러나 질책이 규범을 잘 지키는 아동의 부정적 행동을 감소시킬 수는 있으나 문제아동의 행동에는 영향을 주지 않기 때문에 이런 일은 대체로 소용이 없다. 아주 반대의 일이 생기기도 하는데, 아동은 위협적인 반대행동을 더 자주 더 심각하게 할 수도 있다. 어머니의 만족과 아동의 순종 간에 상관관계가 있다는 것은 놀라운 일이 아니다. 어머니-자녀의 상호 작용에서는 아동이 협조적일 때 더욱 갈등이 적다. 협조적인 아동은 더 쉽게 사회화되고 어머니의 대인관계와 부모됨에 대해 좀더 많은 보상을 가져다준다.

아버지들은 자녀들과 놀이를 많이 한다. 결과적으로 어머니는 자녀가 규칙을 지키게끔 하는 책임을 혼자서 떠안는 데 비해 아버지는 어머니보다 문제자녀들로부터 부정적 행동을 덜 유도한다. 그 결과의 하나로, 어머니가 자녀의 잘못된 행동에 대해서 불평할 때 아버지는 어머니와 공감하지 않을 수 있다. 이것은 어머니의 고립을 심화시키고 아동이 계속 어머니를 공격대상으로 삼도록 고무시킨다. 어머니와는 달리 문제자녀의 아버지는 평균적인 아동의 아버지보다 스트레스를 더 받지 않는다. 다시 말하면 문제자녀의 어머니들은 스트레스를 더 느끼지만 아버지들은 그렇지 않다. 패터슨(1982: 24)이 냉정하게 지적했듯이 "아버지에게 가장 적절한 역할분류는 '손님'이라는 결론이 나온다." 전반적으로 아버지들은 자녀와 관계의 질에 의해 영향을 덜 받는다(Umberson et al., 1996).

많은 사람들은 문제자녀의 어머니들이 아동 주위를 '맴돌다가' 사소한 잘못만 해도 '펄쩍 뛰기' 때문에 아동들을 자극한다고 믿는다. 이 '이론'에 의하면 아동은 어머니의 '지배' 혹은 '과잉보호'에 행동으로 반발한다고 설명된다. 마치 '어머니가 그것을 요구한 것처럼' 되는 것이다. 의심의 여지없이 이런 일은 가끔 있는 일이지만 이런 어머니상은 사실과 크게 다르지 않다. 문제자녀의 어머니들은 자녀를 훈계하거나 반대하는 것조차도 두려워한다. 어머니들은 만일 그들이 자녀를 꾸짖는다면 자녀가 아닌 자신들이 상처받는다는 것을 알고 있다. "어머니들은 이 연쇄행동의 혐오스러운 첫 단서를 제공하려 하지 않으며, '숙련된 공격자'와 생기는 갈등을 어떻게 해서든 피하려 한다(Patterson, 1982: 32~33)." 때로 어머니들은 문제자녀를 완전히 피하려 하는데, 이렇게 되면 그들은 반대의 비판을 받게 된다. 충분히 관여하지 않았거나 돌보지 않는다는 비판이다. 사실은 늘 문제를 일으키는 소년에 대해서 어머니가 적극적 행동을 취할 때 그는 어머니를 이용하려 할 것이다(Lavigueur, Tremblay, & Saucier, 1995). 그들에게는 편견이 있기 때문에 어머니가 친절한 태도를 보여도 어머니가 약한 것으로 해석하고 이용하려 한다. 정서문제에 관해서 나중에 제시하는 결과와 더불어, 이러한 연구결과들은 대부분 어머니의 행동방식을 묘사하고, 그 행동이 원인이 되어 아동이 부정적 행동을 하게 되고 반발하게 된다고 설명한 전문가의 의견에 부딪쳐 사라져 없어진다.

정서문제가 있는 아동들

정서문제로 고통을 겪고 있는 아동은 본질적으로 두 범주로 분류된다. 첫째, 자폐증, 정신분열증, 심한 우울증과 같이 평생 지속되는 심각한 장애는 어린 아동들에게는 거의 없다. 자폐증을 제외하면 양극성 우울증과 정신분열증과 같은 정신질환은 아동기 이후에 나타난다. 정신분열증은 가끔 청소년 중기 또는 성인 초기에 시작된다. 그것은 실제로 여자보다 남자에게서 일찍 나타난다. 과거에 조울병이라 불리었던 양극성 장애는 젊은 성인이 되기 전에는 잘 나타나지 않는다(APA, 1994). 그러나 아주 어린 아동도 우울증을 가질 수 있다. 우울증은 아주 늦게, 심지어 노인이 되어서 처음 생길 수도 있다.

둘째, 위에서 언급한 것 이외의 정서문제를 가지고 있는 어린 아동과 청소년들도 있다. 그들은 우울증, 불안, 이유 없는 두려움을 가질 수도 있고 극단적으로 수줍어하고 위축되어 있을 수 있는데, 과잉행동을 하는 이들도 있다. 일부는 자아개념이 낮아서 다소 무력하게 된다. 우리가 행동문제로 다뤘던 과잉행동을 제외하면 이들 대부분의 문제들은 '내면화'된 문제인데, 진단하기가 어렵다. 이 아동들의 표면적 행동은 대체로 친사회적이다. 그러나 그들은 자기들의 두려움, 불안과 슬픔을 내면화하고 있다. 그들은 늘 그렇지는 않지만 대체로 자기들의 문제를 다른 사람이 아닌 자신에게 돌린다. 그들은 매우 불행하고 걱정스럽지만 주위 사람들을 괴롭히지는 않는다.

이 아동들의 대부분은 최소한 청소년이 될 때까지는 부모도 교사도 눈치 채지 못하기 때문에 크게 그르치게 된다. 그들은 일반적으로 많이 요구하지도 않고, 바르게 행동하므로 관심을 끌지 못한다. 그들의 부모는 자녀들이 웃지 않고 충분히 놀지 않거나 친구가 없다는 데 관심을 기울인다. 대부분의 부모는 자녀와 함께 좀더 많은 시간을 보내거나 자녀를 사회화하는 데 도움이 되는 활동을 함으로써 보상하려 한다. 많은 다른 부모들, 특히 자녀들에게 정서문제가 있다는 것을 모르는 사람들은 단순히 자녀들을 받아들이고, 자녀들이 자기들의 처지를 잘 헤쳐가고 있거나 그냥 '조용하다'고 생각한다. 가벼운 혹은 온건한 정도의 정서문제를 가지고 있는 대부분의 아동들은 이들 문제를 이겨나가지만 이것이 청소년기와 성인 초기에 심각한 정서문제, 행동문제가 되는 경우도 있다.

정서적인 문제를 가지고 있는 아동의 부모에 대한 연구는 심각한 문제인 경우에 그리고 성장한 아동과 그들의 부모에 초점을 맞추는 경향이 있다. 그래서 이 장에서는 정신분열증과 우울증을 강조한다. 양극성 장애와 정신분열증 등 정신병적 정서문제는 문화전달이나 육아습관에 의해서보다는 유전적 요인에 의해서 가족을 통해 전승된다. 그러나 여기서는 조심스러운 설명이 필요하다. 정신분열증 또는 양극성 장애(혹은 자폐증)를 앓고 있는 대부분의 환자는 부모 모두 이런 질병을 앓지 않은 가족 출신이다. 그와 같은 관찰에 의하면 대부분의 정신질환에는 여러 원인이 있다. 즉 전체 모습을 온전히 설명하기는 어려운, 여러 가지 유전요인이 함께 존재할 때 병이

생기는 것이다. 유전적으로 정서문제를 가져올 성향이 많을수록
환경에서 오는 스트레스가 많지 않아도 발달의 일탈이 생긴다
(Wachs, 1992: 119). 다시 말하면 비정상적인 유전적 성향이 강할수
록 그 사람은 저절로 병에 걸릴 가능성이 커진다. 그 반면에 특정한
체질상의 성향이 적을 때는 심한 스트레스를 받아야 발병하게 된다
(McGuffin & Katz, 1993: 187). 사랑하는 부모가 있는 정상적인 가족에
서도 강한 유전적 성향을 가진 사람은 정신분열증이나 양극성 장애
에 걸릴 수 있다. 그런 성향이 적은 사람들은 아주 나쁜 생활조건에
처하거나 스트레스 정도가 아주 높을 때만 심한 장애를 일으킨다.

이제부터는 어떻게 정신분열증과 심각한 우울증이 생기는가, 만
일 그러한 증세들이 부모에서 자녀로 옮겨진다면 어떻게 옮겨지는
가를 설명한다. 그런 내용은 임상적인 것이지만 우리의 관심대상이
된다. 흔히 생각하는 것과 달리 부모는 자녀들의 심각한 정서문제
발생에 책임이 없다는 것을 보여준다.

정신분열증

정신병은 인지발달을 지연시키기 때문에 정신병과 인지장애를
구별하는 것은 어려운 일이어서 아동기에 정신병 증상을 진단해
내기는 어렵다. 사춘기 이전에는 정신분열증이 드물다. 발병하면
성인의 증상과 비슷하다. 현재 정신분열증은 역기능적 행동의 원인
이 되고 현실과 동떨어진 생각을 하도록 하는 뇌 질환으로 받아들여
진다. 대인관계의 어려움도 있다. 좀더 심각한 상태가 되면 환각(무
슨 소리를 듣고 무엇을 보았다는 식의)에 빠지고 자신의 신체적 욕구충
족과 외부현실의 접촉이 불가능해지고, 자신을 돌볼 능력이 없어지

며 환상과 경직된 신체습관이 생긴다. 만성 정신분열증을 가진 성인이 치료받지 않고 군중 속에 서 있다. 그들은 나이 든 거리의 인생들인데, 자기들이 적응할 만한 곳에 갈 수 없기 때문에 거리를 방황한다. 그들은 환상에 사로잡힌, 악취 나는 넝마조각을 걸친, 모든 사람들이 기피하는 진정한 사회의 고립자들이다.

정신분열증이 그렇게 심각한 질병이기 때문에 정신분열증이 있는 부모는 자녀에게도 심각한 질병을 가져다줄 것이라고 생각할 것이다. 그러나 꼭 그렇지는 않다. 이 논의의 근거를 마련하기 위해서 우리는 먼저 다른 병인학적 사실을 말해야 한다. 이미 말한 것처럼 정신분열증과 그 전조는 특히 남성의 경우 일찍 나타나는 경향이 있다(Burke et al., 1990). 이 병은 몸을 못 쓰게 만들기 때문에 정신분열증이 있는 남성은 결혼하고 아이가 있는 경우가 드물다(Saugstad, 1989). 이런 여과과정 때문에 이 질병에 걸린 환자수가 감소한다. 그러나 정신분열증을 가진 여성들 대부분은, 다른 여성들보다 비율은 낮지만 결혼한다. 현재 심각한 정신질환을 앓고 있는 여성들은 다른 여성들처럼 자녀가 생기는데(Apfel & Handel, 1993), 이 임신의 60%는 계획되지 않은 것이다(Forcier, 1990).

두 가지 중요한 이유 때문에 정신분열증을 가진 남성과 여성 간에 결혼율과 출산율의 차이가 생긴다. 첫째, 여성에게는 남성보다 몇 년 늦게 이 질병이 생긴다. 그래서 그 증상이 나타나기 전에 여성은 결혼하고 아이를 출산할 수도 있다. 둘째, 가벼운 정신분열증을 가진 경우에는 결혼이 가능하다고 생각할 수 있다. 특히 여성의 외모가 매력적일 때는 그렇다. 왜냐하면 여성으로서, 주부로서 사회적 역할을 수행하면, 제대로 기능을 수행할 수 없는 다른 분야에서 역기능적 역할을 하지 않아도 되기 때문이다. 그와 대조적으로 남성은 주요 생계유지자로서 남성역할을 수행하면서 다른 사람의 관심에서 쉽게 벗어날 수 없다. 셋째, 남성보다는 여성의 예후가 좋다. 정신분열증을 가진 여성은 치료에 좀더 좋은 반응을 보이고, 아이를 가지는 것을 포함해서 정상적인 생활을 할 가능성이 많다.

일반인이 **평생** 동안 정신분열증에 걸릴 위험은 1%이지만 가까운 친척 가운데 이 병에 걸린 사람이 있으면 위험성은 상당히 증가한다. 예를 들어 정신분열증 환자의 형제는 같은 병에 걸릴 가능성이 2~9%이다. 일란성 쌍둥이가 이런 점에서 같아지거나 비슷하게 될 가능성은 17~60%이다. 부모 가운데 한 사람이 정신분열증 환자일 때 7~13%의 위험이 있고 부모 모두 그 병을 가졌을 때는 40~50%의 위험이 있다(Gottesman, 1991). 아동기에 정신분열증이 생겼다면 후에 발병한 사람보다 유전적으로 결정되었을 가능성이 많다(Asarnow, 1994) 예를 들어 예비분석에 의하면 일찍 정신분열증에 걸린 아동의 가족 구성원들 사이에서 정신분열증 환자의 비율이 높았다(Pulver et al., 1990). 일찍 발병한 환자의 일란성 쌍둥이는 88%, 이란성 쌍둥이는 23%가 같은 증상을 보였다(Kallman & Roh, 1986).

1966년에 헤스톤(Heston)은 정신분열증을 가진 어머니의 자녀가 다른 가족으로 입양되었을 때 이 입양가족의 환경이 정상이더라도 아동이 성인이 되어 정신분열증 환자가 될 위험성이 13%라고 설명했다. 유전인자가 아무 역할도 하지 않는다면 이 아동들의 위험성은 1%일 것이다. 가더스먼(Gottesman, 1991)은 부모가 모두 정신분열증 환자인 아동에 대한 네 개의 연구결과를 요약했다. 약 50%의 자녀가 정신분열증환자가 되었고, 25%는 다른 정신병을 앓았으며, 나머지 25%는 아무런 영향을 받지 않았다. 유전적으로 가계의 영향력이 높고, 두 정신분열증 환자와 한 가구에서 사는 환경적 위험이 있음에도 아동의 4분 1은 아무 일이 없다는 것을 생각한다면 이 통계는 놀라운 것이다. 정신분열증 부모와 같이 산다고 해서 자녀들에게도 꼭 동일한 결과를 가져오지는 않는다는 사실을 뒷받침하는 또 다른 연구들도 있다. 그러나 부모의 병이 심할수록, 아동이 직면하는 정신적·사회적 불이익이 많을수록 아동에게 부정적 결과가 생길 가능성이 커진다.

아동들이 유전적 성향 때문에 이미 취약할 때 문제가 있는 부모와 같이 살면 원래의 성향 이상으로 위험성이 커진다. 그러나 다른 부모가 안정되어 있고 자녀들에게 도움이 되는 관계를 유지하면 자녀들의 취약성은 훨씬 적어진다. 당장의 가시적인 가계의 영향은 없어 보이지만 나중에 정신분열증이 생긴 부모에게 입양된 자녀의 경우, 정신분열증의 비율이 증가하지만 큰 숫자는 아니다. 결론적으로, 좋지 않은 가족환경 자체는 정신병과 같은 심각한 정서문제를 초래하지는 않지만 강한 유전적 성향은 그런 결과를 초래한다. 더욱이 두 요인이 결합될 때 정신병이 생길 기회는 증가한다(Steinberg & Avenevoli, 2000).

빈곤, 혜택 받지 못한 이웃 또는 부모 역할을 수행하는 기술이 부족하고, 정신적으로 병들어 있거나 반사회적인, 역기능적인 부모가 스트레스가 됨으로써 가족환경은 중요한 역할을 한다. 정신분열증 혹은 다른 정서적인 문제가 있는 부모는 **환경적 위험을 제공한다.** 부모의 이런 증상은 적절한 부모 역할의 수행을 방해하고 부모자녀

관계의 질을 손상시키며 실직, 빈곤, 심각한 부부불화, 이혼, 시설수용과 같은 생애과정에서 스트레스가 큰 변화를 초래한다(Rutter & Quinton, 1987).

우울증

일반적으로 평생 동안 양극성 우울증을 포함한 우울증에 걸릴 가능성은 거기에 어떤 증상을 포함시키느냐에 따라 10~30%에 달한다(Kendler et al., 1992). 심각한 우울증은 나이 들어서 나타나므로 정신분열증과 자폐증의 경우처럼 그것 때문에 결혼을 못하지는 않는다. 그래서 정신분열증에 비해 우울증은 유전적으로 더 많이 재생산된다. 일반적인 우울증은 정신분열증 또는 조울증보다 환경적 스트레스 때문에 생기는 경우가 많기 때문에 유전적 요인은 일정하더라도 사회적·문화적으로 어려운 전환기에는 일생 동안 언젠가 발생할 가능성이 증가한다(Nigg & Goldsmith, 1994: 349).

양극성 장애는 심각한 병이고 부분적으로 유전된다(Harrington et al., 1993). 그러나 이 장애가 어떤 것인가에 대한 다양한 정의와 이 장애에서 나타나는 많은 증상들로 인해서 유전 가능성에 대한 추정도 변한다. 성인 일란성쌍둥이가 이 병에 같이 걸리는 경우는 약 65%이지만 이란성 쌍둥이들은 13~20%에 그친다. 양극성 장애를 가진 사람의 친척들은 같은 병에 걸리거나 단순한 우울증에 걸릴 위험성이 많다. 정신분열증의 경우와 같이 가계와 유전의 영향이 클 때 일찍 우울증에 걸리게 된다. 부모의 우울증이 늦게 시작된 가족의 자녀들보다 부모의 우울증이 일찍 시작된 자녀들이 더 위험하다(Weissman et al., 1987). 반대로 원인이 될 만한 뚜렷한 요인

없이 우울증이 생겼을 때 다른 친척들도 이 질병의 영향을 받았거나 앞으로 받을 가능성 — 그것이 전염되어서가 아니고 눈에 보이는 이유가 없었다면 주로 유전된다는 것을 의미하기 때문이다 — 이 높다.

단순한 우울증은 정신병으로 간주되지 않는다. 유전적 영향은 그리 크지 않고 "주위 환경이 영향을 미칠 여지가 많다(McGuffin & Katz, 1993: 219)." 죽음과 자살에 대한 생각은 물론이고 슬픔, 신경과민, 집중력부족, 일상적인 일에 대한 무관심, 피로감, 자기연민이 아동의 단순한 우울증 증상이다. 양극성 장애와 달리 단순한 우울증은 아동들 사이에 흔하다. 이는 다른 문제와 동시에 생기고, 이런 아동들은 일반적으로 협조적이기 때문에 진단되는 일이 드물 수도 있다(Angold, 1993).

우울증은 청소년기에 증가한다(McGee et al., 1992). 특히 소녀들에게서 그렇다. 그래서 우울증 환자 가운데 여성이 많다. 그러나 다른 연구에서는 비율이 같은 한편, 어떤 연구에서는 어린 아동들 가운데 소년들이 많았다. 성인 초기를 대상으로 한 후속 연구에 의하면 사춘기에 정신분열증을 앓았던 사람의 75% 정도가 아직도 그와 연관된 문제를 안고 있는데, 양극성 우울증을 앓았던 사람의 약 40%는 계속 그와 관련된 문제를 가지고 있다(Cawthron et al., 1994).

어떤 정신질환에서도 유전적 부담이 크지 않다면, 불리한 조건이 누적되고 다양한 스트레스 요인이 작용하여 실질적으로 정신병의 발병에, 특히 반응성 우울증과 같은 정신병이 아닌 질병의 발생에 기여하게 된다(Sameroff & Seifer, 1995). 몇몇 연구에 의하면 위험요인이 많으면 아동에게 부정적인 심리적 결과를 가져다줄 가능성을 증가시킨다. 가족 안에서는 부부불화, 빈곤, 미숙한 부모 역할이 주된 스트레스요인인데, 이들이 동시에 발생할 때 아동은 정신병적 문제와 품행장애에 직면할 위험에 처하게 된다(Gamezy & Masten, 1994). 그러나 이러한 환경문제 가운데 일부는, 특히 아동의 정서문제와 관련이 있는 부모갈등은 두 가지 면에서 유전적 관점으로 설명할 수 있다. 첫째, 부모는 자신들의 부정적 특성 때문에 가족의 스트레스요인을 조성하는 데 기여할 수 있다. 둘째, 자신들이 이미 반사회적이기도 한, 갈등관계에 있는 부부는 유전적으로 위험한 자녀들을 출산하게 되며, 부모가 역기능적인 결혼생활을 하면 자녀의 부정적 성향을 촉발시키거나 확대시키게 된다.

마찬가지로 중요한 다른 하나의 환경적 불운은 가족에 관한 것이 아니고 아동 개인에 대한 것이다. 새 학교로 전학, 친근한 또래집단의 상실, 또래의 거부 또는 학대, 폭력적 또래 문화, 낮은 수준의 학업수행, 교사의 학대를 생각해 볼 수 있다. 다음 장에서 보게되는 또래 학대는 가장 중요한 것일 수 있다. 이런 불행은 가족에서 한 아동에게만 해당되고 다른 형제들에게는 영향을 미치지 않는다(Beardsall & Dunn, 1992). 생활의 여러 영역, 즉 가족, 또래집단, 학교에서 스트레스 요인을 경험한 아동들은 약간의 유전적 성향만 있어도 우울증, 불안과 같은 정서문제를 가져올 위험성이 높다.

부모자녀 관계에 대한 영향

정서적 문제가 있는 어린 아동 또는 청소년이 부모에게 미치는 영향에 대해서는 거의 연구되지 않았다. 그보다는 부모가 자녀들의

 아이가 부모의 인생을 바꾼다

문제에 어떻게 원인제공을 하는가에 관심이 많았다. 특히 동거하거나 접촉이 많을 때, 정신병을 앓고 있는 성인자녀가 부모에게 끼치는 해로운 영향을 설명해 주는 올바른 연구가 있기는 하지만 아직은 규모가 작은 편이다(Heller, Hsieh, & Rowitz, 1997). 정서적인 문제가 있는 성인자녀는 부모의 노후생활에 계속 부정적인 영향을 미칠 수 있다(Greenberg, Seltzer, & Greenlay, 1993). 한 여학생은 자기 자서전에서 다음과 같이 설명한다.

우리 언니는 조울증 — 양극성 장애 — 환자인데 상태가 점점 나빠지는 것 같습니다. 언니는 나보다 10살 많은데 의사의 치료를 잘 받고 있지만 부모님은 항상 걱정을 하십니다. 언니는 아직 집에 살고 있는데 오랫동안 직업을 가진 일도 별로 없고, 언니의 존재는 모든 사람에게 괴로움입니다. 점점 드물어지고 있지만 언니의 기분이 가라앉을 때 우리는 언니가 자살할까봐 걱정하지요. 그리고 하나의 공식같이 되었는데, 언니는 기분이 좋아지면 모든 종류의 위험한 상황에 처하곤 해요. 은행계좌를 탕진했고, 다른 사람의 자동차에 편승했고, 강간당했고, 우리가 돌려줘야 할 물건을 샀고, 상점에서 물건을 훔쳤고, 체포당했고, STD(성병—옮긴이)에 걸린 일이 여러 번 있었죠. 밤중에 소리를 마구 지르며 거리를 걸어 다녔고, 여러 종류의 마약을 복용했고 몇 주일씩 마비되기도 했고……. 부모님은 죽음까지 생각했고, 언니의 현재와 미래를 걱정했습니다. 왜냐하면 우리 두 사람이 언니를 돌보지만 부모님이 했던 것처럼 잘할 수 없을 것을 알고 있고, 언니가 더 나빠지거나 위험에 빠지는 것을 막을 수 없기 때문이죠.

자녀가 성장하게 되면서 부모가 자녀를 덜 감독하게 되는 것은 정상적인 일이다. 그러므로 계속 감독하게 되면 특히 정서장애가 있는 성인자녀가 받아들이지 않을 때, 부모자녀 관계에 어떤 긴장이 생기는가라는 질문을 할 수 있다. 쿡(1988)은 정신분열증이 있는 젊은 성인의 부모가 경험하는 심한 스트레스 — 절망과 좌절 — 를 잘 설명했다. 특히 개인적 차원에서, 아직도 부모가 자녀를 다루는 방법이 모든 정서적 장애의 원인이 된다고 믿는 사람들이 많다. 결과적으로 부모는 필요 없이 죄책감을 느끼고 좌절한다. 그리고 성인자녀들은 부모가 자기들 문제의 근원이라고 잘못 생각하고, 그렇지 않으면 가장 도움이 될 수 있는 부모를 적대시한다.

쿡과 동료들(1990)은 정신분열증이 있는 자녀의 어머니는 품행장애가 있는 자녀의 어머니의 경우와 마찬가지로 부정적 상호 작용을 단계적으로 줄이려 한다고 보고했다. 과잉행동 아동이 메틸페니데이트(리탈린)를 복용하면 그 증상이 적어지는데, 그들의 어머니들도 그에 상응하는 행동변화를 보여준다는 점 또한 관련이 있을 것이다. 그럴 필요가 적어지기 때문에 통제를 덜하게 되는 것이다(Schachar et al., 1987). 아동들이 복종하거나 반대하도록 훈련받는 실험에서도 어머니에게 같은 변화가 일어났다(Brunk & Henggeler, 1984). 성인들은 잘 반응하도록 교육받은 아동과 더 많이 상호 작용했다. 연구자들은 정신분열증 아동이 실험상황에 있으면 부모의 인지과제 수행 능력을 방해한다고 주장하고 있다. 골드스타인과 동료들(1992)에 의하면 정신분열증 성인들의 부모들간에는 어떤 의사소통방해가 일어난다는 보고도 없다. 마지막으로 림(Liem, 1974)은 평균적인 아동의 부모와 정신분열증 아동의 부모를 실험에서 정상적인 아동이

나 정신분열증 아동 둘 중 어느 쪽과 짝짓더라도 행동상의 차이가 없었다고 지적했다. 이 연구결과들은 모두 정서적인 문제를 가진 사람들은 행동문제의 경우처럼 자기들에 대한 다른 사람의 반응에 영향을 미치고 가족 내의 육아활동과 인간관계를 파괴하게 된다는 것을 보여준다. 아동이 정서적인 문제를 가지고 있을 때, 문제가 지속되고 부모에 대한 요구가 많아지면 부모의 관심과 애정이 감소하고 의사소통도 감소한다. 로버와 스타우트해머-로버(1986: 54)가 지적한 것처럼 아픈 아동들이 그들의 행동에 책임이 있는 것은 아니지만 "자기 인생을 비참하게 만드는 자녀들을 사랑하기는 어렵다."

행동장애의 경우와 마찬가지로 아동의 정서적인 문제가 미치는 영향은 아버지보다는 어머니에게 더 심각하다(Cook, 1988). 그와 비슷하게 정신적 또는 신체적인 장애아의 영향은, 특히 해야 할 일의 양을 고려할 때 어머니에게 더 크다. 그래서 어머니-자녀관계가 아버지-자녀관계보다 더 영향을 받을 것이라고 생각할 수 있다. 정서적인 문제가 있는 자녀들과 나누는 어머니와 아버지의 의사소통은 다른 형태이고 부모 역할 수행 역시 다를 것이다. 이 차이는 아동이 청소년기를 거쳐 성인기 초기로 성장해 가면서 좀더 분명해질 수 있다. 성별과 관련된 가설은 좀더 검증해야 한다.

결론

자녀들이 행동 또는 정서 문제를 가지고 있을 때 부모가 어떻게 영향을 받는가에 대한 문헌은 많지 않다. 이런 문제가 생기는 데 부모가 어떤 역할을 하는가를 중점적으로 연구해 왔다. 우리는 이 장에서 부모가 아무 역할도, 특히 **심각한** 질병이 발병하는 데 아무런 역할도 하지 않을 수 있다는 것을 알았다. 부모가 원인의 하나를 제공한다면 그것은 자신의 문제 때문이며, 부모 역할의 기술은 물론이고, 자원이 없기 때문이다. 그와 같은 부모는 주요문제가 아닌 가벼운 정서문제와 관련이 있고, 이미 있었던 행동문제를 더 악화시키는 것과 관련이 있다. 그 원인이 무엇이든 부모 특히 어머니는 자녀들의 문제로부터 매우 부정적 영향을 받는 것이 사실이다. 더욱이 그런 부모는 사회로부터 아무 지원도, 아무 동정도 받지 못하는데, 이것은 그들에 대한 아동의 부정적 영향을 증가시키는 요인이된다. 부모에게 책임이 있고, 자녀들은 희생자라는 사회적 통념 때문에 부모는 동정을 받지 못한다. 일반적으로 유전이 문제의 원인이 된다는 것을 인정하지 않기 때문에 여러 가지 문제를 가진 어린 자녀와 청소년 자녀의 부모에 대한 사회적 혐오가 더 커진다.

실제로 부모가 자녀들의 문제로 비난을 덜 받는다면 자녀들도 더 잘 보살필 것이다. 부모가 도움을 받고 지원을 받는다면 자녀들을 더 효과적으로 다룰 것이다. 최소한 가족생활이 덜 비참할 것이다. 자기 부모들에게 잘못이 있다고 믿게 된 자녀들은 자신들의 문제에 직면하기를 피해 탈출하고 자기 행동에 대한 책임을 피할 수 있는 돌파구를 얻는 것이다. 부모를 비난한 결과가 어떠한가는 청소년비행을 다루는 6장에서 좀더 분명해질 것이다.

6장 청소년, 부모, 비행

행동문제가 심각한 비행에 선행되기 때문에 이 장은 앞의 장과 밀접한 관계가 있다. 더욱이 이 장에서도 방해 행동을 하는 아동이 부모에게 미치는 영향에 대한 연구가 없다는 점에 계속해서 관심을 가질 것이다. 비행은 특히 젊은이가 구속된 뒤에는 경제, 넓은 의미의 사회, 가족, 그리고 부모자녀 관계에 엄청난 영향을 미친다. 더구나 비행이 성인 범죄로 악화될 때 나이 들어가는 부모에게 슬픈 충격을 줄 수밖에 없다. 불행하게도 이에 대한 연구는 없다. '비행 자녀가 있을 때 부모는 어떤 영향을 받는가?'라고 묻는 사람은 거의 없다. 그 대신에 비행소년이 있는 부모는 어떤 종류의 사람들인가?

라고 묻는다. 그들을 '나쁜' 사람이라고 가정하는 것이다. 어떤 육아법이 비행과 관련이 있는가? 바꿔 말해 **부모**는 어디가 잘못되었는가? 하지만 잘못된 것은 젊은이들이기 때문에 이렇게 묻는 것은 이상한 질문이다. 소년비행에 대한 연구는 상호작용이론과 행동유전학 이론으로부터는 물론이고 아동들을 사회적 행위자로 인정할 때 좋은 결과를 얻을 수 있을 것이다.

개관

미성년자가 범죄를 저질렀다는 것을 당국이 알고 체포할 때 공식적 비행이 된다. 연구자들은 체포한 경찰통계를 이용하는데 이는 법원의 유죄판결 통계보다 실제 비행수준에 가깝다. 실제로 재판을 받는 비행소년의 수는 상대적으로 적은 편이고 유죄판결을 받는 사람은 더 적다. 사실상 비행아 가운데 소수만 경찰의 눈에 띈다. 예를 들어 학교에서 청소년들에게 질문지를 돌려서 자기가 비행을 보고하도록 할 때 사실상 비행아 중에서 소수만 경찰 눈에 띈다는 것을 알 수 있다. 학생들에게 위반할 수 있는 목록을 제시하고 자기들이 위반한 일이 있는지, 위반으로 인해서 체포된 일이 있는지 표시하도록 하는 것이다. 이 방법은 체포된 비행아가 알려진 범죄 이외에 또 다른 위반을 한 일이 있는지를 알기 위한 연구에서 사용되는 방법이다.

비행은 1970~1990년 사이에 극적으로 증가했다. 1990년대 후반 이후로는 감소했다. 그러나 12세 이하의 아동들이 저지르는 폭력범죄는 좀더 많아졌거나, 최소한 많이 보고되었다. 그래서 폭력적 소년비행은 몇십 년 전보다 어린 나이에 시작된다. 너무나 자주 아동과 청소년의 치명적인 범죄가 신문제목으로 보도된다. 그러므로 소년비행은 몇십 년 동안 좀더 치명적인 것이 되었고, 매스미디어의 관심을 끌게 되었으며 일반 사람들, 특히 학교와 이웃에서 자신의 안전을 걱정하는, 법을 잘 지키는 아동들 사이에 공포감과 불안감을 확산시킨다(Sheley & Wright, 1995).

폭력적 청년 갱 현상은 특히 도심지역에서 파괴적이며, 직접 폭력의 대상이 되는 사람만 희생되는 게 아니다. 최근에는 소녀들이 다른 아동을 공격하는 데 가담하고 과거보다 갱 활동에 많이 참여한다. 비행을 반복하거나 심각한 범법행위를 하는 비행소년은 소수이지만 소수의 그들이 모든 기록된 범법행위의 60% 이상을 저지른다(Farrington, 1995). 대부분의 비행소년은 단 한 번만 체포되었다. 보통 비행소년은 특정 계층에만 있는 것이 아니다(Wright et al., 1999). 그와 대조적으로 심각한 비행을 반복함으로서 투옥되는 경우는 불우한 처지의 청년들 사이에 많다. 가끔은 재범자도 다루겠지만 이 장에서는 일반적 비행에 초점을 맞추려 한다.

발달경로

비행으로 가는 데는 적어도 두 개의 발달경로가 있다. 아주 어려서 시작하고 후에 심각한 범죄를 저지르게 되는 비행아는 평균적으로 청소년기 중반에서 후반에 시작한 비행아와는 다르다. 이는 일찍 시작한 비행과 늦게 시작한 비행으로 불린다(Simons et al., 1994). 일찍 시작한 비행아는 좀더 행동문제와 성격장애가 있는 것으로 진단되고, 가끔 역기능적 또는 병리적인 가족 출신이고, 그렇지 않다 하더라도 최소한 혜택 받지 못한 가족 출신이다. 그들은 앞 장에서 논의한 심각한 품행장애가 있는 아동들과 유사하다. 일찍 시작한 비행에는 그 이전 생애 초기에 시작된 품행장애가 있었고 또한 후에도 그런 행동이 수반된다(Caspi & Moffitt, 1991). 이 역기능적 행동은 오랜 기간에 걸쳐 형성되었고, 정상적으로 다루기 힘들다(Garbarino, 1999). 결과적으로 다른 조치가 없다면 특히 이웃이 범죄를 유발하는 환경이라면, 성인 범죄와 다른 문제로 이어진다.

늦게 시작한 비행소년은 좀더 다양하며 일부는 이미 설명한 것과 비슷하지만, 여러 면에서 더 나은 기능을 수행하는 경향이 있다. 그들은 대체로 평범한 가족 출신이고, 일반적으로 상습범 혹은 성인 범죄자가 되지 않는다. 그들의 비행경험은 짧게 끝난다. 소녀들의 경우 청소년기까지는 비행이 발생하지 않는다. 심각한 비행아가 되는 소녀들은 초기에 행동문제가 있는 소년들과 유사한 방식을 따르지만 꼭 비행 자체가 일찍 시작되는 것은 아니다(Silverthorn & Frick, 1999). 소녀들은 좀더 보호받고 감독 받는다. 그래서 비행할 기회가 나이 들어서야 생긴다.

나진(Nagin)과 랜드(1993)는 범법자를 세 범주로 분류했다. 청소년 후기 이후에 범죄를 저지르지 않은 사람들, 높은 수준의 상습적 범법자, 낮은 수준의 상습적 범법자가 그것이다. '청소년기에 한정된' 범법자는 나머지 두 범주보다 평균적으로 2년 늦게 비행을 시작하고 불법 행위를 훨씬 적게 한다. 나진, 퍼링튼, 모핏(1995)은 높은 수준의 상습적 범법자들이 14~32세 사이에 다른 두 범법집단보다 당국에 포착되지 않은 범죄행위를 더 많이 했다고 성인이 되었을 때 보고한 것을 알아냈다. 32세 때, 두 형태의 — 높은 수준과 낮은 수준의 — 상습적 범법자들은 가난한 지역의 좋지 않은 조건에서 살고 있었으며 '사회적 실패자'였다. 그와 대조적으로 '청소년기에 한정되었던' 범법자는 21세 이후에는 유죄선고를 받지 않았고, 32세에 이르러서는 비행행동을 하지 않은 사람과 구별되지 않는 직장생활을 하고 있었다.

비행의 원인

앞에서 살펴본 것처럼 원인론 모델들은 생애과정에서 발생하는 비행을 밝혀낼 뿐 아니라 원인이 되는 여러 변수들을 알아낸다. 가족환경은 계속 강조된다. 부모의 배경, 정신상태, 성격, 훈육방식, 범죄성이 검토된다. **심각한** 범죄를 저지르고 체포된 비행소년은 여러 가지 위험요인 — 빈곤, 의심스러운 또래, 가난한 이웃, 불안정한 부모역할, 불충분한 감독, 학대 — 을 가진 배경출신이 압도적으로 많다(Farrington, 1995). 비행아 가운데 편부모 가족 출신이 많은데, 이 사실은 흑인과 백인, 캐나다인과 미국인, 또는 영국 비행소년들에게도 해당된다. 더욱이 심각한 비행은 혜택 받지 못한 가족에서 많이 나오는데 이 사실은 다른 여러 나라에도 그대로 적용된다(Fergusson, Horwood, & Lynskey, 1994).

연구자들이 강조하는 한 가족요인은 부모의 감독이다. 감독을 잘 받지 못한 젊은이들은 불법적인 마약복용, 조기 성행위, 학교 성적부진은 물론이고 비행소년이 될 위험성이 크다는 데 의견의 일치를 보인다(Patterson, Reid, Dishion, 1992). 패터슨과 스타우트해머-로버 (1984)는 그들의 표본 가운데 비행소년이 아닌 아동의 21%가 부모의 감독을 제대로 못 받은데 비해서 한때 범법자였던 아동은 50%, 재범자는 73%가 그랬다는 것을 발견했다.

부부간에 갈등이 있을 때 또는 편부모 가족에서 부모 가운데 한 사람이나 두 사람 모두 정서적 장애가 있거나 마약을 복용하거나 범죄행위를 저질렀을 때 자녀를 **잘 감독하지 않는 경우가 많다**. 그러한 가구에서는 부모의 사례를 포함하여 가족의 여러 과정들이 비행의 직접적 원인이 될 수 있다. 그러나 좋은 의도를 가진 부모라도 일에 너무 바빠서, 자녀들을 너무 신뢰하기 때문에 또는 자녀들에게 실망해서 적절히 감독하지 않을 수도 있다(Jang & Smith, 1997). 범죄율이 높은 도심지에서는 특히 적절한 감독이 중요하다. 그러나 부모들이 경제적·직업적인 성공에 너무 집착하고 '좋은' 이웃을 너무 신뢰하는 풍요로운 지역공동체에서도 감독이 부족하면 해로울 수 있다.

감독이 강조되기는 하지만 가족 내에서 아동을 적절히 돌볼 수 있는 다른 유익한 요소가 있을 수도 있다. 이 가족들은 아마 좀더 잘 조직되어 있고 안정되고 덜 개인주의적인 부모가 있으며 좀더 종교적일 것이다. 아동들은 좀더 순한 기질을 가지고 있으며, 편부모 가족이든 양부모 가족이든, 부자든 가난하든, 다른 가족보다 친사회적인 부모자녀간 상호 작용하는 데 좀더 많은 시간을 들였을 것이다. 앞의 두 문장은 추론한 내용이지만 아동발달에 관한 문헌을 다른 측면에서 인용한 것들인데 타당한 것으로 보인다. 이 가설들을 검증하기 위한 연구가 필요하다.

이웃의 범죄율이 높을 때, 빈곤이 극심할 때, 갱이 주도권을 잡고 있을 때, 아동은 역기능적 가족이 없어도 공격적이거나 비행아가 된다(Sampson, 1993). 그와 대조적으로 십대집단을, 특히 갱들을 통제할 수 있는 공동체에는 비행이 적다. 학급과 학교도 지역공동체의 일부에 포함된다. 거리, 교실, 이웃, 미디어가 모두 합해서 어린 아동을 어렵게 만들고, 일찍 비행을 시작하게 할 위험성을 증가시킨다고 말할 수 있을 것이다. 그로 인해 그들의 행동은 부모의 역할 수행을 포함하여 가족의 기능을 파괴할 수 있다. 이 같은 아동들은 일찍부터 사회화기관의 역할을 수행하는 손위 형제, 사촌, 또래 갱들과 어울림으로서 항상 가족의 영향력과 통제에서 벗어난다(Hogan & Kitagawa, 1985). 낮은 자기통제력과 같은 취약한 성향을 가진 아동들은 좀더 쉽게 이러한 환경에 굴복할 수 있다. 외부환경이 너무 강해서 가족은 긍정적이든 부정적이든 아무 역할도 못할 수 있다.

많은 분야에서 공동체의 감독이란 의미에서 어른들의 일반적인 감독이 부족하다. 사회학자 로버트 샘슨(Robert Sampson, 1993)은 공동체가 사회를 통제할 수 없고 십대 또래집단을 관리할 수 없을 때 사회가 해체된다고 암시했다. 콜먼의 용어를 빌리면(Coleman & Hoffer, 1987), 모든 아동의 행복을 돌보는 이웃이나 친족의 기능적 공동체는 존재하지 않는다. 브룩스-건과 동료들(1995)은 부모들이 서로 알고, 모든 아동들을 감독하며, 그들이 유능하거나 권위 있는 부모일 때, 집단적 사회화가 가능하다고 주장했다. 바꿔 말하면 어떤 개념을 사용하든 아동발달학자들과 사회학자들의 연구결과에 의하면 좀더 일반적인 형태의 성인감독 또는 집단감독이 이른 성행위, 십대임신, 소년비행과 같은 사회악을 예방하는 데 중요한 요인이 된다. 많은 경우에 부모가 더 이상 혼자서 모든 것을 충족시킬 수가 없게 되었다. 그들에게는 같은 마음을 가진 공동체의 지원이 필요하다.

성격 요인

가족과 비행의 관계는 유전적으로 결정되는 특성들에 의해서도 영향을 받는다(Bohman, 1996). 만일 부모와 자녀가 충동통제력이 약하고 까다로운 기질을 가져오는 유전인자를 공유한다면 많은 일들이 연쇄적으로 생긴다. 과민하고 변덕스러운 양육습관, 부모자녀 간의 갈등 관계, 미숙한 감독, 청소년들이 학교생활을 잘하지 못할 가능성과 비슷한 환경의 또래에게 끌리고, 친사회적인 또래들로부터 거부당할 가능성이 있다. 패터슨, 리드와 디션(1992)은 반사회적 행동과 반복적인 비행의 유전적 또는 내재적 요인을 강조하는 다섯 가지 영역의 연구를 재검토했다.

첫째, 많은 반사회적 아동들은 처벌을 두려워하지 않지만 친사회적 아동들은 일반적으로 처벌을 두려워하고 그것을 피하기 위해서 행동을 바꾼다. 둘째, 흥분과 전율, 심지어 위험한 일과 같은 자극에 대해서 과잉반응하는 요인이 있다. 이를 통해 반사회적 아동들이 다른 젊은이들보다 사고를 많이 내는 이유를 설명할 수 있을 것이다. 예를 들어 체포의 두려움은 자극을 가해서, 비행을 하지 못하도록 하는 방해요인이 되는 것이 아니라 격려해 주는 **자극**요인이 된다. 그런 사람들은 벼랑 끝에서 사는 것과 같다. 셋째 요인은 권위 있는 인물, 특히 부모와 주고받는 것에 대한 과잉반응이다. 앞 장에서 본 것처럼 그런 젊은이들은 좀더 까다롭게 굴고 순응하지 않고 공격적으로 행동함으로써 어떤 요구에 대해 즉각 반응하는 것이다. 바꿔 말하면 그들은 **부정적** 관심의 대상이 될 때, 만족스러워하는 것으로 보인다. 패터슨, 리드와 디션(1992)이 검토한 마지막 요인은 느린 피부반응행동이다. 즉 흥분이나 공포를 가져올 수 있도록 고안

된 자극을 주는 실험을 했을 때 친사회적 사람들과는 달리 반사회적인 사람들은 땀을 흘리는 것과 같은 피부표면의 반응이 잘 나타내지 않는다. 그 이유는 공포와 흥분은 그들을 긴장시키는 것이 아니고 격려하는 자극이 되기 때문이다.

그러므로 환경의 역할이 확실히 중요하지만, 자료에 의하면 성인 범죄자는 물론이고 어려서 시작해 지속적으로 비행행동을 하는 사람은 우연한 범법자 또는 한두 번 비행으로 체포된 사람보다 유전적 성향이 강할 수 있다. 물론 유전적 성향은 범죄기회를 제공하고 합법적 성취의 기회를 차단하는 환경에서 더 쉽게 현실화될 수 있다. 일부 학교와 이웃들은 비행행동을 하도록 유혹할 기회를 제공하지 않고 취약한 아동을 보호할 수 있다. 아동들이 마약에 접근할 수 없으면 마약중독자가 될 수 없으며 총을 사용할 수 없으면 살인을 할 수도 없다.

더욱이 젊은이들과 온정적이고, 지지적이며 잘 감독하는 관계를 유지하는 부모들은 소년비행을 포함하여 겉으로 드러난 행동을 막는 역할을 한다(Bates et al., 1998). 불행하게도 온정적이고 지지적인 모든 부모가 다 자녀들을 적절히 감독하는 것은 아니다. 감독이라는 요소가 생략되면 아동은 위험에 처한다. 특히 그들의 자기 통제력이 약하거나 그들에게 감독해야 하는 다른 부정적 특성들이 있을 경우에 그렇다. 그와 대조적으로 아동이 원래 자기 통제력이 있고 지적이며 균형 있는 성격을 가지고 있는 경우에는 일정한 연령이 되면 부모는 감독하지 않아도 될 것이다. 만일 부모자녀 관계가 온정적이라면 젊은이들은 비행으로부터 이중으로 보호를 받게 된다. 그들 자신의 특성과 부모에 대한 애착에 의해서, 자신들과 부모의 기질에 맞는 부모자녀 관계에 의해서 이중으로 보호를 받는 셈이다.

그러나 앞 장에서 살펴본 것처럼 원한다고 모든 부모가 자녀를 감독할 수 있는 것은 아니다. 그들이 시도할 수는 있지만 젊은이들이 부정적으로 반응하기 때문에 부모들은 가정의 외관상의 평화를 유지하기 위해서 물러설 것이다. 맥코비(Maccoby, 1992: 235)는 "부모가 청소년을 효과적으로 인도하지 못하는 것은 부모의 무능력 때문이 아니고 청소년들이 사회화되는데 저항하기 때문이다"라고 지적했다. 시몬스와 동료들(1994: 359)은 "반항적이고 반사회적인 아동들은 감독하고 훈련시키려는 부모의 노력에 반발하여 부모가 포기하고 관대해지도록 한다"고 말했다. 앞에서 언급한 것처럼 패터슨(1982)은 일부 아동들이 유전적으로 사회적 강화인자에 민감하지 않은 성향을 갖고 있을 가능성에 대해서 논의했다. 이런 성향은 특히 이웃의 질이 낮을 때 아동을 사회화하고 감독하려는 부모의 노력을 방해할 수 있다. 이런 성향은 부모의 제재와 처벌 또한 효과를 내지 못하도록 할 수 있다.

비행과 십대 출산

미국에서는 1990년대 후반 이후 특히 흑인들 사이에서 점차 감소하고 있기는 하지만 십대 출산율이 아주 높다(Ventura et al., 1999). 캐나다에서는 아직도 증가하고 있지만 캐나다의 십대 출산율은 미국의 출산율보다는 훨씬 낮다. 여기에서 이 주제를 제기하는 이유는 십대 어머니와 그 아이 아버지 가운데 많은 사람이 실제로 비행소년이거나 최소한 문제 청소년이기 때문이다. 예를 들어 엘스터, 케터리너스와 램(1990)은 청소년기의 어머니는 학교에서 다른 사춘기 소녀들보다 아이를 갖기 이전에 정학, 무단결석, 마약복용, 싸움의 경험이 많다는 것을 발견했다. 좀더 최근에 서빈과 동료들(1998)은 캐나다에서 조기 임신은 아동기의 공격성과 관련이 있다고 보고했다. 바꿔 말하면 많은 어린 어머니들은 다른 사춘기 소녀들보다 아동기에 매우 공격적이었다. 그러므로 그들의 작은 아이들이 유기와 학대로 인해서 생겼을 부상 때문에 병원응급실에 자주 실려오는 것은 놀라운 일이 아니다(Serbin, Peters, Schwartzman, 1996). 이런 유형의 '비행'어머니는 빈곤, 가족역기능과 관련되어 있을 것으로 생각할 수 있을 것이다.

사회학자 엔트위슬, 알렉산더와 올슨(1997: 108)은 "십대부모는 다른 십대보다 학교에서 문제가 있고", 그들의 자녀들도 적응문제를 경험할 수 있기 때문에 학업실패를 포함한 이런 유형이 세대를 통해서 세습될 가능성에 대해서 관심을 가졌다. "자신이 학교생활에 문제가 있었던 부모는 학교에서 어떻게 행동하라고 자녀들을 지도할 수 없거나" 교사와 대립적 관계를 가질 수 있어서 자기 자녀들에게 나쁜 본보기가 된다. 연구된 전체 자료를 볼 때 십대 어머니는 사회규범을 따르지 않아서 생기는 증상의 일부이거나 임신하기 훨씬 전부터 문제아동이었던 청소년들의 하위집단이었다고 결론 내릴 수 있을 것이다.

이 유형은 실제로 젊은 아버지들 사이에서 반복되고 있다. 많은 아버지들은 아동기에 공격적이었고 다른 행동 문제가 있었다 (Capaldi, Crosby, & Stoolmiller, 1996). 일찍 아버지가 되지 않은 같은 연령층의 청년들보다 그들에게는 일탈행위를 하는 또래가 더 많았다(Fagot et al., 1998). 십대 비행 어머니는 자기들과 상황이 비슷한 남자 친구가 있을 것이다. 학대받을 위험에 처해 있고, 인생의 몇 년 동안을 위탁가정에서 보내고, 나중에 비행아가 될 위험이 있는 불운한 아기에게 생길 문제들을 누구라도 직감할 수 있을 것이다.

이런 아기들을 돌보는 것은 주로 청소년기 부모의 어머니인데, 이 새 할머니들은 부담을 추가로 떠맡는 셈이다. 그들의 자녀들이 마약 중독자이고, 범죄자이거나 폭력적인데다 이제는 그들의 아기까지 돌봐야 한다. 미국에서 실시한 전국적인 조사에 따르면 할머니의 11%는 평생 최소한 6개월 동안 손자를 양육한 일이 있다고 보고했다(Pearson et al., 1997). 손자를 양육하는 조부모에 대한 연구는 실제로 특정형태의 '비행'이 부모에게 미치는 장기적 결과에 대해서 우리가 연구해야 하는 많지 않은 기회 가운데 하나다. 손자를 직접 양육하는 많은 부모들은 자신들의 인생에서도 결혼생활의 어려움, 빈곤, 건강문제를 포함한 부정적 사건들이 있었다(Strawbridge et al., 1997). 아이를 돌봐야 하는 새로운 짐은 위와 같은 과거의 괴로움 때문에 생긴 어려움을 가중시킨다. 이 주제는 성인자녀가 부모에게 미치는 영향을 다루는 8장에서 더 논의될 것이다.

비행이 부모에게 미치는 영향

이 장의 나머지 부분에서는 비행이 부모와 가족과정에 미치는 영향에 대해서 1990년대에 실시한 나의 연구를 인용할 것이다(Ambert, 1999). 이 연구는 스튜어트, 시몬과 콩거(2000)의 연구는 물론이고 장과 스미스(1997)의 연구도 예외로 하고 지금까지의 연구

 아이가 부모의 인생을 바꾼다

경향을 뒤집는 내용이다. 이 연구에서는 품행장애가 있는 청소년 또는 비행 청소년을 둔 중류층·중상류층 부모와 심층면접을 했고, 경찰에 체포된 116명의 비행소년의 부모에 대한 조사도 했으며, 부모를 지원하는 집단에 대해 관찰했고, 최근에는 문제의 청소년을 둔 사회적으로 혼합된 부모 60명의 집단을 대상으로 면접까지 했다. 상호 작용론의 틀 안에서 질적 방법과 양적 방법이 같이 사용되었다.

이 연구의 면접과 관찰을 통해서 부모의 피해가 얼마나 큰지 알 수 있었다. 그 결과에 의하면 비행이 부모에게 미치는 '영향'이란 속임수에 가까울 정도로 가벼운 용어다. 부모는 실제로 황폐화되었다. 전화상에서는 물론이고 면접 도중에도 많은 사람들은 계속 울었다. 근본적으로 이들은 교육을 잘 받은 부모들이며 그들의 자녀를 위해서 최선을 다했고, 모든 수준에서 자녀들에게 줄 수 있는 것을 줬다. 그들은 자기 가족에서 비행이 일어나리라고는 상상도 못했고 자기 자녀들이 구속되기 전에는 같은 궁지에 처한 다른 어떤 부모도 알지 못했다.

그들의 즉각적인 반응은 갑자기 사별한 것과 비슷한 것이었다. 처음에는 믿지 못하다가, '우리가 뭘 잘못했는가?'라고 자문하면서 자성하게 된다. 그들 대부분은 다른 부모들처럼 부모가 모든 아동문제의 원인이라는 일반적인 믿음을 받아들이고 있기 때문에 자동적으로 자신들을 비난한다. 더욱이 경찰, 법관, 변호사, 임상의, 교사 등 그들이 접촉하는 대부분의 전문가들도 비록 간접적으로지만 부모를 비난한다. 일부 부모는 서로 비난하기 시작해서 서로 도와야 할 시기에 오히려 부부관계가 나빠진다.

속 타는 심리적 고통이 너무 커서 이들 부모는 대부분 계속해서 이 문제에 사로잡히게 되고, 그래서 그들의 생활이 크게 영향을 받는다. 일을 잘못하고, 너무 많이 먹거나 너무 적게 먹고, 신경이 날카로워지고, 다른 자녀들을 걱정하고, 문제 아동에 대해서 염려하는 것으로 보고하고 있다. 그들은 잠을 제대로 못 자고 자주 우울해한다. 남편이 출장중일 때 한밤중에 경찰서에 소환된 어머니는 너무 신경과민이 되어서 지프차를 운전하다 나무에 부딪쳐 나무를 망가뜨렸다. 어떤 아버지는 술을 마시기 시작했고, 문제의 십대와 접촉하는 것을 피하기 위해서 직장에서 늦게 귀가하기 시작했다.

　과거에 필자는 이혼하는 부부와 수백 번 면접한 일이 있다. 대부분 자녀를 가진 부모이기도 했던 그 이혼자들과 비교할 때, 비행아의 부모가 **사회적으로 고립**되어 있는 정도는 충격적인 것이었다. 비행과 대조적으로 이혼은 우리 사회에서 사회적으로 받아들여지는 현상이다. 거기에 수반되는 통과의례이며 새로운 결혼지위가 사회적·법적으로 인정된다. 비행아의 부모에게는 그와 같은 사회적 기반 또는 인정이 없다. 중류층의 수준에서 그들은 처음에는 사회적으로 완전히 고립되고, 법정에서 비슷한 부모를 만나기는 하겠지만, 그들의 경험을 공유할 사람이 전혀 없다. 그들은 그들의 자녀, 가족의 울타리와 명예를 지키기 위하여 대부분의 친척, 친구, 이웃에게도 이 상황을 숨겨야 한다고 생각한다. 이와 같은 부모의 욕구를 충족시켜 줄 어떤 기관도 없기 때문에 그들은 전적으로 혼자다. 정서장애가 있는 청소년의 부모와 너무도 비슷하다. 그러나 정서적 문제는 결국 있는 그대로, 즉 뇌의 질병으로 인정되지만 비행은 아직도 아동이나 사회의 실패로 보기보다는 엄격히 부모의 실패로 보게 된다.

심층연구의 대상이 되었던 비행소년 가운데 두 사람을 제외한 전원이 되돌아가서 부모의 보호를 받게 되었기 때문에 부모청소년 관계는 순탄치 않게 되었다. 첫째 부모들은 거짓말하고, 순종하지 않고, 그들의 신뢰를 배반하고, 그들이 기대하지 않았던 방식으로 행동한 젊은이들을 더 이상 신뢰하지 않았다. 부모들은 좀더 통제하려 했고 청소년들을 면밀히 감독했다. 그들은 자녀가 만나려는 친구들을 조사하기 시작했다. 결과적으로 이들 청소년의 대부분은 반발하고 '나를 믿지 못한다'는 이유로 부모를 비난하면서 자신들의 죄를 부모에게 전가하게 되었다. 그중 절반은 다시 순종하지 않고, 함께 범법행위를 하는 또래를 만나게 되었다.

이런 사건들로 인해서 많은 부모와 사춘기 자녀는 대립했는데, 결국 두 청소년은 도망쳤다. 한사람은 겁이 나서 되돌아왔고 나머지는 따뜻한 여름 날씨를 이용해서 마약복용으로 다시 체포될 때까지 '거리의 아이'가 되었다. 세 부모는 자기 자녀와 그의 또래 친구들이 훔칠까 두려워서 값비싼 물건을 숨기기 시작했다고 설명했다. 그들은 잠잘 때 지갑을 베개 밑에 혹은 침대 옆에 두었다. 한 부모는 14세 된 딸이 신용카드 사기와 훔친 물건을 가지고 있은 죄로 집행유예중인 연상의 남자친구를 만나려고 밤중에 침실창문으로 몰래 빠져나가지 못하도록 하기 위해서 비상경보장치를 설치했다.

두 번째 연구는 몬트리올의 소년법원에서 일하는 범죄학자인 동료의 도움을 받아서 진행했다. 간단히 말하면 그와 그 동료들이 하는 일은 임상적·법률적 결정을 내리기 이전에 상황을 평가하기 위하여 비행소년과 그 부모 — 어머니만 나타나는 경우가 많지만 — 를 면접하는 것이다. 법원의 허가를 받은 후 그와 동료들은 공식적인 기초조사를 한 뒤에 부모들에게 132개 설문지를 배포했다. 설문지의 88%가 회수되었다(Ambert & Gagnon, 1995).

주요 통계결과에 의하면 자녀의 비행을 안 후에 대다수의 부모는 더 스트레스를 느끼고 더 피곤해지고 덜 행복하게 되었다. 그들의 절반 정도는 건강도 나빠졌다고 말했다. 게다가 절대다수는 자기 자녀의 행동을 부끄러워하고 있었으며 그것 때문에 다른 사람들로부터 비난 받았다. 자기 자녀의 까다로운 기질과 불복종을 다스리기 위해서 상당히 많은 사람들이 경찰, 교사 또는 전문가에게 도움을 청해야 했다. 대부분의 부모들은 자녀들에게 학교생활의 어려움(소년들의 경우), 비행또래와 어울림, 불복종, 문제성 있는 기질, 또래들로부터 쉽게 영향을 받는 것, 통금시간 후의 귀가 등 다른 문제가 있다고 보고했다. 소녀보다는 소년에게 여러 문제가 있는 것이 보통이었다.

이 연구의 또 다른 핵심적인 발견사항은 앞 장에서 다룬 내용과 비슷한 것인데 보통 아버지들보다 어머니들이 자녀의 비행으로부터 더 많은 영향을 받는다는 것이다(Ambert, 1999). 이런 결과는 후에 설명할 세 번째 연구에서는 물론이고 앞에서 말한 질적 연구와 양적 연구에서 모두 나타났다. 면접에서 아버지들은 자연스럽게 다음과 같이 말했다.

• "내 아내가 훨씬 더 힘듭니다."

- "덧붙이자면(아내를 향하면서) 아내가 나보다 딸과 더 많은 시간을 보내기 때문에 딸의 문제를 훨씬 힘들게 여기죠."
- "내 아내와 면담을 해보면 아시겠지만, 이 문제에 대해서 우리 부부 사이에 심각한 의견 차이가 있었기 때문에 아내의 기분이 훨씬 더 상해 있습니다."

부모간의 차이가 그다지 크다고는 할 수 없지만 어머니들은 아버지들보다 더 스트레스를 받았고 더 피곤했고 더 불행했고 건강문제가 더 많았다. 그러나 어머니들이 자녀의 행동 때문에 부끄러워하고 비난 받고, 젊은이의 행동과 태도 때문에 사람들과 문제가 있었던 횟수를 아버지들과 비교할 때 통계적으로 중요한 차이가 있었다. 그들은 아버지들보다 훨씬 자주 도움을 요청했으며, 그들의 자녀를 괴롭혀 온 많은 문제에 대해서 아버지들보다 더 많이 이야기 — 앞 장에서 제시되었던 아동의 문제행동이 어머니에게 미치는 영향에 대한 연구결과를 확인해 주는 또 다른 내용이다 — 했다. 그래서 어머니와 아버지에 대한 **아동의 성별에 따른 영향**은 중요한 고려사항이다.

세 번째 연구에서는 부모의 자조집단을 관찰했다. 비행청소년은 물론이고 품행장애가 있는 청소년의 부모 35~55명이 매주 모임에 참여했다. 여기서도 아버지보다는 어머니가 많이 참석했다. 그때까지 잘 견뎌온 몇몇 부부는 갈등상태에 빠졌고 모임이 진행되는 동안 그러한 갈등을 볼 수 있었다. 미국과 캐나다에 이 같은 부모모임의 조직이 있는데 이는 부모들이 친척, 친구 또는 직장동료와 같은 정규적인 지지망으로부터 도움이나 동정을 받을 수 없다는 사실을 반영하는 것이다. 이 사회에서 자녀 문제를 이야기하는 것은 금기사항이다. 그것은 듣는 사람을 당황하게 만든다(Fox, 1999). 부모는 '실패자' 또는 나쁜 부모로 인식되기 때문에 고백한 친구를 잃는다고 보고했다. 한 어머니는 자기 자녀의 비행에 대해서 말하는 것은 "사회적으로 사형선고를 받는 것과 같다. 그후 사람들은 당신이 무엇인가 잘못했다고 생각하기 때문에 당신을 피한다"라고 설명했다.

부모에 대한 일반적인 아동의 영향

이렇듯 여러 방법을 사용한 세 가지 연구가 밝혀낸 것은 부모와 문제성 있는 청소년의 관계는 좋게 표현해서 불유쾌하다는 것이다. 그 관계는 갈등적이고 긴장된 것이다. 부모는 달걀껍질 위를 걷는 것 같은 기분이다. 그들은 청소년들이 있다는 것만으로도 화약고의 불씨를 당기는 것 같아서 대개는 그들을 피하려 한다. 이 아동들은 때로는 간교하고, 거짓말을 하며, 자주 부모를 비난하고 자기 행동에 대해서 책임을 지지 않는다. 그들은 말대꾸를 하고 욕을 하고 가출하며 부모를 공격한다. 그들은 책가방에 훔친 물건이 있어서 또는 그것들을 목욕탕 창 밖으로 던지다가 붙잡혔을 때도 잘못한 일이 없다고 부인한다.

집안의 규칙을 피하기 위해서 거리에서 살기로 작정한 14세 소녀의 중류층 어머니는 다음과 같은 일련의 사건들을 이야기했다. 그녀의 딸은 샤워를 하기 위해서("딸은 상상할 수 없을 만큼 너무 더러웠다"), 맛있는 음식을 먹기 위해서 가끔 집에 왔다. 어머니는 딸이 왔다 갈 때마다 물건이 없어지는 것 같다고 생각했다. 그러나 그 어머니는 100% 자신은 없었다. 그 어머니는 딸의 엉뚱한 행동 때문에 우울증이 있어서 자기 기억력을 믿을 수 없었다. 그러나 품행방정하고 성공적인 청년인 큰아들은 그런 의심을 하지 않았다. 그는 여동생이 나가기 몇 분 전에 여동생의 가방을 뒤졌으나 아무것도 발견할 수 없었다. 육감이 이상해서 그는 집 주위를 둘러보고 여동생이 값비싼 목욕수건, 시계 달린 라디오, 초콜릿 통을 목욕탕 창문 밖 잔디 위로 던져놓은 것을 알았다. 딸은 이렇게 집에서 물건을 훔쳐내 거리에서 살기 위해 전당포에 팔았던 것이다.

그러나 부모비행청소년 관계가 반드시 긴장관계는 아니다. 앞에서 설명한 것처럼 연구 대상이 된 부모들이 아주 괴로운 것은 사실이지만 학교와 관련한 문제가 없는 비행소년들은 일반적으로 적당한 가족관계를 유지한다. 우리 표본에서 비행소년들은 학교문제가 있고, 중퇴하는 경우가 많은 것을 감안할 때 비교적 문제가 가벼운 청소년층은 소녀들이다. 더욱이 저지른 범죄가 가게에서 물건을 훔치는 것과 같이 가벼운 범죄일 때, 그리고 젊은이에게 다른 문제가 없을 때 부모는 덜 괴로워하고 부모자녀 관계도 일시적으로만 나빠진다. 청소년들이 자기 책임을 인정하고 자기들이 재범을 저지르지 않도록 하는 안전밸브로 좀더 많은 부모의 감독을 환영하는 몇몇 경우에는 부모자녀 관계가 실제로 더 가까워졌다. 그러나 이러한 경우가 많지는 않다.

내가 얻은 전반적인 인상은 — 좀더 다양하고 많은 표본으로 실증해야 하는 인상이지만 — 비행이 다음과 같은 조건하에서는 부모에게 과도하게 상처를 주는 것 같지 않다는 점이다. 비행이 널리 알려지지 않을 때, 법률기관과 접촉하지 않아도 될 때, 부모가 교사와 면담하고 상담하거나 다른 형태의 외부적 중재가 필요할 만한 다른 문제가 수반되지 않을 때, 혹은 부모에게 책임이 없을 때(Stewart, Simons, Conger, 2000)가 바로 그렇다. 부모를 괴롭히는 두 가지 변수는 비행에 가해지는 사회적 낙인과 가정이나 학교에서 청소년으로 인해 동시에 생기는 부수적 문제들이다.

문제 부모의 경우

몇몇 경우에는 부모들이 비행을 대수롭지 않은 것으로 무시해 버리고 면접대상이 되거나 설문지에 응답하는 것을 귀찮아했다.

대학교수인 한 어머니는 다음과 같이 썼다. "이 나이에 이것은 정상적인 일입니다. 모든 아동들은 상점에서 물건을 훔칩니다." 그 소녀는 '경찰에 알려져서' 체포되었는데, 이것은 전에도 붙잡혔다가 풀려났음을 의미한다. 이것은 그 소녀의 첫 범죄가 아니다. 그렇다면 아마도 어머니가 관심을 더 가졌어야 했다. 강간미수로 체포된 아들의 아버지는 추가로 답변할 수 있는 공간에 다음과 같이 썼다. "내 아들이 비난 받아서는 안 됩니다. 그 여자애가 그것을 요구한 것입니다. 그 여자가 아들을 초대한 것이죠 아마도 그 여자가 교훈을 얻었을 겁니다."

이런 반응이 전형적인 것은 아니지만 실제로 있었던 일이다. 이러한 예는 부모가 자기들의 사고방식 때문이든 또는 자기들의 감독부족을 그 결과와 타협할 필요 때문이든 ―그러면 그들은 결과를 과소평가한다. 심리학에서 이 현상을 인식불일치를 감소시키는 방법이라고 말한다 ― 자녀들의 비행을 실제로 지지하는 예가 된다.

다른 부모들은 자녀들이 얻은 물건의 출처를 묻지 않아서 암묵리에 비행을 강화한다. 내 학생들의 자서전에서 발췌한 몇 가지 예는 다음과 같다.

한 소년이 식료품상점에서 커피병과 사탕을 훔치고 커피를 어머니에게 줬는데 어머니는 그냥 그것을 받았다. 한 소녀는 유명 디자이너가 만든 옷을 훔치고 집에 와서 흥겹게 떠드는데, 부모는 "친구인 주디가 빌려줬다"는 설명 ― 옷을 되돌려주지 않았는데도 ― 을 받아들인다. 한 고등학생은 교외의 고급 주택에서 마약을 팔고 있다. 금요일마다 10~20명의 '친구'가 와서 딸의 방에 몇 분 동안 머문 후에 떠난다. 부모는 자기들의 집이 중앙역이 되었는데도 아무것도 묻지 않는다. 다른 학생의 보고에 따르면 자기가 고등학교에 다닐 때, 전문직을 가진 그의 부모는 "아들의 탈선에 너무 지쳐서 '경찰이 관여되었을 때만 알려 달라'고 말했다. 그들은 자기들이 편하게 살려고 나에게 차를 주기도 했다. 오늘까지도 나는 내가 어떻게 정상적인 아이가 되었는지 자문하기도 한다."

이 장 앞부분에서 설명한 세 연구 가운데 어느 것도 이혼, 때로는 빈곤을 제외하면 자신들이 다양한 문제를 경험한 부모들을 다루지 않았다. 그러므로 여러 분야에서 역기능적이거나 너무 허용적이거나 거부적인 부모가 비행에 어떤 반응을 보이는가에 대한 연구는 매우 중요할 것이다. 그들은 평균적인 부모보다 영향을 덜 받는가 또는 더 받는가? 그런 부모들은 일부분 자기들이 만든 문제를 포함한 다른 문제들 때문에 이미 스트레스를 느끼고 있다(Kendler, Karkowski, Prescott, 1999). 그들 자신이 범죄인이고, 마약 복용자이거나 심각한 정서문제를 갖고 있는 부모들은 다른 사람들보다 영향을 덜 받을 것으로 기대할 수 있다. 그들은 그들의 환경에서 떨어져 있어서 부정적인 사회적 압력에 덜 민감할 것이다.

환경적 이유와 유전적 이유 때문에 이러한 부모는 어려서 범법자가 되는 사람과 여러 문제를 일으키는 범법자 — 성인 범죄자가 될 재범자 — 를 많이 '생산'할 것이라고 예상할 수 있다. 사실 자신이 감옥에 있었거나 현재 감옥에 있는 부모의 자녀는 비행아가 되는 경향이 있다. 이러한 사실은 감옥에 있는 아버지와 어머니 모두에게 적용된다. 최근에 투옥된 180만 이상의 미국인 가운데 40%는 부모 혹은 형제가 투옥되어 있다. 버터필드(Butterfield, 1999)는 구류되어 있는 1000명의 소녀에 대한 캘리포니아 연구에 따르면 54%는 어머니가 구속된 일이 있고 그런 아버지의 비율은 훨씬 높을 것이라고 보고했다.

결론

비행아동이 부모에게 미치는 영향에 대해서 답변이 없었던 많은 질문 가운데 하나는 다음과 같은 것이다. 자녀들이 성장하여 결국 성인범죄자가 되거나 무서운 행동을 하게 된다고 할 때, 미성년자가 어리다는 이유로 조기 석방되어야 할 때 부모에게 어떤 일이 일어나는가? 방화를 하고 어린 아동을 강간하고 은행 강도가 되거나 살인을 한 젊은이가 돌아왔을 때 부모는 어떻게 대처할 것인가? 직장에서, 이웃과 친구, 친척들과 같이 있는 그들에게 어떤 일이 생기겠는가? 이들 부모에 대한 추적연구는 없다. 그들이 엄청난 부담감을 갖고 있을 것이며 죄책감을 느끼고 아마도 사회적으로 도태될 것이라고 추측할 수 있을 뿐이다. 투옥되어 있거나 그렇지 않은 성인 범죄자 또는 무서운 폭력범죄를 저지른 범죄자의 부모에게도 같은 질문을 할 수 있을 것이다. 우리는 이들 부모가 어떤 영향을 받는지 전혀 알지 못한다. 우리는 아마 그들의 절반 정도는 자신들이 범죄자일 것이라는 것을 알고 있다. 그러나 단순히 보통 시민인 다른 많은 사람들은 어떻게 되는가? 여기에 대한 연구가 없다는 것은 '눈에 보이지 않는' 이들 부모가 무섭게 고립되어 있고 사회적 지원이 필요할 것이란 의미에서 도덕적으로 비난할 만하다.

3장으로 돌아가 본다면 비행은 이 사회에서 사회적으로 받아들일 수 있는 것으로부터 심각하게 일탈된 아동특성이다. 그러므로 이는 부모에 대한 많은 부정적 영향을 가져다줄 수 있는 아동특성이며 이 장에서 제시된 결과들이 이 가설을 충분히 지지한다. 이러한 이론적 관점에서 5장과 6장은 서로 보완해 준다. 그들은 연구자들이 부모와 부모의 부담에 대한 아동의 영향을 연구하는 데 상대적으로 무관심했다는 것을 부각시키는 데도 서로 도움을 준다. 또래를 다루는 다음 장은 부모에 대한 아동의 영향 — 특히 부모의 입장에서 또래를 바람직하게 보지 않을 때 — 이란 주제의 또 다른 차원을 제시한다.

7장 아동의 또래가 부모에게 미치는 영향

또래는 아동의 인생에서 중요한 사회화 담당자 가운데 하나다. 아동, 특히 청소년에게 또래는 가끔 주요한 준거집단이 된다. 바꿔 말하면 아동과 청소년들은 일반적으로 자신들을, 자신들이 가진 것을, 자기들이 어떻게 행동할 것인가를 같은 연령의 친구들과 비교한다. 사실상 청소년들은 대체로 자기 또래들이 뭐라고 말하는지, 또 어떻게 생각하는지에 대한 인식에 따라서 자기 행동의 방향을 정하고 결정을 내린다. 또래를 지향하는 과정은 연령이 증가하면서 그 중요성이 더해 간다. 이는 청소년 초기와 중기에 절정을 이루는 데, 이것은 청년의 일생에서 이 시기가 어렵고, 비행률이 높은 이유 가운데 하나다. 그리고 십대 후반이 되면서, 성인이 된 다른 젊은이들도 여러 연령집단과 관계를 맺는 사회적 상황에 처하게 되면서 같은 연령대 친구들의 중요성이 적어진다. 더욱이 그때는 개인의 자아개념이 좀더 안정되어 새로운 성인 역할을 맡으면서 또래의 영향은 약화된다.

우리 사회에서 또래집단은 소비주의에 바탕을 둔 물질주의 문화, 당장의 만족, 미디어에 의해서 움직이는 행동에 관련되어 있어서 아동들에게 특히 강력한 형태의 영향력을 미친다. 거시 사회학적 관점에서 볼 때 아동과 청년들은 가족주의적이거나 공동체적이기보다는 개인주의적인 거대한 사회적 힘에 의해서 여러 면에서 조정된다. 청년들은 **소비를 추구하는 세력들**의 탐욕스런 관계 속에 놓여 있다. 또래들은 청소년의 준거집단이므로 이 준거집단 자체가 아동들에게 상징적이거나 실질적 준거점이 되는 거대사회 세력으로부터 영향을 받는다.

과거에는 아동의 또래집단이 어른들의 세계와 덜 분리되어 있었다. 그리고 가치관, 목표, 심지어 활동조차도 연령에 따라 크게 다르지 않았다. 실제든 미디어에서든, 어떤 목소리도 사람들도 성인세계와 구별되는 항상 변화하는 생활양식을 그들에게 팔지 않았다. 아동들은 같이 놀고 같이 일했다. 그들은 구조적으로 가족과 공동체의 근본적인 현실 속에 남아있게 하는 권위 있는 어른을 만날 가능성이 컸다. 그때의 성인들은 집합적 사회화를 효과적으로 담당하는 사람들이었다. 기능적 공동체는 아동들과 청년을 통합하는 데 기여했다 (Coleman & Hoffer, 1987).

또래집단이 성인세계와 분리되고 좀더 영향력 있게 되면서 부모의 영향력이 감소되었다. 사실상 아동이 효율적 공동체의 일부가 아니라면 또래의 영향력은 부모의 영향력과 하루에도 몇 번씩 충돌할 수 있다. 교사, 목사, 나이 든 친척 등 성인의 영향력이 더 멀어지면서 부모만이 아동의 생애에 영향을 주는 성인 영향의 주요 근원이 되고 있다. 그러므로 사회화의 관점에서 보면 부모는 고립되어서 성인의 도움을 받지 못하게 되고, 그래서 그들의 영향력도 감소한다. 이와 유사하게 또래가 아동의 생활에서 좀더 중요해지면서 그들은 부모의 생활에서도 중요해진다. 아동은 이제 또래로부터 더 많은 영향을 받게 되고 이는 가족의 역동성에도 영향을 미친다. 그래서 아동의 또래가 부모에게 미치는 영향에 대한 연구의 중요성도 커진다.

또래의 압력과 지지

어른들은 일반적으로 아동과 청년들이 또래의 압력 때문에 받아들이기 어려운 행동을 한다고 생각한다. 이 정의에 따르면 직접적 압력은 불량스런 큰 아이가 작은 아이를 괴롭히며 '네 점심값을 내게 줘. 그렇지 않으면 때려줄 거야'라고 말할 때와 같이 강압적인 요소다. 또는 오만한 십대가 다른 아이에게 담배를 주면서 그것을 피우라고 명령할 때와 같은 것이다. 혹은 어떤 모임에서 소년집단이 다른 아이들에게 성행위를 하도록 강요하는 것이다. 물론 이런 모든 사건들은 특히 일탈지역이나 또래집단에서, 아동을 잘 감독하지 않을 때 가끔 생긴다. 그러나 연구자들은 이런 예를 또래 압력보다는 괴롭힘 — 괴롭힘에 대해서는 나중에 논의한다 — 의 한 형태로 본다. 또래압력이라는 점에서 보면 이런 일들은 흔치 않은 예외적인 경우다.

또래압력은 괴롭힘보다 더 포착하기 어렵다. 그것은 아동의 친구와 동년배의 대부분이 활동에 참여하거나 참여하는 것으로 생각된다는 사실에 기인하는 것이지, 그들이 아동에게 그것을 하도록 강요한다는 사실에 기인하는 게 아니다. 자기 친구들이 공부를 열심히 하는 아동들은, 특히 그들이 또래의 의견을 높이 평가한다면, 아마 그들도 숙제해야 한다는 간접적 의사전달을 받게 된다. 바로 우리가 면학적 또래 환경이라고 부르는 것이다. 그래서 아동들은 아무도 그들에게 무엇을 하라고 요구하지 않아도 또래의 압력을 느낀다. 상징적 상호 작용이란 의미에서 친구들은 아동이 '자신을 어떻게 봐야 하는가'뿐만 아니라 '어떤 행동을 선택해야 하는가'에 기여하는 중요한 준거집단이다. 그러나 어떤 또래 압력은 사실은 그렇지 않은데 '모든 사람이 그것을 가지고 있다 또는 하고 있다'고 아동이 잘못 생각하기 때문에 생기기도 한다. 예를 들어 청소년들은 사실 부모와 그냥 집에 있었지만 월요일에 학교에 와서 환상적인 주말이나 파티에 대해서 허풍을 떨기도 한다. 그러나 이들의 '이야기'는 집에 있었던 다른 아동에게 박탈감을 준다. 그리고 그들은 '삶을 찾아야 한다'거나 '내 인생을 살아야 한다'는 압력을 받는 것처럼 느끼는 것이다.

자기 친구들이 모두 담배나 마리화나를 피우는 십대는 같은 행동을 하도록 요청 받지는 않더라도 그렇게 하지 않는다면 소외감을 느낄 수 있을 것이다. 가정에서 모든 것이 만족스러운 게 아니라면 그리고 아동의 자아 존중감이 약하다면 친구들이 자기를 '바보'

또는 '패배자'로 생각할 것이 두려워 거기에 가담하지 않을 수 없을 것이다. 천천히 아동의 마음속에 소식이 전해지고 바로 거기서 압력이 생기는 것이다. 그 근원은 환경에서 왔다 해도 이는 심리적인 것이다. 또래 압력은 또래집단의 문화적 풍토 속에서 생기고 사고방식과 행동에 영향을 준다. 때로는 특히 인기 있고 영향력 있는 또래는 특정한 활동을 하고 조금 어린 또래에게, 다음 학생의 자서전에서 볼 수 있는 것처럼 강한 영향을 준다.

피트와 나 두 사람이 악대의 색소폰 연주자인 앨런을 만났을 때 세 사람이 되었어요. 우리 세 사람은 잘 어울렸습니다……. 8학년 말에 앨런이 우리에게 담배를 권할 때까지 나는 그의 영향력을 느끼지 못했어요. 이 영향력은 앨런의 형이 내 생각에 '거친' 사람들로 구성된 친구집단에 속해 있다는 사실 때문에 생겼죠. 앨런은 담배를 피웠는데 하루는 학교에 담배를 가져왔더군요. 우리 세 사람은 휴식시간에 밖으로 나왔고, 앨런이 불을 붙였어요. 나는 처음 한 모금 빨아봤을 때 입안에 감돌던 그 맛을 기억해요. 그것은 불쾌한 맛이었지만 동시에 흥분되기도 했지요……. 냄새가 나지 않도록 하기 위해서 우리가 할 수 있는 모든 일을 다 했기 때문에 부모님들은 조금도 의심하지 않았습니다. 어느 날 우리가 학교 뒤에 앉아서 같이 담배를 피우고 있을 때 앨런은 자기 형이 어떻게 마리화나를 피워봤는지 말해 줬어요. 우리는 모두 큰 호기심을 갖게 되었고 우리도 한번 해보도록 앨런의 형한테 부탁했죠. 몇 주일 후에 실제로 해보게 되었어요. 토요일이었는데 우리 세 사람은 피트의 집 옆에 있는 숲으로 갔습니다. 앨런은 손으로 만 담배처럼 보이는 것이 들어있는 봉지를 꺼냈어요. 우리는 그것을 피워봤지만 아무렇지도 않았어요. 우리는 실망했지만 앨런은 우리에게 처음부터 흥분되지는 않는다고 하더군요. 담배에서 마리화나로 바꾸는 동안 내 가정생활, 용모, 과외활동이 변했습니다. 나는 더 이상 가족과 대화를 하지 않았고, 숙제도 운동도 하지 않았어요. 그 대신에 나는 심한 록 음악을 듣고 상가를 배회하고, 머리를 기르고 누더기 옷을 입기 시작했습니다……. 나는 완벽하게 속였고 내 가족은 전혀 몰랐지요. 나는 이것이 아주 재미있었고 부모님이 모르도록 하는 게 재밌는 게임이었어요.

위의 인용문은 부정적인 또래 영향이, 특히 소규모 친구집단에서 어떤 결과를 가져오는지, 그리고 수용될 수 있는 행동을 어떻게 약간의 일탈행동으로부터 심각한 일탈로 이끌어내는지를 설명한다. 이 인용문은 또래활동이 실제로 청년과 가족의 상호 작용의 질에 어떻게 영향을 미치는지, 그리고 부모에게는 어떤 영향을 주는지를 생생하게 묘사한다. 원인을 제공하는 방향은 또래집단에서 청소년으로 그리고 부모로의 순서다. 이 인용문은 또한 친구와 같이 하는 일탈행위가 어떻게 청소년을 학교공부, 단체운동과 같은 친사회적 활동으로부터 멀어지게 하는지를 보여준다. 이처럼 자녀가 뒤처지게 되면 그 결과 자기 자녀가 갑자기 인적자본 개발에 흥미를 잃어버린 데 대해 걱정이 많은 부모는 더 부정적 영향을 받게 된다.

친구인 또래는 원래 서로 영향을 미치는데, 친한 친구일수록 영향력이 커질 수 있다. 사실은 부정적 또래집단에 둘러싸여 있는 아동은 만일 인생의 비슷한 기대를 품고 있는 한두 명의 친한 친구가 있다면 특히 이 두 친구가 부모의 지지를 받는다면, 그 부정적 영향에 저항할 수 있을 것이다. 친구와 성인으로 구성된 이 작은 집단은 나머지 세계로부터 어느 정도 차단되며, 아동들을 보호한다. 그러나 이웃과 학교의 특성이 주로 아동에 대한 또래 지지의 영향을 결정한다.

예를 들어 두보우, 에드워즈와 이폴리토(1997)는 최근에 스트레스를 받은 일이 있는 도심권 이웃의 아동들은 또래의 지원을 받을 때 심할 정도의 반사회적 행동을 한다는 것을 발견했다. 그와 대조적으로 가족의 지원은 긍정적 효과가 있으며, 반사회적 행동을 감소시킨다. 이 연구자들은 "또래를 선택하는 것은 상당 부분 아동이 거주하는 이웃의 특성에 달려 있다"고 지적했다(Dubow, Edwards, Ippolito, 1997: 141). 바꿔 말하면 사회문제가 많은 지역에서는 아동에게 친사회적 또래가 적어서 스트레스를 느낄 때 반사회적일 수 있는 또래로부터 '지원'을 받는다. 이 요인으로 인해 아동은 추가적으로 있을 스트레스와 나쁜 행동에 좀더 취약하게 된다. 그와 대조적으로 곤젤레스와 동료들은(1996) 다음과 같은 사실을 발견했다. 위험성이 낮은 이웃에서 또래의 지원이 있으면 아프리카계 미국 아동들이 학교에서 평균적으로 높은 점수를 받게 된다는 것이었다. 그래서 가족이 어디에 사느냐는 아동이 잠재적으로 친사회적이고 도움을 주는 또래들에게 접근하는 데 큰 영향을 준다.

공부를 잘하는 또래가 있다는 것은 아동과 청소년이 자신의 성적과 기대를 높이는 데 기여할 수 있을 뿐만 아니라 학교를 좋아하도록 하는 데도 영향을 미칠 수 있다(Mounts & Steinberg, 1995). 백인 청소년보다는 아프리카, 아시아계 미국 젊은이들에게 또래가 부모보다 상대적으로 학교공부에 더 영향을 미친다(Steinberg et al., 1995). 이는 부분적으로, 최소한 학교에서 생기는 인종분리에 기인하는데, 그러한 인종분리는 언제나 거주지역별로 존재하는 것은 아니더라도 최소한 학교에서는 존재한다. 아시아계 미국학생은 공부 잘하는 것을 격려해 주고 보상해 주는 또래집단에 속하는 것 이외에는 선택의 여지가 없다. 좋든 나쁘든 아시아계 청년은 '조크(jock, 스포츠를 좋아하는 아이들- 옮긴이)', '마약중독자' 또는 '프레피(preppie, 원래는 사립학교에 다니는 아이들을 가리키며 부유한 젊은이들을 포함한다-옮긴이)'가 되기는 극히 어렵다(Steinberg et al., 1995: 449). 아프리카계 미국 학생이 부딪치는 딜레마는 그 반대다. 그들이 학교에서 공부만 하는 학생들에 속하기는 어렵다. 사실은 스타인버그와 동료들은 성공적인 흑인 학생들로부터 학업성취를 위한 또래의 지원이 너무 제한되어 있어서 그들은 주로 다른 인종집단출신 학생들과 어울린다는 말을 가끔 들었다. 흑인 학생들은 다른 사람들보다 훨씬 더 "학교에서 공부를 잘하는 것과 또래들 사이에서 인기 있는 것 사이에 구속되어 있다(Steinberg et al., 1995: 449)."

또래지원과 영향에 대해 이웃과 관련해서 접근하는 것은 좀더 사회학적 방법이어서 또래와 아동을 엄격히 자신 또는 부모의 성격 특성으로 설명하는 심리학적 환원주의를 피할 수 있는 이점이 있다. 실제로 아동이 또래집단에 가입하는 것에 대한 연구문헌의 상당 부분이 부모와 그들이 아동을 다루는 방법에 초점을 맞추고 있다는 점은 놀라운 일이 아니다. 근본적으로 이러한 연구의 추론방향은 다음과 같다. 학교친구들 사이에서 인기가 없거나 또래들로부터 거부당하는 아동들에게는 부모와의 관계에서 또는 가정에서 그들을 다루는 방법 때문에 생긴 어떤 사회적 결함이 있다. 가정에서 어려움을 경험하는 아동들은 학교에서도 인기가 없는 편이다. 사실 연구결과에 의하면 이런 추론방향을 지지해 주는 어느 정도의 상관관계가 나타났다.

이들 상관관계의 크기를 보면 부모보다는 아동의 성격과 환경의 다른 면들이 아동이 또래들에게 인기 있는 이유를 훨씬 많이 설명해 준다. 이를테면 아동의 수줍음, 외향성, 지도력에 대한 어느 정도의 유전적 성향을 생각해 볼 수 있다(Stoneman et al., 1999). 또한 아동의 크기, 물질적 소유, 인종, 또래집단의 질에 대해서도 생각할 수 있다. 예를 들어 동조적이고 친사회적인 아동이 공격적이고 잘난체하는 아동들이 있는 교실에 들어가게 된다면 환영받지 못할 가능성이 많다. 분명히 이 아동 또는 그 부모에게 잘못된 점이 없더라도 아동은 실제로 희생양이 될 수 있다.

또래의 학대

점점 많은 아동과 청년들이 다른 사람에 대해서 잔인하고 파괴적이고 폭력적으로 되는 것을 배운다. 그들은 성인들의 관심과 감독이 없어서 그렇게 된다. 그러한 예는 매주 뉴스방송에서 보도되고 있으며, 또래의 거부와 학대는 청소년이 학교친구를 살해하게 만들기까지 한다. 희생되는 아동들은 또래집단과 사이가 좋은 아동들과는 크게 다른 가족역동성을 만들 것이다. 거기에 따라서 부모에 대한 아동의 영향은 달라진다.

또래 학대는 얼마나 많은가?

학생들이 아동기에 대해 쓴 회고록을 읽으면서 나는 우연히 어렸을 때 학생들의 또래가 저지른 학대에 대한 많은 이야기를 알게 되었다(Ambert, 1994). 많은 학생들에게 또래집단의 영향은 일시적 불행 이상의 것이었다. 그것은 때때로 학교를 싫어하고 기피하게 만들기까지 했다(Kochenderfer & Ladd, 1996). 또 다른 예를 보면 그 때문에 불안하고 우울해졌을 뿐만 아니라(Egan & Perry, 1998) 학교 공부에도 지장을 줬다(Hodges, Malone, Perry, 1997). 시간이 지남에 따라 또래의 영향이 변하는가를 알아보기 위해서 다른 두 연령집단 학생들의 자서전 내용을 따로 모았다. 0~14세 연령층만을 봤을 때 1974년 학급에서는 17%, 1989년 학급에서는 27%의 학생들이 또래로부터 부정적으로 취급받은 경험이 그들의 발달에 심각한 방해가 되었고 지속적인 영향을 줬다고 회고했다. 즉 이런 경험은 몇 년 동안, 가끔은 지금까지도 그들에게 부정적 영향을 끼친 것이다. 15~18세 연령층을 포함할 때 1989년에 그 백분율이 37%로 증가했다.

대조적으로 학생들의 13%(1974)와 9%(1989)가 지속적인 방해영향을 주는 부모의 부정적 — 그렇다고 꼭 학대라고 할 수는 없지만 — 대우와 태도에 대해서 설명했다. 자서전에서는 부모보다 또래가 훨씬 부정적으로 대했다는 것이 지적된 것이다. 그리고 이것은 1974년보다 1989년에 더 분명했다. 가끔 아동복지 전문가들과 연구자들이 청년들 사이에서 심리적 불행의 가장 뚜렷한 근원 — 또래 갈등, 거부, 학대 등 — 을 소홀히 한 채 부모에게만 초점을 맞추는 것을 생각하면 다른 연구자들에 의해서 확인된 이 결과는 놀라운 것이다(Ambert, 2001).

이들 자서전에서는 행복했고 적응도 잘했으나 심리적으로 갑자기 악화되고 때로는 신체적으로 병들고 학교생활도 제대로 못하게 된 학생의 생활에 대해서도 읽게 된다. 또래로부터 거부당하고, 배척되고, 험담의 대상이 되고, 인종차별을 받고, 비웃음을 당하고, 성희롱을 당하고, 내쫓기거나 또는 구타당할 때 이렇게 빨리 악화된다. 아동이 너무 두려워하고 마음이 산란해져 어떤 일에도 집중하지 못하게 될 때 학교공부마저 망치게 된다.

가정에서의 아동과 청소년 학대는 약 3%로 추정되는데, 연구에 따라 약간의 차이는 있다(Finkelhor & Dziuba-Leatherman, 1994). 게다가 부모의 아동학대는 감소한다는 증거가 있다. 그러나 우리가 이 문제를 잘 알게 되었기 때문에 과거보다 보고는 더 많이 되고 있다. 그와 대조적으로 신체적 유기와 감독부족이란 의미에서 아동유기는 증가하고 있다. 필자가 수집한 자료들을 바탕으로 추정하건대 부모의 학대보다 또래의 학대비율이 높고 그 비율은 증가하고 있다. 그래서 조심스럽게 추측해 봐도 모든 아동과 청소년 가운데 최소한 20%는 어린 시절에 또래로부터 심하게 학대받은 일 — 우리는 여기에서 정상적인 갈등, 의견불일치 또는 짓궂게 약 올리기를 학대라고 말하는 것이 아니다 — 이 있다. 더구나 캐나다와 미국에서 보도되고 있는 최근 조사에 따르면 그 비율이 훨씬 높아서 75%에 이르기도 한다(Espelage et al., 1996). 아동지원전화(Child Help Lines)는 가정에서의 문제보다 또래에 대한 두려움과 관련한 전화가 많은 것으로 보고하고 있다. 취학 연령에서는 또래 환경이 부정적 부모 환경을 모두 합한 것보다 아동발달에 더 위협적이다.

또래 학대의 배경과 결과

일상적인 또래 갈등을 해결하는 방법을 배우는 것이 유용하기는 하지만 실제로는 많은 경우 학대 때문에 생기는 또래 갈등의 결과가 파괴적이라는 것이 밝혀지고 있다. 사실상 동년배의 친구로부터 학대받은 경험 때문에 각 아동희생자는 사회적 행위자로서 자신의 자격을 의문시한다. 자아존중감이 손상되고 안전한 환경을 위한 기본권이 침해된다. 급속히 변화되는 사회환경의 다양성에 비춰볼 때 또래로부터 사회화된다는 주제는 좀더 많은 이론적 · 경험적 검토가 요구된다고 할 수 있다.

예를 들어 연구자들은 또래 학대를 연구하는 것이 더 이상 희생자의 특성을 알아보는 문제가 아니라는 것을 알아야 한다. (이것은 강간범을 그의 행동 때문에 처벌하는 대신에 강간 희생자의 개인 생활에 대해서 알아보는 것과 유사하다.) 지금 아동은 자신이나 가족의 잘못이 없는데도 또래 학대의 희생자가 될 수 있다. 어떤 소녀는 좀더 큰 두 소녀가 원했던 재킷을 입었기 때문에 구타당할 수 있다. 또는 어떤 소년은 메이커 운동화를 넘겨주지 않는다는 이유로 공격받을 수도 있다. 또 다른 경우에는 좀더 힘센 급우들이 아동의 점심값을 뺏을 수 있다. 또래 학대는 두 부류의 성격 특성 때문에 생긴 희생자와 가해자가 만든 심리적 상황이 아니며, 가끔 문헌에서 설명되는 것처럼 부모 역할수행의 결과만도 아니다(Finnegan, Hodges, & Perry, 1998).

또래 학대는 텔레비전 또는 비디오게임과 같은 미디어를 포함해서 아동들이 다른 곳에서 배운 것으로부터 영향을 받는다. 예를 들어 에스펠라지와 동료들(1996)은 약한 사람을 괴롭히는 청소년들은 다른 아이들보다 텔레비전의 폭력프로그램을 더 많이 보고, 가정에서 더 다루기 힘들고, 어른들과 시간을 덜 보내고, 갱 활동에 더 노출되어 있다는 것을 발견했다. 3분의 1은 편부모와 살고 있으며 나머지 3분의 1은 계부모와 산다. 그래서 심각하게 남을 괴롭히는 문제아는 어른의 영향력과 통제에서 벗어나 있는 것으로 보인다. 그들은 비디오게임을 통해서 배운 것을 포함해서 부정적 역할모델들에게 둘러싸여 있다. 그들의 가족구조는 감독능력이 부족하다. 좀더 거시 사회학적 수준에서 보면, 사회 전반의 폭력문화가 사회통제력 감소와 연관되어 있다. 무엇보다도 또래 학대는 **문화현상**이며, 효율적 공동체의 부재를 반영하는 것이다. 사실은 4장에서 언급한 것처럼 폭력을 거부하고 아동을 효과적으로 통제하는 문화에서는 공격적 아동이라도 자기들의 성향을 실천할 기회가 적고, 강화되지 않기 때문에 그런 성향이 없어질 가능성이 있다.

또래 희롱과 성적 학대

주로 소년이 소녀에게 가하는 성적 희롱은 특히 해로운 형태의 학대다(Stein, 1995). 그것은 한 여학생의 다음과 같은 설명에서 볼 수 있는 것처럼 아주 일찍 시작된다.

내가 다닌 초등학교의 남학생들은 무례했고 혐오스러웠고 여학생들로부터 전혀 존경을 받지 못했어요. 그들은 자기들이 원할 때 원하는 다른 사람의 어디라도 붙잡을 수 있다고 생각했나 봐요. 게다가 그들은 여자에 대해서, 여자에게 자기가 무엇을 할 수 있었는가에 대해서 날조하기를 좋아했죠. 그래서 미지의 인생단계를 거처 가면서 자신에 대해서 불안감을 느껴야 했고, 13세 소년의 집요한 시선을 받았지요. 나는 때때로 선생님의 책상으로 가기 위해 통로를 걸어갔는데, 선생님이 고개를 돌리면 가장 가까운 위치에 있던 누군가가 나를 붙잡곤 했어요. 아무리 말해도 남학생들의 그런 행동을 멈출 수가 없더군요.

또래의 성적 학대는 일반적으로 알려지지 않으며, 아마도 남학생의 부모들이 그런 행동을 인정해 줄 수도 있다("걔가 남자라서 그런 거야"). 그리고 여학생은 그것을 자기에게 잘 보이려고 하는 행동으로 믿거나("걔가 널 좋아하는 거잖아, 이 바보야") 단순히 자신의 인기를 위해 또는 남자친구를 갖기 위해 지불해야 할 정상적인 대가라고 생각할 수 있다. 많은 사춘기 소녀와 사춘기 이전의 소녀들까지도 남자 또래들로부터 성적 위협을 받는다. 위협의 정도는 소녀가 교제 상대를 잃지 않을까 두려워하는 가운데, 미묘한 압력으로부터 노골적 강간에 이르기까지 다양하다. 또래에 대한 동조를 높이 평가하는 사춘기 소녀는 특히 위험하다(Small & Kerns, 1993). 그들은 또래에 대해 덜 동조적인 소녀들보다 또래의 인정이 더 필요하기 때문에 더 취약해진다. 많은 소녀들이 강제로 강간당하는 것은 아니지만, 그럼에도 그들은 성행위를 원치 않는데 또래의 압력 때문에 순응한다(Laumann, 1996). 이미 성행위를 한 경험이 있거나 또래의 눈에 '근사한 사람'으로 보이고 싶어서 이미 성행위를 한 경험이 있는 척하는 여자또래로부터도 압력이 온다. 중요한 것은 이것이 문화적 풍토 또는 또래압력을 이룬다는 것이다. 결과적으로 또래의 인정을 갈망하는 십대는 남들이 하는 대로 따라하게 된다.

이웃 사람들에게 사회문제가 많거나 부모가 자녀를 적절히 감독하고 보호해 주지 못하는 사춘기 소녀들이 심한 성적 학대, 강간 또는 원치 않는 성행위의 강요에 희생될 가능성이 많다. 예를 들어 부모가 알코올 중독일 때는 물론이고 가난한 편부모 가족의 소녀들은 일반적으로 또래를 포함한 사람들의 성적 희생자가 될 가능성이 많다(Moore, Nord, & Peterson, 1989).

또래의 성적 학대는 일반적인 또래 학대의 경우와 마찬가지로 상당히 '기회의 범죄'다. 학교에서든 가정과 공동체에서든 또는 주차된 차 안에서든 어른들이 감독하지 않을 때 아동과 청소년들이 그런 일을 행하고, 당하기도 한다. 너무 많은 부모들이 개인적으로 힘이 없을 뿐만 아니라 부담이 커서 자기 자녀들을 적절히 보호하거나 감독하지 못한다. 이것은 아동유기의 한 형태다. 또래의 성적 학대는 미디어 영향의 결과이며, 교사와 부모를 포함한 어른들의 영향력이 미치지 않기 때문에 — 바꿔 말하면 효율적인 공동체가 없어서 — 생기는 것이다.

부모에 대한 또래의 영향

또래 학대는 한 제도에서 다른 제도로, 이 경우에는 상호 작용하는 또래에서 가족제도로 넘어오는 파급효과 때문에 간접적 희생자를 만든다. 흔히 학대받은 아동의 부모가 피해를 입는다. 그들은 자녀가 희생된 것을 알고서 괴로워하기도 하지만 그들 역시 간접적 피해를 입기도 한다. 즉 욕구불만에 가득 찬 아동이 종종 부모와 형제에게 분풀이를 하는 것이다(Ambert, 1994). 부모는 어느 학생의 표현처럼 '포화'를 맞게 된다. 다음 장의 자료에서 예측할 수 있는 것처럼 자서전에 의하면 일부 부모들은 또래들로 인해서 생긴 상처 때문에 임상전문가들로부터 비난 받기도 했다. 한 남학생의 회고는 이러한 현상을 생생하게 보여준다.

11살 때까지 나는 학교에서 아주 행복했는데, 그때 나에게 어떤 일이 생겼습니다. 나는 성장이 멈춰서 제일 작고 마른 아이가 되었어요. 그래서 곧 같은 학년에서는 여드름투성이의 작은 꼬마가 되었죠. 다른 아이들은 나를 괴롭혔으며, 내 옷을 숨기고 점심을 훔쳤고 나를 놀이에 끼워주지 않았습니다. 그들은 공개적으로 나를 비웃었으며, 여학생들은 제일 인기 없는 소년과 같이 있는 것을 보이고 싶지 않아서 나를 피하기 시작했습니다……. 그들이 내던진 나를 어머니가 집으로 데려온 일이 얼마나 많았는지 상상도 못할 거예요. 나는 엄청나게 겁에 질렸고…… 지금까지도 주위에 다른 아이들이 있으면 불안합니다……. 재미있는 일은 부모님이 나를 정신과 의사에게 보내야 했다는 것인데, 그는 부모님이 아무 도움도 안 되었다고 비난했어요. 내 문제가 부모님과는 아무 관련이 없는데, 그걸 생각하면 슬픈 일입니다. 이 작은 꼬마 때문에, 지금은 정신과 의사 때문에 부모님은 비참해집니다. 오늘날까지도 그들은 나를 비난하지 않고 언제나 지원해 주시는데 말이죠.

아동이 학교에서 집으로 돌아온 뒤에도 또래들이 행동하고 말했던 것 또는 말하지 않은 것에 아동이 계속 반응을 보이기 때문에 또래집단의 영향은 계속되는 것이다. 아동과 청소년들은 또래를 통해서 경험한 스트레스를 집으로 가져오는데, 이 스트레스는 부모와 나누는 상호 작용에도 작용한다(Ladd, 1992). 사실 학생들은 자서전에서 자기들이 부모를 '희생양'으로 이용했다고 자주 지적했다. 그리고 부모가 구실로 삼을 만한 말을 하거나 행동을 하자마자 또래와 관련된 욕구불만을 부모에게 풀어놓았다. "나는 그들을 나만큼 불행하게 만들기 위해 골을 내며 계단을 오르락내리락하거나 불같이 화를 내고 울고 고함치거나 난폭하게 뛰쳐나가기도 했다." 그들은 놀란 부모에게 폭언을 퍼붓고, 사태를 진정시키려 하는 부모는 부지중에 젊은이의 감정을 폭발시켰다. 그래서 아동들은 또래 학대의 결과로 부모에게 문제성 있는 행동을 하게 되었다.

더욱이 또래 집단이 부모의 가르침을 지지하더라도 그것은 부모의 가치관과 상충될 수 있다. 또래의 행동과 가치관이 가족에게서 배운 것과 너무 다른 아동들은 래드(1992)가 **교차압력**이라고 부른 것을 경험한다. 또래와 부모가 의견의 일치를 보이면 아동의 사회화 과정은 비교적 쉽지만 두 준거집단 사이에 근본적인 모순이 있으면 훨씬 어려워진다. 부모의 가치관과 아동의 또래 가치관이 비슷할수록 부모자녀간의 갈등수준이 낮다. 그리고 아동이 부모에게 미치는 영향은 더 긍정적이게 된다.

자기 부모가 또래, 특히 가까운 친구를 인정하는 젊은이들은 부모와 잘 지낸다. 그들간에는 공통점이 많을 뿐만 아니라 부모는 자녀를 직접 통제할 필요가 적다. 그래서 갈등도 적어진다. 게다가 이 또래들 편에서도 부모를 '인정'하게 될 가능성이 많다. 이런 상황은 부모와 자녀 간의 관계는 물론이고 아동과 또래의 관계도 강화시켜 준다. 그와 대조적으로 부모가 자녀의 친구를, 특히 사춘기 때 인정하지 않으면, 그리고 그런 걱정을 말로 표현하게 되면 상당한 긴장이 생긴다. 자녀들의 분노가 두려워서 많은 부모들은 자기 의견을 비밀로 한다. 이렇게 되면 자녀들은 효과적인 부모의 피드백을 얻지 못하고 자기들을 격려하는 것으로 해석할 수 있다.

"다들 그렇게 한다", "다 가지고 있다"는 말은 부모에 전해지는 강력하고 위협적인 소식이다(Ambert, 1997). 어느 부모가 다음과 같은 말을 들어보지 않았겠는가?

"하지만 다른 아이들도 다 가요" 나이트클럽에 가기를 원하는 14세 소녀가 화나서 항의한다. "다른 애들은 새벽 1, 2시까지 남아있는데 나는 11시에 떠나면서 패배자처럼 보일 거예요" 파티에 참석하도록 막 허락 받은 다른 소녀가 애처롭게 이의를 제기한다. 집안에서 하는 파티에 친구의 부모가 감독을 하는지 묻는 아버지에게 15세 된 아들은 위압적으로 다음과 같은 말을 일러준다. "그 친구의 부모님은 물론 거기에 없죠! 파티가 있으면 부모님은 항상 집을 비우는 거예요" 등등이다.

그래서 모든 부모와 편모 또는 편부는 젊은이들이 모두 동의하는 것, 관례적인 것, 정상적인 권리라고 생각하고 제시하는 것에 직면해야 한다. 만일 부모들이 이에 따르지 않는다면 그들은 크게 잘못하는 것이고 아동에게 피해를 주는 것으로 느끼게 된다. 전술적·도덕적 지원을 받는 일에서는 일반적으로 부모들은 아동들보다 더 고립되어 있기 때문에 젊은이들이 일치된 의견을 주장하면 각각의 개별아동이 자기 부모에게 말할 때 큰 힘을 실어준다. 성인하위문화가 각 부모에게 그런 것보다 청소년 집단과 하위문화는 각 아동들에게 좀더 응집력이 있고 덜 분산되어 있다. 사실상 부모하위문화 또는 또래집단 같은 것은 없다. 그래서 이것이 부모의 역할에 방해가 되는 불균형을 이룬다(Small & Eastman, 1991). 이 불균형은 사회 전반에 효율적인 공동체가 없기 때문인데, 이는 앞 장에서 우리가 이미 다룬 주제다. 한 편모는 어머니가 알지 못하는 사이에 십대 딸이 비행소녀가 된 배경을 뒤늦게 이해하려 하면서 이렇게 상황을 표현했다.

내 딸에게는 친구가 많습니다. 나는 그중 일부는 알고 일부는 모릅니다. 그들은 같이 학교에 갔다 와서도 매일 전화로 이야기하더군요. 그들은 계획을 세우고, 옷을 바꿔 입고, 서로 나쁜 행동을 감싸주고, 부모에게 들키지 않도록 서로 망을 봐주죠. 그들이 왔다 갔다 하는데, 그 모두를 뒤쫓는 것은 불가능합니다. 그 아이가 입고 있는 새 옷은 민디한테서 빌린 겁니다. 내가 민디에게 물어본다면 그 애는 "내 안목 멋지죠!"라고 말할 거예요. 민디의 어머니가 그 애가 어디 있는지 알기 위해 전화한다면 내가 할 수 있는 말은 그들은 같이 영화관에 갔다고 하는 것뿐입니다. 그게 내가 들은 말이거든요. 그러나 사실 그 애들은 남자애 집으로 갔어요. 만일 민디 어머니가 옷에 대해서 묻는다면 나는 그 애들이 옷을 바꿔 입는다고 말하지만 사실은 상점에서 훔친 것입니다. 그래서 이 모든 것을 알기 위해서 당신은 아주, 아주 현명한 부모가 되어야 해요. 그리고 이 모든 것을 합해서 하나의 결론에 도달했어요. 내 딸은 좀도둑이며, 이제 겨우 15세이고 사소한 일에 시간을 낭비하고 있다. 그러나 내가 이 일들을 알아냈다고는 잠시도 생각하지 마세요. 경찰이 내 대신 해줬죠. 이 소녀들은 서로 보호해 주거든요. 무엇을 위해 보호하겠어요? 그들은 서로에 대해서 보호해야 하는 사람들이라고요. 이제야 말하지만 민디의 어머니도, 제시의 어머니도, 나도 모두 속은 거죠.

이런 주장들에 따라서 스타인버그와 동료들(1995: 453)은 청소년의 또래들이 권위 있는 부모를 가지고 있으면 부모는 그들의 권위 이상으로 긍정적 발전결과를 가져오는 데 기여한다는 것을 발견했다. 즉 "이것은 일부분 권위 있는 부모의 연결망이 마련해 주는 높은 수준의 사회통제를 공유함으로써 가능하다고 우리는 믿는다." 그러나 앞에서 인용한 어머니의 말에 따르면 여러 부모들은 권위 있고 양심적인 모든 '증상'을 보여주고 있지만 그들 자녀의 비행또래집단은 훨씬 더 영리하고 잘 조직되어 있다. 이 장 시작 부분에서 지적한 것처럼 아동이 상점에서 물건을 훔치도록 하는 것은 탐욕적이고 물질주의적인 또래집단이다. 그들을 학교로 데려다주거나 어디를 가든지 동행할 수 없기 때문에 — 이것은 현재 불가능한 일이다. 또한 그런 부모는 '과잉보호'한다고 비난 받을 것이다 — 부모가 자녀들을 효과적으로 감독하는 것은 불가능하다.

 아이가 부모의 인생을 바꾼다

결론

많은 부모들, 특히 교육받은 부모들은 자녀의 친구 부모와 알고 지내려고 노력한다(Muller & Kerbow, 1993). 부모들의 연결망은 부모와 자녀들을 위해서 몇 가지 기능을 수행할 수 있다. 특히 그것이 학교에 바탕을 두고 있을 때 부모들이 정보를 좀더 잘 얻게 되는데, 그것은 좀더 원만한 사회화과정과 꼭 지켜야 할 규범에 도움을 줄 수 있다. 그러나 어린 아동의 부모보다 청소년의 부모가 자녀의 또래 부모를 아는 것 — 그런 접촉이 가장 도움이 될 시기에 — 이 훨씬 어렵다. 친구가 꼭 친사회적이지만은 않다면 청소년은 그 친구를 부모에게 소개하려 하지 않는다. 청소년들이 반사회적으로 혹은 자기 파괴적으로 행동할 자유를 제약할 수 있는 정보를 부모들이 서로 교환할 수 있기 때문에 두 집 부모들이 서로 알게 되는 것을 그 친구들은 싫어한다. 불행히도 요즘 부모들은 생업 때문에 아주 바쁘다. 그래서 자녀들을 위해서 헌신할 시간이 적고 자녀의 친구와 그 친구의 부모에게 관심을 기울일 시간은 더욱 적다.

이런 여러 가지 환경은 부모가 자녀의 건강한 도덕적·심리적 발달을 증진시키는 데 도움이 될 효율적인 공동체를 구성하지 못하도록 방해한다. 자녀가 성장함에 따라 또래의 영향이 커지면서 부모에게도 영향을 미친다. 다행히 긍정적 동기가 있는 자녀와 긍정적 또래가 있고 수준 높은 거주지역에 사는 부모는 또래의 영향을 받지 않는 축복 받은 환경의 혜택을 누릴 수 있을 것이다. 그러나 최소한 몇 가지 측면에서도 부모가 자녀들과 충돌하지 않고 또래 때문에 상처를 입은 적이 없는 그런 가족은 드물다. 이 모든 사실을 요약하면 또래 학대, 폭력, 단순한 혐오가 임상심리학자와 아동보호 산업의 관심을 크게 끌지 못하는 것은 차라리 놀라운 일이다. 학령기의 아동은 학대하는 부모보다 학대하는 또래로부터 보호받아야 한다.

8장 전문가와 부모

전문가들은 3장에서 설명한 사회적 반응의 일부분이다. 여기에는 의사, 법률가, 정신과 의사, 심리학자, 사회사업가들이 포함된다. 우리는 먼저 전문가들이 어떻게 부모의 삶을 용이하게 하거나 힘들게 할 수 있는가를 검토하고 전문가들의 부모에 대한, 특히 어머니에 대한 사회적 의미 부여가 얼마나 잘못될 수 있는가를 보여주는 예로서 정신분열증 어머니의 내력을 제시한다. 부모를 비난하는 것에 대해 논의하고 치료적 중재의 장점을 검토한다. 잠재적으로 문제가 될 수 있기도 하고 건설적 방법일 수도 있는 중재로서 부모 효율성 훈련을 분석한다. 이 장은 긍정적이든 부정적이든 이 연구에 참여하고 있는 부모와 자녀들의 관계에서 심리학자와 사회학자가 수행하는 역할에 대한 의문을 제기하면서 결론을 맺는다.

부모에 대한 전문가의 권위

20세기가 시작된 이후 여러 전문가들은 훌륭한 부모 역할은 어떤 것인가에 대해서 사회적 의미를 부여하거나 정의를 내렸다. 처음에는 다양한 종교 지도자들과 아동보호산업이라 불리는 것들이 부모 역할에 도덕적 성격을 부여했다. 그 뒤에 자신들이 부모를 개조해야 한다고 생각하는 의사들도 호응했다. 부모 역할은 '의학적인 것'이 되었고, 부모는 도덕성과 그 시대의 지식에 맞는 건강규칙을 따르도록 충고 받았다.

두 번의 세계대전 중간에 심리학자와 정신의학자가 나타났는데, 그들의 주도권은 지금도 계속되고 있으며 최근에는 법률가들의 도움도 받는다. 사회사업가는 오랫동안 이들 전문가의 중요한 일원이었지만 그들의 기준과 결정은 정신의학, 심리학, 의학, 법과 같은 좀더 힘 있는 전문분야에 의해서 결정되었다. 이들 숙련된 전문가의 출현과 병행해서 19세기와 20세기에는 돈벌이가 되는 기업이 나타났고, 부모에게 자녀를 돌보는 방법을 가르치는 책이 나왔다.

우리는 전문가의 지식이 돋보이고, 정보기술에 의해서 그것이 보강되는 시대에 살고 있다. 전문지식이 미디어를 통해서 사회에 널리 알려진 결과 평범한 사람들은 과학과 전문가의 도움이 필요한 여러 생활분야에서 힘을 잃고 있다. 탁월한 전문가들과 토크쇼를 포함한 미디어에 등장하는 '대중'심리학 때문에 일반인들은 개인생활에서도 다양한 경향을 따라가게 된다. 그래서 사람들은 지식을 위해서뿐만 아니라 그들의 권리, 건강, 자녀교육, 최근에는 성생활과 부부생활의 내용에 대한 정의, 행복이란 무엇인가에 대한 사회적 의미부여에 이르기까지, 여러 전문가에 의존하게 된다. 사람들의 생활이 '대중 심리학화' 되었다.

더욱이 전문가들은 여러 국가기관으로부터도 높이 평가받게 되었다. 그들은 부모 이상으로 가족과 관련한 문제에 대해서도 정규적으로 상담을 하고 이 분야의 법과 정책입안에 기여한다. 이들 법과 정책은 다시 전문가에게 힘을 보태주고 영역을 넓혀 준다. "현대 사회문제 생산은 전문가가 중요한 역할을 수행하고 있는 하나의 산업이다(Sullivan, 1992: 5)." 전문가들은 다양한 문제를 정의하고 처리하는 데 탁월한 역할을 하기 때문에 많은 사람들은 아동과 부모 또는 '최선의 이익'을 정의하고 두루 살피는 전문가 가운데 누구의 이익이 제일 중요시되고 있는가를 묻게 된다. 넬슨(1984: 17)은 20세기 초에는 죄 또는 범죄로 취급되었던 알코올중독이 지금은 질병으로 정의되고 있는 점을 들어 이런 경향을 설명한다. "이와 유사하게 공격적이거나 폭력적 성격의 많은 행동이 '의학문제'가 되었다. 아동학대 외에 알코올중독, 마약복용, 과잉활동성, 강간과 가정폭력도 그런 예에 해당된다.

전문가들은 부모가 자기 자녀를 돌보는 것을 감시하고(Donzelot, 1979) 젊은이에게 문제가 생기면 부모를 비난하며 체계이론의 영향을 받아서 자녀들이 정서·행동 문제로 괴로워할 때 부모에게 조치를 내리기도 한다. 부모는 더 이상 단순한 부모가 아니다. 그들은 전문가의 규범과 기대에 맞춰야 한다. 이것은 다시 학교 교사들에게 도 많은 영향을 미치는데, 교사들은 아동이 그들의 기준에 맞지 않을 때 부모를 면밀히 살핀다. 아동, 특히 청소년은 이러한 문화적 심리로부터 벗어나지 못한다. 그들은 학교에서 부모의 역할에 대한 불필요한 해석을 받아들이도록 배웠다. 그래서 너무 자주 아동의 결과에 대한 책임을 부모에게 묻고 젊은이들은 자신들의 행동에 대한 책임을 면제 받는 것이다.

전문가들, 특히 정신과 의사, 심리학자, 임상사회사업가는 가족 생활의 동반자가 되거나 간섭자가 된다(Lefley, 1997). 장애아동에 관한 문헌을 보면 부모들이 여러 봉사자들을 대하면서 얼마나 자격 이 없거나 무능하다고 느끼게 되는지 잘 나타나 있다(Darling, 1987). 정서적 장애가 있거나 분열증세를 보이는 아동을 가진 부모의 경우, 특히 부모에게 책임이 있다고 가르치기도 하고 문헌에도 그렇게 쓰여 있기 때문에 더 그럴 것이란 것을 어렵지 않게 알 수 있다 (Caplan & Hall-McQuorquodale, 1985). 정신건강전문가들은 아동을 사 무실의 한정되고 인위적인 환경에서 보기 때문에 아동에 대한 현실 적 의견이 없다고 많은 부모들이 믿는다. 한 어머니는 이 문제에 대해서 다음과 같이 말했다.

정신과 의사는 우리가 지미를 돌보는 것이 얼마나 어려운지 전혀 알지 못합니다. 바로 지금 그는 지미가 나아지고 있다고 생각하지 요. 그렇게 말하는 것은 그가 요즘 지미와 의사소통이 잘 되고, 아 이와 대화를 잘할 수 있게 되었기 때문입니다. 그러나 아이의 행동

은 달라진 게 없어요. 의사는 그것을 보지 못하는 거죠……. 언젠
가 우리는 아이를 입원시켜 달라고 간청했지만 그는 우리가 과장
한다고 말할 뿐이었어요……. 이러다가는 부모들이 정신이상이 되
고 말 것입니다(Ambert, 1992: 119).

전문가들은 부모자녀 관계는 물론이고 부모의 생활을 더 용이하
게 하거나 복잡하게 할 수 있다. 그들은 아동과 청소년 발달에 기여
하거나 자기도 모르는 사이에 방해할 수도 있다.

다행히도 도움을 주는 전문가와 가족학자들 사이에서 자신들의
영향과 현실구조를 비판적으로 연구하려는 몇 가지 움직임이 있다
(Paré, 1995). 예를 들어 치료적 중재를 결정하는 데 문화적 편견이
있다는 것을 점점 알게 되었다(Gergen, 1992). 임상의와 가족학자들
이 문화적 다양성에 대한 광범한 훈련을 받아야 한다는 인식이 많아
졌으며(Ganong, Coleman, & Demo, 1995), 그런 프로그램은 이미 증가
하고 있다(Hills & Stozier, 1992). 거기에 추가해서 우울증과 같은 문제
들은 성격상 일부분 유전적인 것이며, 따라서 순전히 환경의 중재만
으로 성공할 수 없다는 것을 점점 더 많이 알게 되었다
(Bronfenbrenner & Ceci, 1993). 그런 인식은 부모에게 도움이 된다.
전문가들은 부모를 비난하는 전통을 비판하고, 정서적 장애가 있는
아동의 부모를 동정하도록 권하는데, 문제아동과 비행아동의 부모
에 대해서도 비슷한 격려를 해줘야 한다. 마지막으로 전문가와 가족
의 완전한 협력 또한 권장하고 있다(Doherty, 2000).

정신분열증을 유발하는 어머니

1950년대와 1960년대에 '정신분열증을 유발하는' 어머니란 말이 정신분열증을 가진 성인과 아동에 관한 연구와 임상작업에서 전문 용어로 사용되었다. 이는 매스미디어를 통해서 널리 퍼져나갔다. 이 유행은 정신분석학자 프롬-리치먼이 쓴 논문이 발간되면서 1948년에 시작되었다. 그는 자기 행동과 잘못된 의사소통 방식 때문에 자기 자녀가 정신분열증 환자가 되도록 하는 사람을 정신분열증을 유발하는 어머니로 정의했다. 정신분석학에서는 이미 어머니가 아동발달에 끼치는 부정적 역할을 강조했으므로 어머니만 비난하는 이론을 받아들일 근거가 충분했다. 결과적으로 수많은 임상지향적 연구자들은 어머니와 그들의 의사소통의 딜레마에 초점을 맞추면서 정신분열증 환자의 가족과 가족 구성원 간의 상호 작용을 연구하기 시작했다(Bateson et al., 1958). 불가피하게도 이 연구의 결과에 의하면 평균적인 아동의 어머니들과 비교해서 정신분열증 환자의 어머니에게는 다양한 개인문제와 결점이 있었다. 그래서 이들 어머니가 정신분열증의 원인을 제공한다는 결론이 나온 것이다.

비록 그 결론이 완전히 틀렸더라도 연구자들이 얻은 결론은 기대했던 것이고 의미가 있는 것이다. 그러나 의미가 있는 것은 전적으로 다른 이유 때문이다. 첫째, 따로 키운 일란성 쌍둥이와 이란성 쌍둥이는 물론이고 입양된 아동에 대한 연구에 의하면, 4장에서 논의한 것처럼, 정신분열증은 유전 가능성이 상당히 높다(Gottesman, 1991). 그래서 정신분열증을 앓는 사람의 어머니 가운데 상당수는 스스로 이 병에 걸렸거나 유전적으로 정신분열증과 관련된 다른 정서문제 때문에 병에 걸렸다고 가정할 수 있을 것이다. 결과적으로 원인은 유전적인 것이고 잘못된 육아관습 자체 때문은 아니다.

둘째, 정신분열증이 있는 사람의 아버지의 상당수 역시 이 병에 걸렸고, 이 유전적 성향을 자녀들에게 옮겨줄 수 있을 것 같다. (이들 아버지는 이 연구에 포함된 적이 없다. '정신분열증을 유발하는' 아버지 같은 것은 없었다) 여기에 제시된 시나리오에서 어머니는 문제의 배우자와 자녀가 동시에 존재함으로써 스트레스를 경험한다. 그녀 자신의 행동은 부정적 영향을 받게 된다. 결과적으로 연구자들은 배우자와 자녀의 정신분열증으로 인해 스트레스가 많은 가족 분위기 때문에 완전히 정상일 수는 없는 어머니를 보게 된다.

세 번째 설명은 과거의 시나리오를 다듬은 것이다. 어머니는 정신분열증을 앓고 있는 자녀와 같이 살고 돌보는 것이 힘들다. 그러므로 인과관계는 뒤바뀔 수 있다. 어머니 때문에 자녀가 정신분열증에 걸리는 것이 아니고 자녀 때문에 어머니의 생활이 스트레스를 받게 된다. 예를 들어 연구자 빌스(1974)는 정신분열증을 가진 사람의 부모가 환자와 떨어져 따로 만날 때는 추론 능력이 더 좋다는 것을 보여줬다. 그래서 전문가들이 부모를 어떻게 인식하는가는 상당 부분 그들을 만나는 환경에 따라 다른 것이다.

네 번째 설명은 정신의학자 터켈슨(1983)이 제시한 것인데, 그는 정신분열증이 있는 사람의 가족에 대한 일부 연구는 실험실이란 인위적 환경과 비난하는 분위기 속에서 진행되었다는 것을 알게 되었다. 이런 환경은 부모에게 비난 받는다고 느끼게 하고 마음을 불편하게 한다. 그들은 스트레스를 느끼게 되고 때로는 별 특색 없는 행동을 하고 탈선적인 대화방식을 택한다. 불행하게도 연구자들은 자기 자신들의 연구방법이 불운한 부모에게 미칠 영향에 대해서는 연구하지 않았다. 부모의 비전형적 행동이 자녀를 비정상적으로 만드는 원인이라고 봤지 잘못 설계된 연구의 결과라고는 생각하지 않았다.

마지막 설명은 정신분열증 자녀를 둔 어머니가 자녀에게 적응해야 한다는 사실에 바탕을 두고 있다. 특히 아동이 심각한 국면에 처해 있을 때 어머니는 아동이 생각하고 행동하는 방식에 따라 아동과 의사소통하는 것을 배워야 한다. 그러므로 자녀가 있을 때 이들 어머니의 의사소통방식은 '왜곡'될 수 있다. 5장에서 보고한 많은 연구들은 어른이 어떻게 아동들에게 적응하는지를 보여준다. 이는 특히 아동이 과잉행동을 하거나 지체된 행동을 하는 예에서 잘 설명되었다. 그러나 빌스의 연구에서 보는 것처럼 이는 여러 가지 정서문제를 가지고 있는 아동의 어머니에게도 적용된다.

'정신분열증을 유발하는' 어머니의 예는 한 시대의 연구방식과 전문가의 행동양식이 부모에게 필요 없는 비난과 향후 수십 년간 죄책감을 안겨주면서 얼마나 짐이 되는지를 보여준다. 어머니가 정신분열증을 유발한다는 생각을 지지하는 증거는 극히 피상적이고 편견에 사로잡힌 증거 이외에는 뒷받침하는 자료가 없다. 이는 1970년대 중반에 폐기되었는데, 이미 무거운 짐을 진 많은 여성들에게 큰 고통을 준 이후였다. 불행하게도 그 신화는 계속되고 있는데, 특히 개인적으로 일을 하는 임상의들은 그것을 믿고 자녀들을 치료하기 위해 계속해서 어머니들을 '고치려 든다.'

자폐증은 한때 '냉정한' 어머니 때문에 생긴다고 믿었고, 최근까지도 임상의학계에서는 지배적인 어머니와 무능한 아버지 때문에 동성애가 생긴다고 믿었다는 것을 간과한 채 이 절의 결론을 내려서는 안 될 것이다(Terry, 1998). 그러는 사이에 우리는 정신분열증과 마찬가지로 자폐증도 유전되거나 태내기 감염의 결과일 수 있으며, 어떤 경우에는 동성애도 유전될 수 있다는 것을 알게 되었다(Golombok & Tasker, 1996). 동성애의 경우, 어머니에게 원인이 있다는 이 가정은 동성애를 병리적인 성질로 보고, 임상적으로 중재해야 한다는 임상의학적 사고에 기인한다. 소수의 임상의들은 아직도 이런 생각을 하고 있다.

부모 비난하기

이제 전문가들이 아동과 청소년에 대한 견해를 제시함으로써 부모가 주변적인 위치에 놓이고 영향력이 없어지고 결과적으로 그들의 역할이 실제로 줄어든다는 것이 명백해졌을 것이다. 그 결과 양심적인 부모들이 한때 가지고 있었던 도덕적 권위를 상실했기 때문에 과거 세대처럼 효율적일 수 없다. 부모들은 딜레마에 빠져 있다. 그들의 자녀에게 문제가 생겨 여러 전문가의 관심을 끌게 될 때 그들은 "당신 일에나 신경 써라"는 말을 듣는데 그리고 나서는 대체로 그 문제로 인해서 비난을 받게 된다. 이것은 '이중고'다. 필자는 현장 연구에서 많은 청소년들이 부모가 비난 받고 주변으로 밀려나는 것을 이용하고 있다는 것을 발견했다. 그들은 이것을 자기 행동에 대해서 책임을 피하고, 자기 파괴의 가능성이 있는 행동을 계속하기 위한 편리한 구실로 이용한다.

"자기주장을 하는 전문가들은 부모의 관심에 해답을 내놓을 수 없는 자신들의 입장을 정당화하기 위해서 부모에 대한 자기들의 인식을 바꾸지 않는다(Rubin & Quinn-Curan, 1983: 79)." 이들 두 연구자는 도와달라는 부모의 요구를 사회가 들어줄 수 없을 때 부모가 무언가를 잘못한 것처럼 생각한다고 지적했다. 그들의 설명처럼 "부모가 '문제'라고 보는 것은 부모에게 정서적 장애가 있다고 가정하는 것이다"(Rubin & Quinn-Curan, 1983: 73). 이 같은 그럴듯한 설명은 체계적 실패를 검증할 필요가 있다는 것을 미리 인정하는 것이다. 터켈슨(1983: 191)은 그런 생각으로 인해 나타날 불행한 결과를 지적했다. "치료사나 가족이 정신분열증이 가족구성원과의 개인적인 경험에서 생긴다고 믿는다면, 잘못 치료하게 된다." 그는 처음 환자부모의 말을 잘못 해석한 후에 모든 문제성 있는 아동행동에 적용될 수 있는 이러한 결론을 내렸다. 그는 "부모들이 환자와 함께 산다는 것이 어떤 것인지 부모들로부터 들은 바"를 묘사했는데, "나는 그들의 상호 작용 현상이 부모의 병리학을 시사하는 것으로 생각하는데 이에 대해 부모는 뭐라고 보고하는지를 요약한 것이다"고 했다(Terkelsen, 1983: 192). 그는 결국 비정상적인 형태의 가족 상호 작용이 있을 때 부모가 그 원인을 제공하는 것으로 해석된다는 것을 알게 되었다. 사실은 정서장애가 있는 아동이 만드는 어려움에 가족이 적응할 때 이런 상호 작용 형식이 생기는 것이다.

정신병원, 사회기관의 전문가와 종사자들은 직업상 정서질환자들을 돌보고 있지만 환자의 가족은 그런 선택의 여지가 없다. 그들에게는 다른 대안이 없다. 더욱이 정신질환을 앓고 있는 가족 구성원을 치료하는데 기여하려는 가족의 능력은 보통 실현되지 못한다.

가족은 단지 보호 역할만 맡는다. 팰런과 페더슨(1985: 156)이 지적한 것처럼, "그들에게는 환자가 앓고 있는 질병의 본질에 관한 정보와 이 병을 관리해 나갈 지침이 없다." 그러나 가족, 특히 부모가 해야 할 역할이 커져서 그들에게 부담을 주지 않도록 조심해야 한다. 팰런과 페더슨은 치료공동체의 효과적 가족관리 프로그램이 실제로 부모의 스트레스를 감소시킨다고 설명한다. 그와 대조적으로 환자에게만 집중적으로 초점을 맞춘 프로그램은 가족의 부담을 덜어주지 못한다.

치료적 중재의 장점

아동과 청소년에 대한 치료적 중재는 개인기관이나 진료소보다는 연구기관이나 대학에서 하는 게 더 성공적이라는 것이 밝혀지고 있다(Weisz, Donenberg, et al., 1995). 쉰(1993)이 날카롭게 지적한 것처럼 한번 개업한 일이 있는 너무 많은 임상의들은 새로운 기술, 진단방법 개선, 진전된 원인발견방법을 알려줄 수 있는 문헌을 그냥 무시한다. 그리고 그렇게 해야 그들이 안전하고 윤리적인 진료를 할 수 있다는 것을 덧붙여 말할 수 있다. 와이즈(Weisz), 바이스(Weiss)와 동료들은(1995) 치료사들을 면밀히 감독할 수 있는 연구소에서 진행된 아동과 청소년들에 대한 여러 가지 심리치료의 결과를 요약했다. 대체로 치료받지 않은 통제집단의 아동들에 비해 치료받은 아동들의 약 75%는 치료 후에 더 좋아졌다. 그러나 임상의를 제대로 감독하지 않고 좀더 이질적인 방법들을 사용했던 정규치료에서 같은 결과를 얻으려 시도했지만 약간의 성공에서 실패에 이르기까지 결과는 다양했다. 통제집단은 이들 임상적 중재를 위해 존재하는 것이다. 사실상 자기 치료의 효율성을 측정하기 위해서 통제집단을 이용하거나 조사하는 임상의는 거의 없다(Kendall & Stoutham-Gerow, 1995).

행동에 초점을 맞춘 치료가 다른 치료프로그램보다 성공비율이 높다는 지적이 있는데, 이러한 사실은 와이즈, 바이스와 동료들의 연구(1995)에서도 지지한 바 있다(Piercy & Sprenkle, 1990). 그와 같은 방법은 다른 것보다 좀더 광범위하게 평가되어 왔는데, 그 이유는 아마 연구 임상의들이 그 방법을 더 많이 이용하기 때문일 것이다. 그러나 이들 방법의 어떤 점이 — 즉 특정한 문제의 목표 설정, 뚜렷한 강화 사용, 대처 기술에 대한 직접적인 교육 — 가장 효과적인지는 알려져 있지 않다(Weiss & Weisz, 1995: 320). 다른 형태의 중재에서와 같이 치료자의 대인기술이 치료를 성공으로 이끄는 중요한 요인이 된다.

필자의 자료 가운데 다음의 경우가 설명해 주는 것처럼 전문가들은 아동이 정서적 문제와 신체적 질병을 갖고 있을 때는 아동을 치료할 뿐만 아니라 부모 또한 치료해야 한다고 요구할 것이다(Ambert, 1998).

첫 평가에서 우울증이 있는 14세 소년은 자기 부모와 부모와의 관계에 대해서 질문을 받았던 것을 기억했다. 그 소년에 따르면 질문하는 도중에 임상의가 불쑥 끼어들었다.

“그런 일이 있으면 기분이 언짢을 수도 있지 않니?”(드물게 있는 부모의 말다툼에 대해)

“아뇨. 정말 아닙니다. 왜냐하면 정말로 심각했던 적은 없었거든요. 바로 화해하시는 걸요.”

“하지만 부모가 싸우면 아이들이 영향을 받는 게 당연하잖니. 그러니까 그렇다고 말해도 된단다.”

부모와의 관계가 자신의 정신건강에 미치는 영향에 대해 아동이 어떻게 인식하는지 그 방법에 대해서 임상의들이 영향력을 행사하려는 데 대한 기록이 여기 나타난 것이다. 치료사가 쓰는 방법이 암시하는 본질은 다음과 같은 것이다.

나중에(여전히 소년에 따르면)

“내가 볼 때 너처럼 일반적으로 살기가 어렵다고 생각하는 소년은 가정에서 부모님과 문제가 있었을 것 같다.”

“글쎄요. 맞아요. 부모님은 언제나 괴로워하면서 나에 대해서 마음이 편치 않았어요.”

“아마 그렇게 말하고 싶지는 않겠지만 너의 부모님에 대해 기분이 나빴지?”

소년은 나가서 자기 어머니에게 말하면서 아주 기분 나빠했다. "내게 도움이 될 수 있는 게 무엇인지 의사 선생님이 뭘 알아요? 선생님이 어머니에 대해서만 알고 싶어해요." 이 시점에서 어머니는 치료하는 도중에 있었던 일에 대한 아들의 설명을 받아쓰기로 결정했다. 세 번째 면접에서 임상의는 소년에게 다음과 같이 말했다.

"자, 네가 그렇게 우울해 하는 이유를 알았으니까 이제 너의 어머니에게 성인검사를 받으라고 말해야겠다."

독자가 알 수 있듯이 임상의는 자기의 추리방식대로 집요하게 추진했고 소년에게 그것을 적용하려 했다. 그런데 소년은 흥미롭게도 자기 문제의 원인이 거기에 있다고 생각지 않기 때문에 강하게 저항했다. 그러나 따르는 게 편리하기도 하고 임상의는 전문가이며 권위 있는 인물이기 때문에 다른 많은 아동들은 그 설명에 수긍하여 따를 것이다 더욱이 임상의가 아버지도 검사 받아야 한다는 말을 하지 않았다는 점은 주목할 만하다.

"(혼란스러운 채) 나에게는 정말로 아무것도 아닌 것처럼 생각돼요. 문제는 어머니가 아니라 온 세상이거든요. 나는 학교에서 정말 기분이 우울해요."

임상의는 소년이 또래와 그룹 활동을 한 뒤에 제일 우울해 하기 때문에 또래들에 대해서 이야기하기를 원했지만 그러면서도 한 번도 소년의 또래에 초점을 맞춘 적이 없다. 어머니에 따르면 소년은 학교문제, 특히 또래들에 대해서 우울해 했는데, 그 이유는 또래활동에 참여하도록 받아들여지지 못한다고 느끼기 때문이다. 이런 고립은 우울증을 심화시킨다. 세 번째 면담과 네 번째 면담이 예정된 사이에 소년은 미숙하게 자살을 시도하기도 했다. 놀란 부모는 한 친구의 도움으로 다른 치료사를 청하기도 했다. 새로운 치료사는 그러한 증상이 가정과 관련되어 있다는 어떤 조짐도 찾을 수 없었다(Ambert, 1998).

이 십대 소년을 알기 쉽게 설명한 보고서 사본으로부터 몇 개의 주제를 찾아냈는데, 이는 모두 부모에게 책임이 있다고 믿고 어머니를 비난하면서 아동의 욕구를 고려하지 않는 치료사의 환원주의적 생각에서 나온 것이다. 사실상 아동은 자기가 경험한 문제들에 대해서 이야기도 할 수 없다. 그와 대조적으로 다음의 치료사는 비난하려는 선입견이 조금도 없었고 아동으로 하여금 문제의 가족 외적인 원인에 초점을 맞추도록 했다.

부모 효율성 훈련

광범위하게 연구된 행동중재의 한 형태에는 자녀들의 행동을 수정하도록 부모를 훈련시키는 것도 포함된다. 부모는 이제 자녀들의 행동문제를 해결하거나 감소시키기 위한 치료적 중재의 최전선에 서있는데, 어린 아동들에게는 상당히 성공하지만 청소년 범법자에 대해서는 덜 성공적이다(Tate, Reppucci, & Mulvey, 1995). 여러 가지 부모 효율성 훈련 프로그램은 5장에서 설명한 위협주기를 끊는데 적어도 일시적으로는 성공했다(Bank et al., 1991). 장기적으로 어떤 일이 생기는가는 일반적으로 연구되지 않았다.

스파이저, 웹스터-스트래튼과 홀린스워스(1991)는 3~8세 자녀에게 심각한 행동문제가 있고 부모가 거기에 대해서 무기력하고, 부끄러워하고 화가 나기도 할 때 시작해서 이수하게 되는 프로그램의 단계를 설정했다. 훈련과정이 진행되면서 부모는 문제의 자녀를 다루는 새로운 대처기술과 좀더 적절한 훈련방법을 배우고 자녀들을 어느 정도 통제하게 되면서 자녀들의 위협적인 사건의 발생빈도와 심각성이 모두 감소한다. 부모들은 무서운 짐을 어깨에서 내려놓은 것처럼 큰 안도감을 느낀다. 그들은 자기들의 지원체계를 좀더 효과적으로 이용하는 법을 배운다. 적절할 때 그들은 자신들의 기대를 낮추고 자녀의 행동과 성격에 대해서 현실적으로 관여하게 된다.

스파이저, 웹스터-스트래튼과 홀린스워스(1991)는 훈련과정의 어느 한 단계에서 대부분의 부모는 그 과정에 '저항'하게 되고 좌절이 뒤따른다고 주장했다. 이들(1991: 426)이 설명하는 것처럼 부모가 비현실적 기대를 하기 때문에 이 저항이 생긴다. 그들은 빨리 성공할 것을 희망하며, 일반적으로 '필요한 헌신과 정력'을 과소평가한다. 그들은 "최선의 노력에도 나아지지 않고 혐오스러운 자녀들을 계속 다뤄나가야 한다는 데 좌절감을 느낀다. 저자들은 새로운 기술을 사용하고 좀더 효과적으로 보상과 처벌을 이용하는 훈련과정에서 부모들이 직면하게 되는 함정과 좌절에 대해서 동정적으로 설명한다. 나는 그런 부모들이 직면하는 많은 어려움을 보여주기 위하여 몇 가지를 설명하려 한다.

첫째, 그들은 자신들을 부정적으로 평가하고 자기들이 자녀문제의 원인이라고 믿는다. 그들은 친척이나 교사와 같은 다른 사람들이 자신들을 비난하거나 거절할 것이고, 그래서 자신들의 처지를 의논할 수 없기 때문에 고립되어 있다고 느낀다. 그들은 자기 자녀에게 계속적으로 감독해야 하는 만성적인 문제가 있다는 것을 알았을 때 낙담한다(Spitzer et al., 1991: 422). 부모는 역기능적 행위가 비록 감소되더라도 지속된다는 사실을 인정하기가 어렵다. 부모는 지금까지 수월했던 다른 자녀들까지 문제의 아동에게 잘해 주는 보상체계를 보고 자기들도 이득을 보려고 해서 다루기 힘들어지고, 그래서 "이미 고갈된 부모의 자원과 정력을 빼앗아갈 때" 예측하지 못했던 좌절을 경험한다(Spitzer et al., 1991: 420). 남자친구 또는 가족과 같이 살지만 훈련프로그램에 참여하지 않는 할머니가 부적절한 기술을 사용하거나 자녀를 통제하려고 노력하는 어머니에 반대해서 갈등 상황을 조성하는 예도 있다. 특히 저항적인 아동들이 자기 부모를 통제하는 방법으로 보상체계를 이용하는 또 다른 예도 있다. 일부 아동들은 보상 없이는 어떤 일도 하지 않으려 한다. 무엇보다도 많은 부모들은 자기들이 자녀에게 과도한 시간과 인내를 투자한다고 느낀다.

어린 자녀를 둔, 좋은 의도를 가진 부모도 난관에 직면하지만, 행동이 더 습관화되어 있고 위험성이 있는 조금 성장한 아동의 부모는 더 큰 난관에 봉착한다. 청소년들에게는 그들이 원하면 부모와 대결할 수 있는 추가적인 수단이 있다. 무단결석, 가출, 통금위반, 언어적 또는 신체적 부모위협, 실질적으로 하는 신체적 부모공격—자기 행동을 합리화하고 부모를 비난하는 것도 빠뜨려서는 안 된다—등이다. 젊은이들은 부모한테서보다는 거리에서 보상을 받으려

하기 때문에 적절한 보상체계를 만드는 것이 거의 불가능하다. 대체로 비행으로 가게 되는 그런 단계에 이르러서 많은 부모들은 절망하며, 일부는 부모지원집단에 도움을 청한다.

부모들이 자기 자녀들을 돕기 위한 중재프로그램에 관여해야 하기 때문에 전문가들은 그들에게 상당한 영향력을 행사하게 되며, 이때 부모들은 '저항'하는 것으로 평가되지 않기 위해서 순종해야 한다는 것을 이제 설명하려 한다. 앞에서 논의한 것처럼 전문가 자신들이 평가하는 성공적인 중재란 부모 자신의 재사회화를 달성하느냐에 달려 있다. 전문가의 견해를 받아들이는 부모는 가장 성공한다고 평가된다. 그러나 전문가의 견해를 받아들인다고 아동의 행동이 바뀌리라고 보장할 수 없다. 더욱이 부모 자신의 성격 문제와 자원부족(교통, 아이 돌보기, 돈) 때문에, 그리고 그들이 제도에 반대하거나 치료사가 마음에 안 들 때 동의하지 않을 권리가 있기 때문에 모든 부모가 재교육될 수는 없다. 정서 장애가 있거나 가난한 부모는 프로그램에서 탈락할 가능성이 크다. 더구나 가끔은 목표와 아동문제의 원인에 대해서 전문가와 가족 사이에 상당한 의견차이가 있다. 앞의 여러 장에서 살펴본 것처럼 행동문제의 원인에서 일반적인 환경의 중요성을 고려할 때 공동체에 바탕을 둔 중재와 교육프로그램이 좀더 적절할 것이다. 치료보다 적은 비용으로 더 많은 부모가 혜택을 입을 수 있을 것이다(Cunningham, Bremmer, & Boyle, 1995).

부모와 아동에 대한 연구

연구자들은 부모자녀 관계에 참여하는 전문가의 일부가 될 수 있다. 대체로 부정적인 행동을 하는 아동에 초점을 맞춰 연구가 진행되기 때문에 평균적인 사람들보다 문제가 있고 특별한 요구를 지닌 아동을 둔 부모나 어려운 변화를 겪고 있는 부모가 종종 연구 대상이 된다. 응답자들에게 설문과 면접에 대해서 또는 그들이 많은 시간을 할애한 비디오테이프에 대해서 어떻게 생각하는지를 다시 묻는 연구자는 거의 없다. 러셀과 동료들(1995)이 시행한 그런 연구에 의하면 연구과제에 참여한 결과 대다수의 응답자와 가족들은 그들의 생활에서 아무 변화도 느끼지 않았거나 긍정적인 변화를 느꼈지만 부정적 감정을 크게 경험한 사람들도 조금 있었다.

연구가 대개는 연구대상이 되는 사람에게 이익이 되기도 하지만 연구의 직접적 목적이 문제의 가족한테 당장의 도움을 주지 않는 한, 부모와 아동의 생활에 깊이 관여할수록 참여자의 긍정적 반응을 기대하기 힘들다는 가설을 세울 수 있다. 관여란 말은 개인적 주제를 논의할 때, 특히 비디오로 촬영할 때 가족 구성원 가운데 몇 명이 함께 참여하는 방법을 의미한다. 가족치료형식에 이런 과정이 긴요할수록 기대하지 않았던 문제를 만들어낼 가능성이 크다. 아마 말하는 사람은 연구를 위해서는 완전한 표현자유가 허용되어야 한다고 믿기 때문에, 그런 일에 많은 가족이 포함될수록 어떤 사람이 최소한 다른 구성원에게 상처를 줄 수 있는 무엇인가를 누설할 가능성이 많다. 상처받은 감정이 좀처럼 사라지지 않을 수도 있다. 한 가족 구성원이 다른 식구들은 모르고 있었던 어떤 것을 공개할 수 있고, 그러한 갑작스런 공개가 파괴적인 영향을 가져올 수 있다. 연구에서 생기는 그와 같은 부정적 결과의 예는 부모가 공개적으로 논의할 때 자녀에게 미치는 영향, 자녀들이 자기들을 비난하는 것을 들었을 때 부모가 느끼는 고통, 서로에 대해 간직하고 있던 부정적 감정을 배우자가 공개하는 것, 가족들이 자기를 원하지 않는다는 것을 계부모가 알게 되는 것 등이다. 그러나 연구에 따르는 위험 또는 위험요인에 대해 실제로는 검증되지 않고 있다.

일반적으로 부끄럽고 상처가 되며 사회 전반적으로 볼 때 최소한 당황스럽다고 생각되는 행동과 문제를 고백하는 데 초점을 맞춘 토크쇼가 진행될 때 독자는 공감하는 경우가 있을 것이다. 토크쇼의 주인공은 스스로 치료적·도덕적 역할과 연구 역할을 담당한다. 그러나 그들은 이것을 공개적으로 수행하고 그들은 참여자들이 집에 돌아가서, 혼자서 그 공개된 결과를 감당해야 할 때 생길 부정적 반응에 대해서 염려하지 않는다. 더욱이 자기들의 문제를 공개하는 참여자 가운데 상당수는 교육 수준이 낮고 일부는 분명히 가난한 사람들이다. 그들은 전문가의 도움을 받을 여유가 없다. 부모는 그와 같은 쇼에 자주 등장하는 대상이다. 학대하는 부모, 양(養)부모, 친부모, 문제 부모 — 목록은 끝없이 계속된다 — 등이다. 토크쇼에 나오는 내용이 가족역동성에 관련된다고 누구나 추측할 수 있지만 그것은 문제가 될 가능성도 있다.

과학적 영역에서 아동과 청소년을 대상으로 한 설문지를 윤리적 관점에서 면밀히 검토해 봐야 한다고 주장할 수 있다. 긍정적 면과 부정적 면이 적절히 균형을 이뤄 설계되지 않는다면 어느 한쪽에 치우쳐 짜인다면 취약한 청소년들은 사용된 용어 때문에 설문지를 읽고 자기 부모의 육아방법을 부정적으로 평가하도록 영향을 받을 수 있다. 바꿔 말하면 설문지까지도, 특히 면접은 왜곡된 용어 때문에 또는 영향을 받기 쉬운 아동이 부정적으로 반응하기 때문에 문제가 될 수 있다. 불행하게도 이러한 사항은 부모를 보호하기 위해서 연구계획서를 검토하는 윤리위원회의 최근 관심사가 아니다. 사실상, 이 단계에서 연구자들은 학교에서 설문지를 돌리기 위해서 부모의 동의를 얻을 필요가 없다는 데 의견의 일치를 보고 있다. 왜냐하면 반대하는 부모는 숨길 것이 있는 것이고, 그들의 자녀가 참여하지 않으면 결과를 왜곡할 수도 있다고 생각하기 때문이다. 바꿔 말하면 과학적 목표가 부모의 권리와 가족의 통합성보다 더 중요한 것이다. 심리학적 연구와 사회학적 연구가 가족에 큰 도움이 되었다면 이런 견해를 받아들일 수도 있을 것이다. 불행하게도 많은 연구가 흥미는 있지만 가족의 행복에 큰 영향을 주지 못한다. 그러므로 자유롭게 접근하려는 연구자의 소망은 가족에게 도움을 주는 결과보다는 지적 호기심, 전문가로서 성장, 직업상의 성공과 관련된 문제다.

결론

전문가들은 가족운영은 물론이고 부모의 삶을 용이하게 하거나 복잡하게 할 수 있다. 긍정적 면에서 보면, 전문가들은 우리에게 정서적 장애가 있는 부모 또는 관여하지 않는 부모가 아동을 학대하거나 방치하는 데 대해서 경각심을 갖도록 했는데, 우리는 이에 감사해야 한다. 불행하게도 이러한 성과는 전문가들이 일반적으로 부모들을 불신하는 가운데 이루어졌다는 것 또한 사실이다. 그 결과 양심적인 부모는 과거에 지녔던 도덕적 권위의 상당 부분을 상실했기 때문에 더 이상 이전 세대처럼 효율적일 수 없다. 결코 그들에게 해당되지도 않는 아동학대의 오명 때문에 그들의 도덕적 권위는 상당히 손상되었다. 사실은 부모가 무력하다고 느끼기 때문에 그들이 청소년의 활동을 적절히 감독하지 못할 때 무심하게 된다고 할 수 있을 것이다.

전문가와 직접 상담하는 부모는 비교적 적지만 여기에서 중요한 것은 훌륭한 부모 역할이 무엇인지를 정의하는 데 전문가들은 부모자녀 관계를 문화적으로 설명하는 핵심적 사람이라는 것이다. 그들의 이론이 널리 대중에게 알려졌고 보급되었기 때문이며, 각 전문가 집단은 다른 전문가집단을 지원하기 때문이고, 현대사회에서 과학이 중요하기 때문에 그렇다. 달리 반복해서 말하면 전문가들이 '부모 역할은 어떤 것이어야 하는가'에 대한 사회적 분위기를 만들어간다. 이런 영향력에는 부모를 비난하고 처벌할 수 있는 특권이 따르게 된다. 아동을 부당하게 데려갈 수 있는 가능성이 후쟈의 경우를 설명해 주는 한편, 전문가들이 양부모보다는 친부모가 낫다고 믿기 때문에 너무 많은 자녀들이 역기능적 가족 안에 남겨져 있기도 하다 (11장 참조).

일부 부모들은 다른 부모보다 전문가의 통제에 더 취약하다. 자녀들에게 분명한 문제가 있어서 도움이 필요한 부모를 제외하고는 다음과 같은 사람들이 특히 무방비상태다. 자신들에게 문제가 있는 부모, 가난한 편모, 소수인종에 속하는 편모, 복지기관과 다른 중재기관의 관심을 끌 수 있는 다른 모든 부모들이 그러하다. 자녀를 어떻게 키워야 하는가에 대해서 최근에 나온 일반 서적의 내용을 받아들이려는 중산층의 부모는 그들이 마주치는 견해에 민감하고 그 견해로부터 영향을 받을 수 있다. 부모의 취약성과 전문가에 의한 통제는 좋은 결과를 가져올 수도 있고 문제가 되는 결과를 가져올 수도 있다. 마지막 분석에서 기억해야 할 중요한 것은 부모는 힘이 없어졌다는 것과 '전문화'되었다는 점이다. 이런 상황의 한 가지 결과는 그들이 부모 역할을 효과적으로 수행하는 능력이 적어졌다는 것이다.

가족을 이끄는 사람은 부모인데, 부모가 심각한 정서적 문제로 고통 받고 있을 때, 유전 또는 그 부모가 만드는 환경적 스트레스 때문에 그들의 자녀들도 비슷하거나 관련이 있는 운명에 처할 위험이 크다. 결과적으로 알코올중독이든 우울증이든 또는 학대를 하든지 사회규범을 지키지 않는 부모가 자녀들에게 미치는 영향에 대한 연구는 아주 많고, 그 반대현상에 대한 연구는 훨씬 적다. 그러나 자녀에게 문제가 있으면 부모가 반응을 보이고, 적응하고, 도움을 구해야 하고 비난을 받고 실패감을 느끼기도 한다. 도움을 청하거나 받게 되면 가족경계선이 허물어진다. 부모는 도덕적 권위가 효과적으로 제거된 일종의 거세된 '부류'가 될 수도 있다.

9장 성인자녀가 부모에게 미치는 영향

맞는가 틀리는가?

1. 아이들이 자라면 그들의 문제와 어려움이 더 이상 부모에게 영향을 미치지 않는다. (틀림)
2. 성인자녀가 노부모를 돕는 것보다 노부모가 성인자녀를 재정적으로 더 돕는다. (맞음)
3. 대부분의 노부모는 자녀들이 돌보고 있다. (틀림)
4. 노부모는 손자녀를 키우는 데 도움을 준다. (맞음)
5. 부모와 같이 사는 대부분의 성인자녀는 부모가 아니라 그들이 필요하기 때문에 그렇게 한다. (맞음)

‘옛날’에는 그리고 아직도 대부분의 나라에서는 세대간의 도움이 순환적으로 흐른다. 부모는 자녀들을 키우고 몇 년 동안 그들에게 투자하고 후에는 대체로 몇 년간 자녀들이 부모를 돕는데 그러는 동안 그들은 손자, 손녀를 돌보는 데 기여한다. 오늘날 부모는 자녀를 키우고 가끔 자기 생애가 끝나는 날까지 자녀에게 투자한다. 성인자녀들은 부모를 약간 돕는데, 일부는 몇 달 동안 또는 몇 년 동안 많이 도와주기도 한다. 그리고 부모에게 마지막까지 전적으로 헌신하는 자녀는 아주 드물다. 그러나 성인자녀가 부모를 도와주는 대부분의 경우에 부모들은 정서적 수준에서, 막역한 친구로서, 아이를 돌보는 사람으로 또는 물질적으로, 아무튼 다른 방법으로 보답할 능력이 있다.

이런 사실들은 사회적 통념을 없애는 데 도움을 준다. 그러나 자녀가 노부모에게 미치는 영향에 대한 진실은 사랑, 염려, 나눠 갖는 기쁨, 반대 감정의 병존, 일정한 거리, 새로운 의무, 감사, 배은망덕, 주고받는 도움, 외로움과 성취감이 엮인 복합적 형태다. 더구나 자녀 없는 노인들이 자녀 있는 부모보다 덜 행복하다거나 덜 건강하다 또는 더 외롭다는 증거가 없다. 그러나 자녀와 좋은 관계를 이루면 분명히 어떤 성인한테든지 자산이 되고(Silverstein & Bengtson, 1991) 자녀가 있는 노인은 자녀 없는 노인보다 더 많은 도움을 받는다.

성인자녀들이 부모에게 해주는 것

분석적 관점에서 볼 때 성인자녀가 노년기 부모를 위해서 무엇을 하는가에 관한 문헌은 **상당히 많다**는 것을 알 수 있다. 더욱 관심이 가는 것은 이들 문헌이 취하고 있는 방향이다. 많은 연구는 성인자녀들이 주는 도구적 도움과 **돌봐야 하는 부담** 때문에 생기는 스트레스에 초점을 맞춘다. 이 두 단어는 해체해야 할지 좀더 심각하게 의미를 다시 생각해 봐야 한다. 먼저 진정한 의미에서 부모를 돌보는 성인자녀는 거의 없다. 그들은 분명히 도와주기는 하지만 돌본다는 것은 구체적으로 무력한 노인들에게 음식을 먹이고, 목욕을 시키고, 용변을 돕는 것을 의미한다. 현실적으로 이런 도움을 청하는 노인은 별로 없다. 그렇게 할 때는 배우자, 기관 또는 고용된 외부사람이 한다. 더욱이 대부분의 사람에게는 죽기 몇 달 전이나 몇 년 동안만 이런 형태의 도움이 필요하다. 성인자녀가 일반적으로 하는 일은 잘 보살피는지 감독하고, 심부름을 가고, 집을 청소하고, 노인들의 교통편의를 제공하고 부모의 재정을 관리하는 것이다. 특히 성인자녀가 한 사람일 때 이것도 적지 않은 일이다. 그래서 어떤 경우에는 **관리자**라는 말이 더 적절한 용어이고, 다른 경우에는 **도와주는 사람**이다. 몇몇의 경우에만 '돌보는 사람'이란 말이 적용될 수 있다. 그럼에도 용어가 어떻든 쇠약하거나 치매증상이 있는 부모는 상당한 혜택을 입는다.

짐이란 말은 이중기준을 나타내기 때문에 더 문제가 된다. 하나는 부모에게, 다른 하나는 자녀들에게다. 이것을 생각해 보라. '짐'은 부모가 어린 자녀를 돌볼 때 또는 자녀의 행동문제나 비행으로 고통 받을 때는 사용되지 않는 용어다. 짐이란 부정적 영향을 의미하며, 이 책에서 우리가 보는 것처럼 많은 아동들은 정말 짐이다. 그러나 연구자들은 이런 경우에 아동의 영향에 대해서 고려하지 않고, 짐이란 의미로 생각하지 않는다. 짐이란 용어는 심각한 정서적 장애가 있거나 정신적 장애가 있는 성인자녀를 전적으로 책임지고 돌보는 부모에게만 겨우 사용되기 시작했다. **만일 문제아동을 돌보는 게 짐이라고 여기지 않는다면 노부모를 돌보는 것은 왜 짐이 되는가?** 그 답은 부모 역할이 무엇인가에 대해서 우리가 사회적으로 어떻게 의미를 부여하는지에서 찾을 수 있다. 부모는 어떤 대가를 지불하더라도 헌신하는 것이고, 자녀는 부모에게 어떤 부담을 주더라도 이득을 보는 것이다. 현실 사회에서 이같이 의미를 부여한 결과 부모는 주는 것이 목적이고, 자녀는 받는 것이 목적이다. 그래서 노후에 상황이 바뀌면 그것은 짐이라고 정의 — 심지어는 지금 짐을 지고 있는 성인자녀가 오랫동안 매우 문제시되었던 청년시절에 그들의 부모를 괴롭히고, 건강을 해치게 했던 경우에도 그렇다 — 된다.

일반적으로 노부모(75세 또는 그 이상, 가끔 백인과 아시아계는 더 나이 많고 흑인과 아메리카 원주민은 더 젊기도 함)가 건강 때문에 그들의 독립적인 능력이 약화되고 한계가 올 때, 성인자녀들은 주요 지지자원이 된다(Eggebeen & Hogan, 1990). 부모가 노쇠하고 치매와 같은 정신장애를 갖게 될 때 부모는 아이가 되고 자녀는 부모가 된다. 의미 있는 대화가 줄어들고 알아보지 못하게까지 되는 동안, 자녀에게 책임이 배가되고 돌보는 것과 보살핌을 감독하는 데 어려움이 생기게 된다. 부모에게는 자기 자녀들을 포함한 세계가 조금씩 사라지다가 결국 없어진다. 이렇게 악화되는 동안 관련한 모든 사람은 아주 우울해진다. 자녀들은 생물학적 죽음이 일어나기 오래 전에 실제로 부모를 잃는다.

사실 부모에게 신체적 장애보다 인지 또는 행동 문제가 있으면 부모를 돌보는 성인자녀는 더 많은 스트레스를 받는다(Starrels et al., 1997). 앞에서 여러 장에 걸쳐 살펴본 것처럼 정서·행동 문제가 있는 자녀보다 신체적으로 또는 정신적으로 장애가 있는 자녀를 돌보는 부모가 스트레스를 덜 느끼는 것과 흥미롭게도 같은 현상이다. 같이 살기 힘들게 만드는 것은 그것이 부모든 자녀든 혹은 형제든 정서·행동 문제에서 나타나는 인간 상호 작용의 본질이다.

그와 대조적으로, 부모가 신체적 장애만 갖고 있을 때 부모자녀 관계는 대체로 과거와 다름없이 계속된다. 이제까지 여러 연구자료는 장애부모를 돌보는 역할을 함으로서 성인자녀, 특히 딸이 경험하게 되는 스트레스를 강조해 왔다(Gerstel & Gallagher, 1993). 노부모를 돌보는 것에 대한 긍정적 면을 보여주는 연구는 상대적으로 드물다. 이런 점에서 푸르치노, 패트릭과 버런트(1997)는 돌보는 부담과 돌보는 만족을 구분하는 것이 중요하다고 지적했다. 부담은 스트레스를 가져올 수 있지만 사랑하는 사람을 잘 돌보는 데서 오는 만족은 잠재적 스트레스를 상쇄할 수 있을 것이다.

노부모들은 받을 때보다 줄 때 더 행복해 한다. 그리고 그들이 특히 아들에게 무엇인가 되돌려줄 것이 있을 때 좀더 쉽게 도움을 받아들일 수 있다. 부모가 자녀들로부터 많은 지원을 받아야 할 때는 관계에 덜 만족한다. 이는 자녀가 부모를 보고 싶어서 또는 사회화를 위해서 자연스럽게 방문해서가 아니라 부모의 필요에 의해서 자녀와 접촉하게 된다는 사실로 어느 정도 설명된다. 성인자녀는 부모를 도와야 하는 것에 대한 불만을 숨기지 않는 경우가 많다. 이는 노인들에게 큰 정신적 고통을 가져다준다.

리, 네처와 코워드(1995)는 도움을 더 많이 받는 노부모는 더 우울해 한다는 것을 발견했다. 그들이 지적한 것처럼 미국노인들은 자립을 높이 평가한다. 그리고 자녀에게 의존하는 것은 그들에게 힘든 일일 수 있다. 그러나 그들은 그 반대의 인과관계에 대한 가능성도 시사하고 있는데, 자녀들은 부모가 우울해할 때 더 많은 도움을 줄 수도 있다. 그래서 부모의 건강이 좋을 때 자녀와 나누는 관계가 더 긍정적이라고 말하는 것은 놀라운 일이 아니다. 가족의 가치체계와 도덕성은 중요하다. 부모만이 아니고 전 가족이 언제나 상호성을 높이 평가할 때, 부모들은 과거에 자기들이 부모로서 노력한 내용이 평가되고 있다는 생각에 위안을 받을 것이다. 그들은 만년에 보답을 받을 수 없더라도 부정적 영향을 받지는 않을 수 있을 것이다.

자녀의 성과 부모

아들보다 딸들이 노부모를 돌보거나 도와줄 가능성이 많다는 데 여러 연구들은 의견일치를 보고 있다(Silverstein, Parro, Bengtson, 1995). 아들이 부모에 대한 책임을 질 때 아내가 자주 그 일을 하거나 최소한 거기에 기여한다. 아들은 주로 교통수단과 재정분야의 도움을 준다. 부모에게 좀더 개인적 보살핌이 필요하게 되면 아들들은 종종 그 역할을 포기하기도 한다(Montgomery & Kamo, 1989). 사실상 스피즈와 로건(1991)은 도움을 받는데 핵심적인 것은 딸이 있는가의 여부라는 점을 지적했다. 그 이유는 우리 사회에서는 일반적으로 여자들이 양육 역할을 맡고 있으며, 어려서부터 다른 사람의 행복에 대한 책임을 지는 것을 배우기 때문이다(Montgomery, 1992). 결과적으로 부모도 아들보다는 딸한테서 더 많은 도움을 받을 것으로 기대 — 중국, 일본과 같은 다른 많은 나라에서는 그 반대현상이 일어나고 있다 — 할 수 있다.

스태렐(Starrels)과 동료들(1997)의 연구에 의하면 자녀들로부터 도움을 받는 노부모들은 딸보다는 아들에게 갚으려는 경향이 있어서 아들보다 딸을 덜 도와주려 한다. 부모들은 딸의 돌봄보다 아들의 돌봄을 높이 평가하는 경향이 있는데, 이 사회에서는 딸이 양육하고 책임지는 것을 본분으로 여겨 당연시하기 때문일 것이다. 노부모를 도와주는 것이 여성역할의 일부라고 기대한다. 이러한 기대와 아들에게 더 많은 보상을 준다는 사실은 아들보다 딸이 스트레스를 더 많이 경험하는 이유일 것이다. 5, 6장에서 본 것처럼 자녀들이 집에 있을 때, 아버지보다는 어머니들이 자녀의 영향을 훨씬 많이 받는 것과 유사하다. 그래서 돌보는 일의 전통적인 분업에 따라 양육과 정서는 어머니에서 성인 딸로 이어진다.

성은 누가 도움을 주는가뿐만 아니라 누가 도움을 받는가를 결정하는 한 요인이다. 건강이 나빠지면서 70~90대의 혼자된 어머니는 혼자된 아버지보다 자녀들로부터 더 많은 도움을 받는다. 아마 자녀들이 어머니가 더 약하다고 생각하거나 과거에 아버지보다 어머니가 자녀들을 더 많이 보살폈기 때문일 것이다. 일반적으로 자녀들은 아버지보다 어머니와 더 가깝다. 실버스타인, 패럿과 벤슨(1995)은 늙은 어머니를 돕는 강한 동기는 애정이고, 딸보다 아들의 경우이긴

하지만 아버지를 돕는 이유는 상속에 대한 기대라고 보고했다.

부모가 성인자녀를 위해 하는 것

자녀가 젊은 성인일 때부터 부모는 계속해서 많은 도덕적·도구적·재정적 도움을 준다. 이런 상황은 때로는 몇십 년씩 계속된다. 1987년 전국 가족 가구조사에 의하면 성인자녀의 5%만 과거 5년간 부모에게 돈을 보냈다. 그와 대조적으로 백인 성인자녀의 20%와 흑인과 라틴계 성인자녀의 6%가 같은 기간에 부모로부터 200불 이상 받았다(Lee & Aytac, 1998). 작은 현금선물을 포함한다면 그 숫자는 훨씬 많아질 것이다. 더욱이 우리가 '자유로운' 아이들이라고 부르는 자녀, 즉 자기 자녀와 같이 집에 머물고 있는 청소년어머니와 더 이상 학교에 다니지도 않고 취직도 못하고 집에 머물고 있는 청소년들은 그 숫자에 포함되지 않았다. 그들은 부모와 같이 살고 있다.

동거는 성인자녀들이 혜택을 보는 또 다른 형태의 도움이다. 최근의 조사에 의하면 결혼한 적이 없는 25~54세 성인의 약 30%, 이혼한 사람의 13%는 자기 부모의 집에 살고 있었다(White & Peterson, 1995). 자녀의 수가 많을수록 노부모는 필요에 의해서 같이 사는 자녀가 하나쯤 있는 경향이 있다. 어떤 성인자녀는 한 번도 집을 떠난 일이 없고, 일부는 떠났다가 되돌아왔다. 동거자녀가 있는 65세 이상의 부모는(Aquilino, 1990에 의하면 약 15%) 자녀로부터 가사나 재정에 관련된 도움을 받는 일이 드물다. 다 반조와 골드샤이더(1990)에 의하면 딸보다는 아들이 집으로 돌아올 가능성이

많다. 게다가 남자들은 부모와 같이 살면서 여자보다 집안일을 20%
덜한다. 그러므로 동거할 때 부모보다는 자녀가 득을 보게 되고,
부모는 음식준비와 가사를 맡는다는 의미에서 부모 역할을 다시
하게 되는 것이다.

　부모는 나이 들어가면서도 그들의 성인자녀가 경험하는 문제에
서 벗어나지 못한다. 필머와 스위터(1991)는 나이 든 부모의 26%는
최소한 자기 자녀 가운데 한 사람은 심각한 신체적 또는 정신적
건강 문제, 또는 심한 스트레스를 경험하고 있다고 보고한다. 이
자녀들의 문제는 노부모의 우울증과 유의미한 상관관계가 있고,
일부 연구에 의하면 자기 자녀들을 도와야 하는 노부모들은 상당히
우울해 한다(Mutran & Reitzes, 1984). 이 부모들은 적당한 수준의
독립과 개인적 책임을 다하지 못하는 자녀의 장래에 대해서 특히
염려할 것이다. 더욱이 많은 자녀들은 자기 문제에 너무 매달려
있어서 자기 부모에게 얼마나 짐을 지우고 있는지 알지 못한다.
결과적으로 부모는 전혀 인정받지 못한다거나 심지어는 이용되고
있다고 느낄 수도 있다. 더구나 자녀들에게 정신건강문제가 있을
때는 그들이 원하지 않거나 실행할 의사가 없거나 실행할 능력이
없는 충고를 받을 필요가 있다. 결과적으로 그들은 부모를 원망하거
나 공공연하게 부모에게 반항한다.

　8~10세 아동이 경험하는 정서·행동의 장애는 그후 20년 동안
과 관계가 있는데, 만성적으로 스트레스를 주는 요인과 부정적 사건
이 생길 부담을 안게 되는 것이다(Ronka & Pulkinen, 1995). 생애과정
의 관점에서 볼 때, 루터와 동료들(1995: 74)은 그런 사람들이 "중요
한 생애변화와 관련해서 계획을 세우지 못하는 것"을 발견했다.

이러한 무계획성이 행동문제를 수반할 때, 추가로 부정적 사건을 불러올 수 있다. 예를 들어 10세에 행동문제가 있었던 아동들은 처음부터 일탈적 동료와 결합할 가능성이 많은데, 그 이유 가운데 일부분은 그런 젊은이들은 반사회적 또래들과 어울리고 반사회적인 사람들이 많은 지역에 거주하기 때문이다(Quinton et al., 1993). 그런 성인자녀의 생애과정이 중년과 노년부모에게 미치는 영향에 대한 연구자료는 없다. 몇몇 학생은 평생 문제가 있었던 형 또는 언니가 지금도 집에 있거나 막 집을 떠난 것으로 보고했다. 이 학생들은 자기들이 부모로부터 불공평하게 취급되었다고 생각하기 때문에 의욕을 상실한 상태다. 131쪽에 인용된 학생의 긴 이야기를 생각해 보면 될 것이다.

혼란스러워하고 문제가 있거나 괴로워하고 성공하지 못한 부모의 상당수는 스스로 문제가 있는 사람들이다. 그들은 젊었을 때 다루기 힘든 사람들이었고, 그다지 유능한 부모가 아니었다. 그들은 자녀들이 자랄 때 자녀들과 만족스럽지 못한 관계를 유지했었을 것이다(Reiss, 1995). 게다가 이 자녀들은 부모로부터 성급함 또는 우울증과 같은 불리한 기질을 유전적으로 물려받았을 수 있다. 그러므로 괴로워하거나 문제가 있는 성인의 일부는 유전과 가족역경 때문에 그들 자신과 비슷한 부모가 있었던 것으로 생각할 수 있다.

당연한 말이지만 부모가 자기들의 성인자녀에게 주는 도움의 형태는 그들의 사회·경제적 지위에 달려있다. 예를 들어 백인 부모는 흑인 부모보다 재정적 지원을 많이 한다. 이것은 인종의 문제가 아니라 수입의 문제다. 평균적으로 백인 성인은 수입이 많아서 이 이점을 자녀들에게 물려줄 수 있다. 흑인 부모는 특히 흑인 할머니는 손자를 훨씬 많이 도와준다. 그중 상당수는 손자들을 돌봐주고, 또 다른 이들은 최소한 손자 가운데 한 아이를 여러 해 — 백인 조부모보다 훨씬 자주 그렇게 한다 — 동안 키운다. 이러한 상황은 많은 흑인 가족이 자기 자녀들을 키우는 열악한 사회적·경제적 조건에서, 특히 분리되어 있고 위험한 도심의 극빈층 이웃에서 생긴다. 그 결과 많은 흑인 어머니들은 너무 일찍 할머니가 된다(Burton, 1996). 그들의 아주 어린 딸한테는 도움이 필요하고 그들은 도와줘야 한다. 손자 가운데 너무 많은 아이들이 전적으로 그들의 책임하에 맡겨진다.

아이를 돌보는 사람으로서 할머니

그렇게 많은 조부모들이 손자 키우는 것을 도와주기 때문에 부모에 대한 자녀의 영향은 다음 세대로까지 이어진다. 아주 소수는 자기들이 인정하지 않는 자녀에 대해 그들 스스로도 알지 못할 우월감을 갖고 이 도전을 감당한다. 이 소수의 노인들의 입장에서는 이것은 성인자녀, 특히 정도를 벗어난 딸에게 자신을 증명해 보일 수 있는 기회다. 그러나 대다수의 조부모는 단순히 도와주는 수밖에 다른 대안이 없다. 그러므로 할머니가 되는 많은 여성들에게 이 변화는 어머니 역할의 어느 정도 연장일 뿐이다.

미국 할머니의 40% 이상은 최소한 1명의 손자를 정기적으로 돌본다(Baydar & Brooks-Gunn, 1998). 같이 살든 이웃에 살든 딸들이 일하는 동안 할머니들은 가끔 아기를 본다. 더욱이 나중에 보게 되는 것처럼 10% 약간 넘는 조부모는 하나 또는 그 이상의 손자를 한때 주로 돌봤거나 지금도 주 양육자로서 돌본다(Fuller-Thomson, Minkler & Driver, 1997).

젊은 어머니들이 노동시장에 덜 진출했고, 정규적으로 아이를 봐줄 필요가 덜했던 과거보다 지금의 할머니들이 아기를 더 보는지는 말하기 어렵다. 지금은 딸과 며느리가 취업을 하고 있기 때문에 예전보다 할머니가 더 필요하다. 사실상 저 임금 여성의 3분의 1은 아이 돌볼 사람이 없는 게 취업하지 못하는 주요 이유라고 보고한다(Kisker & Ross, 1997). 그러나 동시에 젊은 할머니들이 과거보다 취업할 가능성이 많다. 그래서 경제적 필요성이란 의미에서 어머니와 할머니 세대 간의 이해가 상충되기 때문에 이런 경향의 결과를 예측하기는 어렵다.

베이더와 브룩스-건(1998)은 아동을 돌보는 할머니의 특성을 연구했다. 대다수는 배우자와 함께 살고 있으며 아기를 돌보지 않는 할머니들보다 교육 정도— 그 부분적인 이유는 그들이 젊은 할머니 층에 속하기 때문이다 — 가 높고 약 45%는 취업을 하고 있다. 아이를 돌봐주는 할머니는 몇 가지 역할을 수행하는 바쁜 여성인데 공동체에서도 자주 활동한다. 일부는 자기의 노모를 동시에 돌본다. 그들은 정말로 '샌드위치 세대'다(Ward & Spitze, 1998). 여러 명의 자녀와 손자가 있는 할머니들은 돌봐주는 역할을 맡을 기회가 많다. 그들과 함께 사는 십대 딸한테 아이가 생긴다면 그 기회는 증가한다.

어머니를 대신하는 할머니

1991년에 미국 인구조사국은 330만 명의 아동이 조부모와 함께 사는 것으로 추정했다. 이는 1980년 이후 44% 증가한 것이다. 이 손자들 가운데 50%는 어머니만 있고 28%는 양친이 모두 없으며, 17%는 두 부모가 있고, 5%는 아버지만 있다(Saluter, 1992). 전국조사에서 조부모의 11%는 평생 최소 6개월 동안 손자를 키웠다고 보고했다(Pearson et al., 1997). 손자를 보호하는 조부모는 더 이상 고립된 경우가 아니다. 사실 일부 주에서는 특히 흑인 가운데(Pebley & Rudkin, 1999) 위탁가정에 맡겨지는 아동의 4분의 1 이상은 조부모, 보통 할머니와 함께 살고 있다(Bonecutter & Gleeson, 1997).

젠드렉(Jendrek, 1993)은 이 돌보는 역할이 조부모의 생활양식에 미치는 영향을, 특히 조부모 자신이 자기 생활에 가져와야 하는 변화와 그들이 연기하거나 버려야 하는 꿈, 그 역할 때문에 생기는 육체적·정서적 요구를 연구했다(Minkler, Roe, Price, 1992). 젠드렉은 표본의 73%에 해당하는 손자들이 자기 어머니한테는 정서적 문제가 있어서 조부모와 함께 살았다고 보고했다. 어머니가 마약문제에 관련된 경우가 절반이고 알코올중독이 44%다(Burton, 1992). 절반 정도의 경우 이유들이 중복되는데, 이는 어머니들한테 여러 가지 문제가 있다는 것을 뜻한다. 불행하게도 아버지에 대해서는 알려진 것이 없다. 그러나 대부분 같은 문제를 갖고 있거나 더 많은 문제를 갖고 있는 것으로 추측할 수 있을 것이다. 다음 학생의 인용문에서 알 수 있듯이 분명 이들 조부모는 열악한 가족환경에서 살고 있는 아동들을 맡는다.

나는 아버지가 떠나고 어머니가 뛰쳐나간 후 나와 내 어린 동생을 맡은 조부모 밑에서 자랐습니다. 우리는 어려운 생활을 했었고 내가 기억할 수 있는 것은 나의 부모가 무서웠다는 것입니다(그들은 알코올중독자였다). 어떻든 우리는 조부모와 더 잘 지냈는데, 그들이 주말에 우리를 데리고 있었죠……. 이제 우리가 자라면서 동생이 많은 문제를 일으켜서 어떤 면에서 조부모님은 힘이 듭니다……. 하지만 최소한 나는 잘해 나갔고, 그것이 보상이 되었을 거예요. 나는 내 부모처럼 조부모님을 사랑합니다. 그리고 우리는 모든 것에 대해서 그들에게 빚을 지고 있는 거죠. 그리고 그들이 연로해지고 계시기 때문에 나는 그들을 돌보기 위해서 많은 돈을 벌 계획을 세우고 있습니다.

조부모가 손자와 같이 사는 이유를 알게 되면 조부모가 정서·행동 문제 때문에 심각한 위기에 처한 손자들을 거둬야 한다는 것을 예상할 수 있을 것이다. 결과적으로 그들의 역할은 특히 어려울 수 있다. 이 가족단위가 기능을 수행하려면 조부모와 그들이 돌보는 꼬마들의 관계는 부모와 맺은 관계와 같은 것이어야 한다. 그들은 사랑, 위안, 우정을 줘야 하고 충고하고 감독하며 부모가 하는 것 같이 처벌도 해야 한다.

솔로문과 막스(1995)는 조부모가 가장인 가족구조가 아동의 학교생활과 건강에 미치는 영향을 알아보기 위해서 그런 형태의 448가구가 포함되는 전국보건면접조사를 이용했다. 조부모가 키운 아동을 친부모와 같이 사는 아동, 편부모 가족의 아동들과 비교했다. 후자에는 재혼부모 가족도 포함되었다. 학업성취는 물론이고 학교에서 행동 면에서도 친부모가족의 아동들이 다른 두 집단에 비해서 장점이 많았다. 그러나 일반적으로 조부모의 학력수준이 낮았음에도, 조부모가 키운 아동들은 편부모 가족이 키운 아동들보다 잘하고 있었다. 건강에서는 친부모가족과 조부모가족 간에 차이가 거의 없었으며, 편부모가족의 아동들은 덜 건강했다. 손녀를 키운 조부모는 손자를 키운 조부모보다 쉬웠다. 간단히 말하면 이러한 결과는 조부모가 키운 아동들이 조부모 세대가 맡기 전에 부모로부터 유기되거나 학대받았던 것을 생각하면 아주 잘하고 있다는 것을 보여준다. 조부모의 헌신과 성숙 정도에 따라 아동에게 발전적 이익을 준다.

아동을 돌보는 일을 돕는 조부모는 자기들의 손자를 직접 키우는 사람들보다 책임, 문제, 스트레스 요인을 적게 만난다. 조부모가 키우는 것이 아동들에게는 합리적 대안이지만 조부모에게는 더 문제가 된다. 조부모는 특히 그들이 중년일 때, 아동육아 이외에도 수행해야 할 역할이 많다(Sands & Goldberg-Glen, 2000). 그들은 가족 생활의 정상적인 발달단계에서 벗어나 있다. 그들 나이의 사람들은 아동을 키우지 않는다. 그래서 이 변칙적 현상으로 그들은 손자의 학교와 이웃의 도구적 지원은 물론이고 도덕적 지원을 상실한다. 특히 백인들 사이에서는 그렇다(Pruchno, 1999). 그래서 지금 그런 조부모를 위해 지원집단이 있다는 것이 놀라운 일이 아니다. 이들 집단은 변화하는 시대의 지표가 된다.

노부모 학대

여자들이 남자들보다 오래 산다. 그래서 자녀로부터 학대받는 노인의 대부분 희생자는 여성이라는 것이 계속 발견된다(Whittaker, 1995). 지금까지 노인학대의 연구에서는 의존적인 노인을 돌보는 사람을 강조해 왔다. 이런 형태로 연구된 이유는 욕구불만인 보호자가 약하고 의존적인 부모를 때린다는 것이다(Steinmetz, 1993). 그러나 자급자족하는 노인도 같이 사는 성인자녀로부터 자녀 자신의 의존 때문에 학대받는다(Wolfe & Pillemer, 1989). 그런 경우에는 성인자녀가 실업, 정신 지체, 신체적 또는 정서적 장애 때문에 재정적으로나 주택문제로 부모에게 의존한다. 사실상 정신질환이 있는 미혼성인 자녀의 85%가 병원치료를 받은 후 노부모에게 간다(Greenberg, Seltzer, & Greenlay, 1993). 확실히 학대가능성이 있는 것이다(Lefley, 1997). 그러므로 필머(1985)는 노인의 의존이 학대원인이라는 것을 연구에서 너무 강조하는데, 같이 살면서 의존하면서도 신체적으로는 강한 배우자 또는 자녀가 있는 노인도 생각해야 한다고 주장한다.

딸보다 아들이 노부모를 더 학대하는지는 알기 어렵다. 앞에서 살펴본 것처럼 딸들이 부모를 좀더 자주 돌본다. 결과적으로 그들은 학대할 기회와 욕구불만이 더 많다. 그들은 아들의 경우보다 스타인메츠(Steinmetz, 1993)의 이론에 더 잘 맞는다. 다른 한편 아들은 자신들이 의존해야 되기 때문에 노부모와 함께 사는 경우가 더 많다. 남성들은 여성들보다 더 공격적이고 여성들만큼 자기 부모에게 정서적으로 애착을 갖고 있지 않다. 이런 요인 때문에 아들은 부모를 더 학대할 수 있다. 플로리다에서 진행된 한 연구에 의하면 남성은 신체적으로 학대할 가능성이 더 크고 여성은 노인을 유기할 가능성이 더 크다(Miller & Dodder, 1989).

문제를 더 복잡하게 만드는 것은 물질적 형태의 학대와 언어적 학대가 있다는 점이다. 물질적 형태의 학대는 탐욕, 개인적 부채, 배우자나 자녀들의 요구에 의해서 생긴다. 여기에는 부모의 수익을 유용하는 것, 부모의 소유물을 갖고 나가는 것, 노부모의 집을 마음대로 관리하는 것이 포함된다(Korbin, Anetzberger, & Austin, 1995). 의학적 학대는 때로 부모를 돌보는 성인자녀가 고통을 받고 있거나 죽음이 임박한 노부모를 위해 도움을 구하지 않는 것이다. 이런 형태의 학대가 발생하는 이유는 짐이 되는 사람의 죽음을 재촉하기 위해 또는 조기 사망이 많은 유산을 남길 기회를 증가시키기 때문일지도 모른다.

노부모의 학대는 학령기 아동의 학대보다 쉽게 할 수 있고 사회적으로 눈에 잘 띄지 않는다. 가장 위기에 처해 있는 노인들은 대개 사회적으로 고립되어 있는 노인들이다. 그들은 더 이상 사회체계, 이를테면 교회, 직장, 친구와 연관되어 있지 않다. 아무도 학대를 알아채지 못할 수 있고, 상처를 본 의사는 노인이 넘어졌다 — 노인들 사이에서 자주 일어나는 일 — 는 말을 믿을 것이다(학대받는 작은 아동의 경우도 마찬가지다). 더욱이 노인은 학대받는 청소년이나 아동보다도 학대에 대해서 말을 하려 하지 않을 것이다. 사실상 5% 정도만 학대 사실을 보고한다(Tatara, 1993). 그들은 신체장애가 있거나 전화를 사용할 수 없을 것이다. 그들은 그들의 처지를 부끄러워할 수 있고, 하여간 그들은 도움을 청할 사람이 없을 것이다. 알리려 해도 실패할 수 있고 보복을 당할 수도 있다. 더욱이 학대받

은 아동들은 자라서 결국에는 부모를 비난할 수 있지만, 노부모들은
비밀을 간직한 채 죽는다.

다양한 민족과 인종집단에서 노인학대에 대한 연구는 거의 없다
(Griffin, 1994). 흑인 노인들, 특히 할머니들이 백인보다 자녀와 손자
를 집에 데리고 있는 경우가 많은 사실을 감안할 때 집단간의 비교
는 중요하다. 최소한 이론상으로 그들은 자녀들뿐만 아니라 손자들
로부터 학대받을 위험이 크다. 내가 아는 한 이 주제에 대한 연구는
없다.

결론

이 장에서도 계속 아동이 부모에게 미치는 영향, 이번에는 성인
자녀가 부모에게 미치는 영향에 대한 연구와 부족한 연구에 수반되
는 편견에 초점을 맞췄다. 더욱이 사회변동의 결과, 그와 관련된
아주 긴요한 문제는 손자를 키우는 데 책임을 맡고 있는 조부모에
게 손자가 미치는 영향이다.

근본적으로 부모에 대한 자녀의 영향은 부모가 죽을 때까지 평생
동안 계속된다. 성인자녀에 대해서 생각할 때도, 그들 자신의 특성
과 노부모의 특성이 모두 합해져서 — 그것이 긍정적이든 부정적이든
— 자녀가 미치는 영향의 방향을 설명하게 된다. 이것은 연구에서
다루지 않은 분야다. 특히 흥미 있는 또 다른 측면은 형제집단의
형태다. 즉 자녀가 한 명 이상일 때, 자녀가 여러 명 있을 때, 대가족
일 때 노부모는 개별적인 자녀로부터 영향을 더 받는가 또는 덜

받는가? 가족의 인종적 지위처럼 자녀의 사회계층과 자원의 수준은
또 하나의 흥미로운 변수가 된다. 빠른 사회적 이동을 경험하고
계층체계에서 상향 이동한 성인자녀는 부모와는 아주 달라져서 부
모와 공유하지 않는 가치관을 받아들인다. 더욱이 사회적 이동은
가끔 지리적 이동을 수반해서 부모와의 거리가 멀어질 가능성이
이중으로 생긴다. 이런 현상은 자녀의 영향이란 점에서 흥미로운
연구주제가 될 것이다.

10장 이민 부모와 소수민족 부모

이민 부모와 소수민족 부모는 백인조상을 둔 미국태생 가족의 부모와는 다른 방식으로 자녀로부터 영향을 받는다. 부모가 영어를 잘 모를 때, 그들이 농업국가 출신이고, 생활양식이 전적으로 다른 북미의 대도시에 정착했을 때 이런 아동의 영향은 특히 두드러진다. 아동들은 학교제도를 통해서 동화되기 때문에 부모보다 많은 문화적 이점이 있다.

용모로 구별되는 소수민족에서는 아동의 부정적 영향이 많아지는데, 이는 차별과 그래서 생기는 분리거주 때문에 가족이 거기서 살아야만 하는 불리한 이웃환경과 학교환경에 기인한다. 이 장에서 우리는 이민 부모와 소수민족 부모의 특정한 생활영역은 물론이고 일반적인 면에 대해서 논의한다. 불행히도 소수민족 가족에서 아동의 영향에 관한 문헌이 실제로는 없어서 논의는 부득이 짧을 수밖에 없다. 다시 한번 강조하자면 우리는 무엇을 연구해야 하는가, 왜 해야 하는가, 바꿔 말하면 무엇이 연구되지 않았는가에 초점을 맞추게 된다.

19세기 말과 20세기 초 대부분의 이민자는 백인이었지만 그들은 이태리어, 폴란드어, 이디시어, 독일어, 스페인어와 같은 다양한 언어를 사용했다. 그들은 남루한 옷, 서툰 영어, 이태리인의 경우 가무잡잡한 용모, 불충분한 교육, 농촌출신이라는 이유로 차별 받았다. 아일랜드 사람도 대부분 가난했고 기술이 없었고 가톨릭이었기 때문에 불리한 대우를 받았다(Coontz, 2000). 20세기 초까지도 유대인을 포함한 이민가족의 아동들은 일찍 정착한 미국인들만큼 학교에 오래 다니지도 않았고 공부도 잘하지 못했다. 비행률은 높았고 이민 후에 교육, 직업, 거주의 기회가 차단되어 있어서 일부 성인도 범죄와 관련되어 있었다.

예를 들어 1905년 뉴욕에서 교도소 수용자의 3분의 1은 유대인이었다(Gold & Phillips, 1996). 그러나 이 집단은 이민 전에 살던 나라에서는 범죄전력이 없었다. 미국에서는 차별 때문에 그들에게 기회가 제한되었다. 현재는 이민자들의 증손자들이 직업적 숙련도 면에서는 물론이고 가치관과 언어에서 미국 주류의 일부가 되었다. 그러므로 각 세기마다 여러 다른 민족 출신의 이민자에 대한 차별이 있었던 것이다. 요즘은 유색인 소수민족들이 차별관행의 대상이 되고 있다.

아동에게 어떤 일이 일어나고 있는가?

자녀들이 잘해 내고 있는 이민가족은 경제적·교육적으로 적응하면서 민족 정체감은 물론이고 핵심적인 가족가치관과 종교가치관을 유지한다. 자녀들은 최소한 한두 세대 동안 이중문화적으로 된다(Kim & Choi, 1994). 그들은 긍정적인 의미의 이중적 준거구조를 만든다. 부모는 자녀들에게 교사를 존경하고 영어를 배우라고 격려한다. 그러나 다른 많은 가족들의 경우 다음 세대가 부모들의 기대만큼 학교에서 잘해 내지 못한다. 많은 사람들은 이민 왔을 때 가난했고, 특히 인종적으로 다를 때 빈곤지역에 떨어져 살아야 했다. 이 지역에는 학교중퇴자, 미혼모와 실업자 비율이 높다. 결과적으로 이민자의 자녀들과 미국에서 태어난 소수민족 집단은 평균적인 미국인보다 못한데, 이것이 부모들이 크게 실망하고 유감스러워하는 요인이다.

포터스(Alejandro Portes)는 '하향동화'(1995)라는 말을 만들었다. 이 개념은 이민가족이 가난하고 용모로 구별되는 소수민족 집단에 속할 때 일어날 수 있는 것을 설명한다. 이 가족들은 자녀들에게 좀더 좋은 기회를 주기 위해서 이민 왔고 높은 열망을 품었다. 그러나 그들은 사회문제를 안고 있는 이웃에 정착해야 한다. 부모들이 때로는 최저임금을 받으면서 열심히 일하는 동안에 자녀들은 학교에 가는데, 거기에서는 포터스와 즈우(Zhou, 1993)가 표현한 대로 교육과 일에 대한 태도가 '적대적'이고 중퇴가 받아들여지며, 주류와 다른 언어기술이 통하고, 골목에서 어울려 다니며 문제를 일으키는 것이 사회활동의 중요한 형태였다. 이들 이민아동들은 주류사회로부터 사회적으로 고립된 이웃을 통해서 미국문화에 대해서 배운다. 그래서 그들은 눈에 띄는 소수민족이며 주류사회로부터, 직업과 교육기회로부터 차단된 지역 출신인 아동들의 행동양식과 규범을 배우고 받아들인다.

이 아동들의 이민 부모는 외부환경이 자식들에게 미치는 악영향을 바로잡아 줄 만큼 미국식 생활방법을 알지 못하고 영어도 잘 모를 수 있다. 그들 자신의 문화공동체는 사회적 자원이 너무 적거나 자녀들이 부모의 출신에 더 이상 일체감을 갖지 않는다. 그 결과 두 번째 세대는 첫 세대만큼 또는 그보다 더 가난할 수 있다. 최소한 그들은 동기가 적다. 이 젊은이들은 자기 부모들이 했던 '더러운' 일을 하려 하지 않으며, 자기들이 원하는 보수가 많은 직업을 가질 능력도 없다(Gans, 1992). 결과적으로 이들 자녀들 가운데 많은 사람은 성인이 되었을 때, 부모세대보다 실업, 편모가족, 마약복용, 범죄 비율이 높다. 그들의 생활양식과 성취수준은 부모를 실망시킨다. 이 젊은이들은 교육적·경제적 빈곤구조에 스스로 동화되었다. 이것은 하향동화라고 불린다.

두 번째 세대가 영어를 주로 사용하고 학생들이 공부 잘하여 대학진학을 기대하고, 결과적으로 일찍 아이를 갖거나 학교를 중퇴하는 비율이 낮은 이웃과 학교에 애착을 갖는다면 반대의 현상이 생긴다. 이는 '주류동화'라고 말할 수 있을 것이다. 이것은 하향적이 아닌 상향적 사회이동을 가져오고 자기 부모에게 보답해서 그들이 조국에서 또는 미국 원주민의 경우에는 보호구역에서 떠나온 것을 정당화한다.

세대간의 갈등

이민한 사람은 모든 것을 뒤에 남겨두고 왔기 때문에, 이민 부모에게는 가족의 응집력이 본토 태생의 부모보다 더 중요할 수 있다. 자녀는 그들 행복의 주요 근원이다. 부모에게 세대간의 갈등은 특히 고통스러울 수 있다. 문제를 단순화하는 위험을 무릅쓴다면, 가족이 경제적으로 발달한 사회의 도시지역 출신이면 부모와 성장하는 또는 성장한 자녀 간의 갈등은 적다고 말할 수 있을 것이다. 그런 가족은 적응할 것이 별로 없고 그들의 생활에서 변해야 할 면도 적다. 미국사회의 여러 면들이 부모가 그들의 고국에서 마주쳤던 것들과 어느 정도 유사하다. 그러나 가족이 미개발국가의 농촌지역 출신이면 미국이나 캐나다에서 보내는 생활과 그들의 원래 나라에서 지낸 생활 간에는 일치하는 부분이 적다. 많은 적응이 필요하며, 그것이 불쾌한 것이 아닐지라도 모든 가족 구성원이 같은 속도로 같은 문제에 적응하는 것은 아니다. 어떤 면에서는, 특히 부모가 교육을 많이 받았고 전통적 역할을 계속 수행한다면, 부모들이 자녀들보다 빨리 적응한다. 그러나 일반적으로 그 반대현상이 생긴다. 아동과 청소년들은 텔레비전은 물론이고 학교교육과 또래집단을 통해서 미국문화를 받아들인다. 그들은 좀더 빨리 적응한다. 문제는 그들이 무엇에 적응하는가에 있다. 그들은 교육에 대한 열의는 물론이고 '낡은' 문화적 관행과 언어를 버릴 수 있는데 이 모두는 부모자녀간의 갈등을 조성한다.

럼버트(Rumbaut, 1996)가 부모가 교육을 덜 받았을 때, 재정적으로 어려울 때, 자녀들이 영어를 더 많이 사용하고, 텔레비전을 많이 보고, 학교공부를 잘못할 때 부모자녀 갈등이 많이 생긴다고 보고한 것은 놀라운 일이 아니다. 7장에서 또래에 대해서 설명한 것처럼 차별을 경험한 청소년들이 학교와 또래에서 생긴 스트레스를 집으로 가져오기 때문에 부모와 갈등이 많아지게 될 것이다. 부모들은 학교에서 공부 잘해서 얻을 수 있는 결과를 믿고 있지만 아동들의 유일한 소망은 또래들에게 받아들여지는 것이다. 이 점에서 두 세대 간에는 금방 이루고 싶은 목표에 차이가 있는 셈이다. 사실상 이민 아동들은 다른 아동들보다 또래들에게 받아들여지고 싶은 욕구가 클 것이다. 그래서 그들은 새로운 미국 생활양식을 열심히 받아들이려고 한다. 소녀들은 특히 미국 태생의 또래들이 갖고 있거나 갖고 있는 것처럼 보이는 자유를 갈망한다. 부모가 이것을 받아들이지 않아서 한 학생이 말하는 것처럼 가끔 부모와 딸 사이에 갈등이 생긴다.

작은 읍에서 온 12세의 소녀가 모든 아이들이 전에 알았던 아이들과 너무 다른 대도시의 학교에 맞춰가기는 너무 어려웠습니다. 그들은 모두 더 많은 자유, 옷, 돈을 가진 것처럼 보였습니다. 누구도 나를 받아들이지 않았기 때문에 나는 박탈감을 느꼈고 외로웠습니다. 나는 부모님이 마련해 준 이상한 옷을 입었고 다른 십대들처럼 외출이 허락되지 않았어요. 나는 부모님에게 반항하기 시작했지만 나를 진정으로 사랑하는 사람들의 지원을 잃어 버렸기 때문에 나의 처지는 개선되지 않았죠. 그러나 그 당시 내가 원했던 전부는 또래들에게 받아들여지는 것이었는데, 우리 부모님은 이것을 고려하지 않았던 것이죠.

그러므로 이민 부모들은 가끔 청소년 자녀로부터 거부당한다고 느낀다. 특히 자녀들이 부모의 규범에 반하는 사고방식과 생활방식을 택할 때는 더욱 그렇다.

이 점에서 아동의 성은 중요한 변수다. 현재 이민가족의 대부분은 아버지와 남자들이 지배하는 가부장제 사회에서 온 사람들이다. 이런 사회에서는 일반적으로 아들보다 딸이, 특히 이성과의 접촉, 집 밖의 활동, 옷차림에서 더 철저히 감시당한다. 세계의 다른 대부분 나라의 규범과 비교할 때 미국 청소년들은 아주 어린 나이에 이성교제를 시작한다. 사실상 많은 문화권에서, 특히 아시아, 아프리카, 남아메리카에서까지도 미국에서 알려진 것과 같은 이성교제는 없다. 교제가 있기는 하지만, 십대 초반에는 없으며, 보통 형제자매 또는 어른의 감독하에서 교제하며, 마음속으로 결혼을 목표로 삼는다. 다른 곳에서는 당사자와 상의하든 하지 않든 중매로 결혼한다. 그런 가족이 미국이나 캐나다에 정착할 때 북미 여성들에게 있는 자유 때문에 부모자녀간에, 특히 가문의 명예를 지킬 책임을 맡고 있는 아버지와 자녀 사이에 불만과 갈등이 생긴다.

또 다른 예를 살펴보면 남자 청소년이 자기 여자 자매보다 부모와 갈등이 더 많다. 이러한 현상은 그들이 교육적 열망이 낮고 학교 중퇴비율이 높고 비행아가 되기도 하는 또래집단에 들어가면서 생긴다. 이는 모든 수준의 사회계층에서 생길 수 있지만, 이민가족이 거리에 갱들이 보이고 하향동화가 되는 불리한 이웃환경에 정착할 때 더 생기기 쉽다.

세대간의 지속성

그와 대조적으로, 세대간의 갈등을 거의 경험하지 않는 이민가족도 있다. 이런 행복한 상황은 한국인, 중국인, 쿠바인이든 또는 멕시코인이든 그들의 집단으로 구성된 공동체에서 살 때 생긴다. 이 공동체는 젊은이들에게 비슷한 또래, 역할모델이 되는 같은 민족집단의 다른 성인들과 많이 접촉하도록 한다. 이런 접촉은 그들이 가정에서 배운 것을 강화해 주고 부모에게 사회적 지원을 제공한다. 비록 이 젊은이들은 다양한 학생들이 있는 학교에 다니지만 그들이 사는 공동체에서는 자기 부모들의 기대와 비슷하게 기대하는 부모를 둔 같은 문화의 또래들을 만나게 된다. 그래서 이들 아동들이 효율적 공동체에 속할 때, 나머지 사회로부터 어느 정도 고립되면서 집합적으로 사회화된다(Coleman & Hoffer, 1987). 가난한 가족 출신의 한 중국학생은 이 상황을 다음과 같이 설명했다.

우리 학교에는 몇 명의 중국학생들이 있었는데, 다른 학생들과 맞지 않아서 모두 서로 결사적으로 매달렸습니다. 다른 학생들은 모두 부자였거나 부자로 보였지만, 우리는 모두 가난했고 부모님을 도와줘야 했기 때문에 주말에는 숙제를 하면서 오랜 시간 일했어요. 내가 만일 다른 학교에 갔다면 이 시기는 내 인생에서 최악의 시기가 되었을 거예요. 그러나 내 중국친구들에게는 모두 같은 문제가 있었는데, 인기 있는 다른 친구들이 자기 부모들을 존경하지 않는 것처럼 보이는 반면, 우리는 모두 우리 부모님이 우리를 자랑스럽게 생각하도록 하고 싶었습니다. 우리는 열심히 공부했고 부지

런히 영어를 배웠고 서로의 가정을 방문하기도 했죠. 우리는 모두가 우리를 공부벌레로 생각한다는 것을 알았지만 그래도 그렇게 했고, 우리가 서로 도덕적으로 지원하고 존경하기 때문에 근본적으로 행복했습니다.

사실상 부모자녀 세대간의 어느 정도의 문화적 지속성이 가족이나 개인에게 기능적이라는 것을 뒷받침하는 증거가 있다. 부모의 문화를 거부하지 않는 자녀들에게는 가정에서 정서적 지원을 받는 혜택이 있다. 이런 아동들은 좀더 동화된 또래들이 하는 것보다 부모의 권위를 더 존중한다. 이로 인해서 그들은 학교에서 열심히 공부하고 부모의 기대를 충족시킨다. 그런 아동들은 상급학교에 진학할 가능성이 많고 후에 많은 수입을 올릴 수 있다. 그래서 이런 환경에서는 아동의 영향이 훨씬 긍정적이다.

이중언어 사용, 즉 학교에서는 영어를 유창하게 말하면서 가정에서는 모국어를 사용하는 것은 세대간의 문화적 지속성과 적응할 능력을 나타내주는 지표다. 철저히 2개 국어를 사용하는 아동들은 그들이 멕시코계 미국인이든 아시아계 미국인이든, 모국어를 하지 못하거나 영어를 잘 모르는 같은 민족 출신 아동들보다 학교생활을 더 잘해 나간다(Blair & Qian, 1998). 예를 들어 언어적으로 완전히 동화되어 가정에서 스페인어를 사용하지 않는 라틴계 학생들 사이에서 중퇴비율이 높다(Rumberger & Larson, 1998). 문화유산의 일부를 갖고 있는 아동과 청소년들은 그들의 이익을 위한 부모의 높은 열망으로부터 영향을 더 받으며, 유산을 잃어버리고 교육적 열망이 낮은 또래로부터 영향을 덜 받는다. 그래서 문화유산, 특히 언어유

산은 두 세대간의 의사소통을 가능하게 하고 부모의 권위를 유지하
도록 함으로써 부모에 대한 아동의 긍정적 영향을 증가시킨다
(Mouw & Xie, 1999). 사실 가정에서 가족의 모국어를 사용하는 청소
년들은 부모와 좀더 친밀한 관계를 경험하는 경향이 있다(Tseng
& Fuligni, 2000).

지속과 단절의 특수한 예

자녀들이 적응하면서 세대간에 어떤 일이 생기는가를 두 이민
소수민족인 멕시코계 미국인과 중국계 미국인을 통해서 알아보자.
멕시코계 미국인의 첫 세대와 다음 세대들을 비교하면, 미국에서
자녀들이 태어나면서 상당한 수의 가족들이 경제적으로 성공하지
만(약간 낮은 출산율, 대학교육 증가, 자기 주택 소유, 빈곤 감소) 편모비
율이 높아진다든지 어린 나이에 부모가 된다든지 복지기관의 보조
를 받는다든지, 문제가 많은 미국습관을 받아들이는 사람들도 있다
는 결론을 얻는다. 예를 들어 1997년에 멕시코계 미국인의 십대
출산비율은 흑인 십대의 출산비율을 앞질렀다(Ventura et al., 1999).
멕시코계 미국인의 일부는 하향동화되었는데, 이렇게 되면 부모의
기대에 따라서는 부모에게 부정적 영향을 끼칠 수도 있게 된다.
멕시코계 미국인의 2세대, 3세대 청년들은 점점 더 미국화되면서
출신국가와는 일체감이 없어지며 고향에 있는 친척들과 접촉도 별
로 하지 않는다. 그중 일부는 부모의 직업윤리와 가족의 가치관
일부를 부인한다(Buriel & De Ment, 1997). 이런 일이 생기면 자녀들

은 원래 가지고 있었던 문화의 가치 있는 면을 잃어버리고 거기에 아무것도 대체하지 못하거나 미국주류에서 일탈적인 것으로 생각되고 이 사회에서 적절한 수준의 성공에 기여하지 못하는 미국식 형태로 대체하기 때문에 동화는 일종의 마이너스가 된다(Portes & Rumbaut, 1996).

여기에는 학교, 근면, 권위에 대한 존경을 평가절하하는 것과 적정수준의 수입이 없는 상태에서 임신하는 것이 포함될 수 있다. 이민자의 문화적 동화가 가치 있는 목표처럼 보이지만 그들의 자녀가 새 사회의 부정적인 면이 아닌 긍정적인 면을 배울 기회가 있을 때만 그렇다. 그래서 도착했을 때 가난했던 이민 부모에게는 사회적 반응의 내용 또는 이 경우에는 사회가 가족에게 마련해 주는 환경이 아동의 영향을 결정하는 주요한 변수다.

중국 이민자녀들의 처지는 아주 다르다. 사실 중국계 미국인 가족은 자녀들에게 미국과 캐나다에서 교육적·재정적으로 성공할 수 있는 도구를 자녀들에게 주고 핵심적인 문화적 가치를 보존하는 두 가지 일을 상당히 효과적으로 수행한다. 이 가치관 자체가 성취에 도움을 줄 수 있다. 펠드먼(Feldman)과 로젠달(Rosenthal, 1990)은 홍콩에 살고 있는 표본을 포함하여 미국 백인들은 물론이고 중국계 미국인 1세, 2세 가운데 표본으로 선정된 15~18세 중국계 청소년을 대상으로 다양한 생활영역에서 연령에 따른 자율성 기대를 비교했다. 그들은 미국 백인청소년들이 가장 어릴 때부터 이성교제와 소년·소녀의 파티 등에 대한 기대를 가지고 있다는 것을 발견했다. 1세대 중국계 미국인과 홍콩학생들은 가장 나이가 든 후에 그런 기대를 하고 중국인 2세대는 중간 정도였다. 펠드먼과 로젠달은 중국계 미국청소년의 경우 가치관을 바꾸는 데 가족이 효율적이기 때문에 일찍부터 자율성을 발달시키는 미국식 모델을 천천히 따라간다는 점을 시사한 것이다. 그래서 중국계 미국청소년의 문화적 환경은 세대간의 대규모 갈등을 지연시킨다.

더구나 중국계 미국학생들은 백인이든 흑인이든 좀더 자유로운 또래들의 활동으로부터 배제되어 있어서 백인학생보다 비동조적 또래압력을 덜 경험한다. 이런 요인들이 합쳐져서 중국계 미국가족의 세대간 갈등을 감소시키는 데 기여한다. 그럼에도 중국계 미국인 십대들은 백인 십대들에 비해 자기들의 가족환경이 받아들여 주는 것은 적고 요구사항은 많은 것으로 인식한다(Rosenthal & Feldman, 1990). 그러나 그 차이는 크지 않으며 아마도 중국인들이 자기들의 가족을 미국에서 규범적이라고 여기는 것과 비교한 결과일 것이다(Pyke, 2000). 중국계 미국인과 캐나다인의 전반적인 생활만족수준은 나머지 집단만큼 높다(Ying, 1992).

다른 이민들처럼 중국 아동들은 때로 문화적 중개자의 역할을 한다(Buriel & De Ment, 1997). 이런 일이 생기는 주요 이유는 많은 가족들의 부모 모두 또는 그중 한 사람이 영어를 잘 못하기 때문이다. 예를 들어 자녀들이 어머니를 위해 사용설명서를 번역해야 하거나 상점계산대에서 어머니를 도와줄 때 또는 대신 전화를 걸어줄 때 이러한 역할이 시작된다. 나중에는 정보를 얻기 위해서, 또는 통역 때문에 부모나 조부모는 교육을 많이 받은 자녀에게 많이 의존하게 된다.

아프리카계 미국인 부모: 부정적 환경의 영향

사회적 반응의 특성 때문에 흑인 부모들은 아동의 부정적인 영향을 대규모로 받을 가능성이 제일 많다. 3장에서 윤곽이 드러난 것처럼 부모나 자녀의 특성보다는 그들의 환경이 아동발달과 영향의 주요 결정요인이다. 그러므로 이제부터 아프리카계 미국인의 생활조건이 자녀들은 잘살기 바라는 흑인 부모의 열망을 어떻게 좌절시키는지를 설명하려고 한다.

먼저 흑인 아동들은 많은 다른 흑인 아동들과 지리적으로 근접해서 자란다. 반대로 비율로 볼 때 많은 백인 아동들은 아동수가 적은 교외의 단독주택 지역에 산다. 흑인 아동들 주위에는 형제자매, 사촌, 젊은 숙부·숙모, 같은 층의 이웃들, 건물 내의 또래, 거리의 또래들이 있는데 이들 모두가 사회화에 영향을 준다. 그와 대조적으로 백인 아동들은 주위에 성인들이 많아서 또래의 영향이 다소 약해질 수 있다. 흑인 아동이 많은 이웃에서 배울 수 있는 한 가지 생존전략은 '근사하게' 되는 것인데 메이저스(Richard Majors)와 빌슨(Janet Billson)이 저서명을 『근사한 포즈』(1993)로 한 것도 그런 뜻이다. 그것은 자기 스타일, 자기 지위를 확립하기 위한, 흑인 남자에게 자신감을 주기 위한 표면상의 자기 과시다. 작가들은 위세를 강조하는 이 근사한 자세가 삶의 다른 대안을 차단하고 아내나 여자친구를 학대하도록 하고 자기 아동에 대한 의무를 포기하도록 한다는 것을 발견했다. '근사한 고양이'도 학교와 합법적 취업을 과소평가할 가능성이 있다. 부모의 열망이 좌절될 것이다. 다음은 문제 있는 청소년을 둔 부모를 위해 여러 인종으로 구성된 한 지원집단의 일원인 흑인어머니가 한 말을 발췌한 것이다.

오, 내 아들은 아~주 근사합니다(어머니는 여기서 아들의 말을 흉내
낸다). 나는 그 애가 스스로 누구인지도 모른다고 생각합니다. 그
애한테는 진실인 것이 없고 주위에는 번지르르한 아이들뿐이죠. 나
는 정말 그 애들이 미워요. 그들은 모든 걸 가지고 가버리죠. 그
애들이 워낙 거칠어서 학교에서 다른 아이들도 두려워하고 그 애들
이 원하는 대로 하게 내버려두나 봐요……. 그들의 부모 — 사실은
어머니 — 는 무엇을 생각하고 무엇을 하는지 모르겠습니다. 그 아
이들 가운데 일부는 정말 뻔뻔스럽게 행동하는데, 그런 소년·소녀
들로부터 무엇을 기대할 수 있겠어요? 이 소녀들도 정말로 거칠어
요……. 뻔뻔스럽게 행동하는 소녀들과 연예인 흉내나 내고 흑인아
기를 원하는 백인 쓰레기 소녀들 사이에서 내 아들은 자기가 소녀
들에게 주는 하느님의 선물이라고 생각하고 자기 재주를 자랑하는
데, 경찰도 그의 재주를 알죠. 내 말뜻을 알겠죠? …… 어머니로서
아무것도 할 수가 없어요. 그리고 내 남동생이 그에게 뜻있는 말을
하려 했지만 그가 너~~무 근사해서 내 동생은 한 대 때려주고 싶
은 기분이었다고 합니다. 곧 교도소에 가게 될 때가 올 것 같아요.
그게 근사한 거 아닌가요? (슬프게 고개를 흔든다.)

부모가 자녀를 사회화하는 방법은 그들이 사회의 자원구조에서
차지하는 위치와 현실적인 환경이 그들에게 부과하는 문화적 과제
에 따라 다르다(Ogbu, 1985). 흑인 부모들은 특히 백인 부모가 자녀
들에게 기대할 수 있는 것과 비교해서 사회의 기회구조에서 자기

자녀들의 몫이 아주 작다는 사실에 직면한다. 많은 사람은 자녀를 비통상적인 방법으로 성공시키려는 대안적인 전략을 받아들인다. 도심지에서 자녀를 유능한 성인이 되도록 키우기 위해서는 백인 중산층이 교외에서 유능한 성인이 되도록 키우는 것과 다른 기술이 있어야 한다. 예를 들어 불리한 도심지의 흑인 부모는 자기 자녀들을 도전적이고 자립적이며 맞서 싸울 수 있고 어느 정도 불신 받을 수 있는 '태도'를 갖도록 키울 수 있다(Ogbu, 1985). 그래서 아프리카계 미국인이 자녀를 키우는 방법은 자신들의 사회적·경제적 지위와 이웃의 상황에 따라 상당한 차이가 있을 수 있다. 이 책의 목적을 위해서 우리가 알고 싶은 것은 이 같은 사회화관행이 부정적이든 긍정적이든 부모자녀 관계에 어느 정도의 영향을 미치는가 하는 것이다.

이웃에게 긍정적인 특성이 있음에도, 중산층에 속하는 아프리카계 미국인들은 백인 중산층과 생태학적으로 동일한 환경에 살지 않는데, 이것은 예외가 아니고 일반적인 법칙이다(Sampson & Wilson, 1995). 경제적으로 제일 부유한 흑인들도 제일 가난한 백인들의 주거환경과 동일하고(Alba, Logan, & Bellair, 1994: 427) 범죄성향이 있는(Logan & Stults, 1999) 공동체에 살기 때문에 가시적인 사회문제를 피할 수 없다. 패틸로(Patillo, 1998)는 대도시 지역에서 흑인 이웃에 대한 관찰연구를 실시했다. 이웃 사람들 가운데 인구의 60%는 화이트칼라였고 대부분의 가족은 잘 정비된 거리의 단독주택에 거주한다. 이들 가족의 대다수는 2, 3세대 동안 이 지역에 살고 있다.

그러나 패틸로가 '보호지역'이라고 부른 이 지역은 이 이웃에서 자랐고 자신의 가족을 위해 그 지역을 안전한 장소로 보존하고 싶어하는 갱 두목들의 고향이기도 하다. 그래서 대부분의 마약은 이 지역 밖에서 판매되며 갱 두목들은 이 지역을 청결하고 안전하게 하기 위해서 학교에 같이 다닌 합법적 지도자들과 힘을 합친다. 거주기간과 자녀들이 같은 학교에 다닌다는 사실이 합법적 조직과 불법적 조직을 결합시키는 결과를 초래한다. 상호간의 친숙성은 거주자들, 특히 청년들이 합법적 조직과 함께 반사회적 조직에도 노출된다는 것을 의미한다. 이런 복합적 영향력에는 대부분의 백인 중산층 부모들에게는 관심 대상이 아닌 교차된 압력도 포함된다. 더욱이 많은 흑인 중산층 가족은 최근에야 그 수준에 도달했기 때문에 백인에 비해 많은 비율의 흑인들에게는 가난한 친척들이 있다(Billingsley, 1992). 교도소에 갔다 왔거나 복지기관에 의탁하거나 마약을 복용하는 친척이 있는 사람들도 있다. 그래서 대체로 확대가족 **안에서도** 부정적인 사회화의 영향력으로부터 자녀를 격리시키는 게 어렵다.

전반적으로 평균적인 아프리카계 미국인은 평균적인 백인 가족에게는 생소한 많은 문제에 직면해 있다. 편견, 차별과 싸워야 하는 것 이외에도 그들은 자기 자녀들을 부정적인 또래 행동과 이웃의 위험으로부터 보호해야 한다. 많은 사람들은 자녀들을 사립종교학교에 입학시킴으로써 이 문제를 해결한다. 그와 대조적으로 평균적인 백인가족은 질적 수준에 대해서 염려하지 않고 자녀들을 이웃학교에 보낸다. 그래서 아프리카계 미국인은 많은 재정적 부담을 안게 된다. 그들은 공립학교 세금을 내고 사립학교의 수업료도 내는데, 대체로 그들의 수입이 적기 때문에 큰 개인적 희생이 따를 때가 많다.

불행하게도 사립학교는 다른 지역에 있을 수 있다. 이는 흑인

학생들이 자기가 살고 있는 공동체에서 더불어 사회화할 수 있는 친구가 적거나 없다는 것을 의미한다. 그들의 부모는 과잉보호해야 하며, 그리고 나쁜 친구를 만나거나 갱 단원들에게 괴롭힘을 당하거나 거리폭력에 휩싸일 수 있기 때문에, 자녀들이 거리에서 노는 것을 허락할 수 없다. 이들 부모는 항상 경계해야 하고 자녀들이 이웃 밖에서 할 수 있는 다른 여가활동을 찾아줘야 하거나 집에 붙들어둬야 한다. 한 여학생은 자서전에서 자기 부모의 노력에 대한 반응을 다음과 같이 묘사한다.

우리는 보조금을 받는 주택단지 근처의 비좁은 아파트에 살았는데 어디든지 꼬마들이 많았어요. 우리는 언제나 꼬마들과 함께 있었고, 곧 부모님이 우리와 꼬마들을 따로따로 말하는 것은 불가능하다고 생각할 정도였죠(미소를 지었다!). 우리는 재미있을 때가 많았지만 우리 부모님은 그렇지 않았나 봐요. 부모님은 우리를 잘 키우려고 했지만 우리가 늘 어울리는 다른 꼬마들은 전혀 그렇지 않았어요. 그리고 그 애들의 부모님도 언제나 최선의 사람들은 아니었거든요. 그들은 아이들을 밤늦게까지 밖에 있도록 했고, 어디든지 가도록 했으며, 복도와 주차장을 침범해서 마음대로 하도록 내버려뒀어요. 그들은 별 소용이 없었고 우리 언니와 오빠, 나는 우리 부모님이 이런 폐해로부터 우리를 보호하려고 노력했다는 것을 인정할 수 없었습니다. 나는 부모님을 미워했지만 동시에 사랑하기도 했어요.

매이튼(Maton)과 라보우스키(Hrabowski, 1998)는 학교에서 아주 성공하는 아프리카계 미국인 남학생들은 사회적 고정관념은 물론이고 이웃과 또래의 부정적 영향을 상쇄하기 위해서 아동의 생활에 관심이 많은 가족에서 자랐다고 보고했다. 이들의 부모는 엄격했고 양육에 관심이 많았으며, 교사, 교회의 교우들, 과외활동의 공동체와 잘 연결되어 있다.

아동과 부모의 특성이 부모한테 미치는 아동의 영향을 결정하는 데 틀림없이 중요한 변수이지만 아프리카계 미국인의 환경 특성은 백인과 아시아계 미국인의 경우보다 중요할 수 있음을 알 수 있다. 예외가 많지만 전반적으로 백인 가족이 살고 있는 환경은 주류사회의 능력과 열망을 성취하는 데 더 유리하다. 백인 부모는 그들의 자녀를 키우면서 노력을 덜하고 희생도 적다. 그래서 흑인 자녀들이 백인 자녀들보다 부모 생활의 일부 영역에 부정적 영향을 더 끼치는 것이 아니며 또 다른 영역에서는 긍정적인 영향을 미치는가를 궁금해 할 수 있다. 연구자료에 의하면 흑인, 특히 여성은 백인보다 결혼과 가족생활에서 덜 긍정적인 경험을 한다(Aldous & Ganey, 1999). 그러나 정보가 충분하지 않기 때문에 이 시점에서 이러한 발견내용을 아동의 영향과 관련짓는 것은 불가능하다.

결론

이 책의 대부분 다른 장에서도 그랬지만 이 장도 사실과 해답을 제시하기보다는 많은 연구 문제를 제기했다. 이민가족과 소수민족 가족이 연구에 포함된 것은 최근이었다. 결과적으로 우리는 그들의 부모자녀 관계, 가족역동성, 부모 역할, 아동발달에 대해서 비교적 아는 것이 적다. 조사에서 얻은 통계도 이들 가족에 영향을 미치는 문제만 취급하는 한정된 모델을 따르고 있다. 이 자료들로는 자녀와 부모의 특성간 상호 작용은 물론이고 자녀가 부모에게 미치는 영향을 연구할 수 있는 기반을 만들지 못한다.

그러나 이 장은 하나의 결론에 초점을 맞춘다. 즉 사회적 반응의 특성은 아마 이민 가족과 소수민족 가족에서 부모에 대한 자녀의 영향을(그리고 자녀에 대한 부모의 영향을) 결정하는 좀더 중요한 요인일 것이다. 이민가족, 특히 가난한 소수민족 가족은 불가항력적인 환경에 뛰어드는 것이다. 이는 옷을 입은 채 갑자기 뜨거운 목욕탕에 던져지는 것과 같다. 백인에게는— 특히 중산층 백인에게는— 없는 힘이 이 가족을 엄습한다.

소수민족 부모들은 자녀를 그들의 꿈에 따라 키울 수 있는 권리를 되찾고 학교, 사회기관, 복지기관과 사법기관으로부터 영향력을 돌려받아야 한다. 이웃에서도 아이들을 실패자의 분위기가 아닌 희망적인 분위기에서 키울 수 있도록 대규모의 사회적 재투자를 필요로 할 때가 있을 것이다. 여기에는 물론 도시환경에 살든 보호지역에 살든 미국 원주민도 포함된다. 미국에서 태어난 사람이든 이민자든 용모로 구별되는 소수민족 집단에서 사회문제의 비율은 매우 높으며, 그래서 부모자녀 관계에 대한 정보가 많이 필요하다. 이런 상황에서 아동의 영향이란 주제는 어떻게든 달리 연구될 필요가 있다. 이는 전적으로 미개척된 분야다.

11장 양부모

매년 친척이 아닌 사람에 의해서 입양되는 아동은 비교적 적은 편이지만 입양은 부모에 대한 자녀의 영향을 분석할 수 있는 중요한 사회학적 기반을 구성한다. 입양에는 입양한 부모와 자녀 모두에게 특수한 결과를 가져오는 사회적인 의미가 있다. 이 주제는 이 책의 내용과 관련해서 생각할 때 매우 계몽적이다. 왜냐하면 우리가 계속 봐온 것처럼 부모에 대한 아동의 영향이 많이 연구되지 않았다는 사실은 많은 부분 부모 역할과 아동기에 대한 일반적인 사회적 정의에 달려있기 때문이다. 입양은 좀더 민감한 형태로 이 유형을 반영한다. 입양한 부모는 생물학적 부모가 경험하지 못하는 방식으

"

로 아동의 영향을, 주로 간접적으로 경험한다. 북미에서는 입양에 대해서 사회적으로 부정적 의미가 부여되기 때문에 이런 상황이 생긴다.

입양은 사회적으로 어떻게 정의되는가?

가족이 생물학과, 친족이 혈연관계와 동일시되는 미국과 같은 유럽계 사회에서는 입양과 관련해서 상당히 양면적인 성격을 띤다 (Wegar, 1992). 그와 대조적으로 다른 사회에서는 입양이 더 흔하고 친족의 입양은 일상적인 것일 수 있다. 북미에서는 일반적인 성역할 규범의 자유화에도 불구하고 아직도 여성의 출산능력은 자아존중감 과 사회적 인정의 중요한 표시로 간주된다(Letherby, 1994). 체슬러 (1989) 같은 페미니스트까지도 생물학적 (친)어머니의 모성이 양어머 니의 모성보다 우월하다고 생각한다. 생물학과 페미니즘의 새로운 만남은 이념적으로 예외적인 상황을 만든다. 왜냐하면 페미니즘에 서는 일반적으로 생물학적 강제를 바탕으로 한 성역할을 부인하기 때문이다(Rothman, 1989). "생물학적 요소는 운명이 아니다"라는 잘 알려진 페미니스트의 구호를 누가 들어보지 않았겠는가? 그러나 불임과 입양은 같은 선의의 사람들도 오점으로 생각한다(Bartholet, 1993). 그러나 "우리는 결정적인 상관관계로 보지 않으면서도 유전 적 유대를 인정하고 높이 평가할 수 있다"고 지적하는 페미니스트들 도 있다(Rothman, 1989: 39). 또 다른 페미니스트들과 스콜닉(1998) 같은 학자는 이 '새로운 생물학주의'를 정책적 의미가 있는 문화현상이라고 비판했다.

입양이 대중의 관심을 끄는 것은 아마 자연스러운 것과 상이한 것 또는 자연스러운 것과 생물학적인 것 사이의 양면성과 이중성 때문일 것이다. 베거(1997: 97)의 발표에 따르면 1993년에 전국 규모의 라디오와 텔레비전에서 입양을 113번 크게 다뤘고 유산은 186번, 이혼은 95번, 산아제한은 31번 방송했다. 더욱이 입양은 가끔 텔레비전 드라마의 소재가 되기도 한다. 이렇게 많이 언급되고 그려지는 것은 사실보다는 선입견을 반영한다. 왜냐하면 우리 사회에서 친척이 아닌 사람이 하는 입양은 이혼, 유산, 특히 산아제한보다 훨씬 덜 빈번하기 때문이다. 입양은 분명히 극적·화해적 가치를 띠는데, 그 부분적인 이유는 입양에 양면성을 띠는 사회적 의미가 있기 때문이다. 가족생활과 유대에 대해서 사회적 의미를 다르게 부여하는 다른 사회에서는 입양이 관심을 끌지 않을 것이다.

입양은 수십 년 동안 뉴스가 될 가치가 있는 주제였는데, 10년마다 그 문제를 다른 각도에서 보았다. 1950년대의 초점은 좀더 실용적인 것이었고 장차 입양할 부모에게 보내는 충고에 역점을 뒀다. 국가간, 인종간의 입양은 물론이고 아기부족의 실체도 1960대까지는 표면화되지 않았다. 1974년에 이르러 봉인된 입양기록이 문제가 되었고 1980년대 초에는 이와 함께 생물학적 부모를 찾고 후에 재결합하는 것도 관심의 대상이 되었다. 친부모가 사회적으로 가시화되었고 좀더 받아들여지게 되었다(Wegar, 1997). 법원은 그들에게 더 많은 권한을 줬다. 1990년대에는 뒤늦게 나타나서 양육권 소송을 제기한 친부모가 어린 아동들을 데려가는 과정에서, 그 아동들은 울면서 정서적으로 완전히 황폐화된 채 자신들이 알고 있는 유일한 가족으로부터 떨어져야 하는 가슴 찢어지는 몇몇 사연이 보도되었다.

그러므로 입양을 둘러싼 문제들과 입양이 관련된 아동에게 미치는 영향에 대한 문화적 설명이 점진적으로 변화되어 왔다. 이 점진적 변화 자체가 입양에 대한 생각이 변하고 있으며, 그것은 '자연적'인 것이 아니고 문화적이라는 것을 보여준다. 하여튼 이렇게 진행되면서 어머니 노릇과 같이 자연스러운 것도 다시 정의되거나 재구성되었다. 최근에 입양아가 친어머니와 재결합하는 것이 그런 경우다. 그것은 일반인의 관심을 끌게 되었고 요즘 우리 문화에서 유행하는 다른 가치를 나타내는 언어로 표현되었다. 첫째, 그러한 언어는 사회적 부모 역할보다 생물학적 부모 역할이 더 낫다는 것을 재확인해준다(Rothman, 1989; Skolnick, 1998). 그것은 생물학 또는 유전자를 양육과 동일시하며 분자유전학의 새로운 과학 경향과 일치한다. 이것은 넬킨과 린디(1995)가 'DNA비법'이라고 부른 것이다.

둘째, 친부모를 찾아서 재결합하는 것은 입양제도의 압박에 대한 자연의 승리로 볼 수 있다. 찾기 운동을 하는 활동가들은 찾으려는 심리적 욕구를 보편적인 것으로 보고 있지만, 그 반대의 경우도 있다(Wegar, 1997). 바꿔 말하면 모든 입양아가 찾을 필요를 느끼는 것은 아니며, 재결합이 안 된다고 '불완전한' 채로 남아있는 것도 아니다. '불완전' 하다는 것도 사회적 의미를 부여해서 만들어진 말이지만 요즘 우리의 '심리학 용어'에서 높은 가치를 띠기 때문에 효과적인 비유법이다. 더욱이 자기의 뿌리를 찾으려는 이 가정된 보편적 '욕구'는 '자아발견', '자기실현', '자유', '선택', 가정된 개인 문제와 친부모를 찾지 않으려는 사람의 '억압'과 같은 매우 근대적인 심리적·개인주의적 논제 안에 들어있다. 바트홀렛(1993)이 지적한 것처럼 친어머니 찾기 운동은 원래 의도한 바는 아니지만 입양 그 자체에도, 특히 친부모를 찾는데 관심이 없는 입양아는 물론이고 양부모에게도 입양과 관련되었다는 낙인을 찍어준 셈이다.

입양아에 대한 전문가의 설명

입양에 대한 문헌은 입양아와 비입양아 간에 적응수준과 결과에서 유의미한 차이를 발견하지 못하는 연구자들과 차이를 발견하는 연구자들의 문헌으로 나뉜다(Sharma, McGue, & Benson, 1998을 참조). 오히려 몇몇 연구는 입양아가 자아의 강점과 탄력성을 확실히 보인다는 것을 알아내기도 했다(Benson, Sharma, & Roehlkepartain, 1994). 그러나 전반적으로 입양아들과 그들의 부모에게서 지속적으로 나타나는, 그래서 관심을 가져야 할 어떤 결함도 없었다(Bartholet, 1993). 그럼에도 일반인에게 발표되는 연구결과를 피상적으로 검토하면 긍정적이기보다는 부정적인 면, 즉 양부모들이 그들의 역할에 안정감을 느낄 수 없고 입양된 아동들이 소속감을 느낄 수 없다는 초점만 부각된다.

연구에 나타나는 결점과 장점은 주로 사용되는 방법에 달려 있다. 즉 표본에 포함되는 입양아의 유형(예를 들어 입양 당시의 연령), 비교집단, 그리고 측정된 결과에 달려있다. 이러한 연구의 모호성 때문에 문제성 있는 입양아나 청소년과 접촉하게 되는 전문가들은 너무 성급하게 문제의 원인을 입양이라고 여길 수도 있다(Miall, 1996). 이 젊은이들은 자신들에게 영향을 주는 진정한 문제에 대해 치료를 받지 못했을 수도 있다. 그 대신에 '입양된 것에 대해서 어떻게 느끼느냐?'와 같은 질문을 받게 된다. 그런 계통의 질문은 입양된 것은 무언가 잘못된 것이란 입양아의 생각을 단순히 강화해 줄 뿐이다. 이것은 그들에게 있을 수 있는 어떤 다른 문제도 해결할 수 없을 것이다.

심리학자와 정신과 의사의 환자 가운데 비입양아보다는 어느 정도 성장해서 입양된 아동을 포함하여 입양아가 많았다(Brodzinsky, 1993). 거기에는 두 가지 설명이 있었다. 첫째, 어떤 입양아들도 자라면서 그들의 정체감문제 때문에 또는 부모가 그들과 적절한 유대관계를 갖지 않기 때문에 어려운 때가 많을 수 있다. 여기에서 '유대관계이론'은 양부모에게 아주 불리하다. 왜냐하면 그 이론에서는 애착이 생기려면 출생 직후에 아이를 만져야 하는 것은 물론이고 아이를 낳아야 할 필요성을 제기하기 때문이다. 이런 식으로 추론해 나가면 부부는 같이 태어나지 않았기 때문에 유대관계가 생길 수 없다!

두 번째 설명은 사실 입양아와 비입양아 사이에 진정한 발달상의 차이가 없다는 것이다. 그보다는 사실 양부모의 사회·경제적 지위가 높아서 그들은 정신건강 치료에 익숙하다고 할 수 있을 것이다. 결과적으로 자기 자녀들에게 어떤 문제가 보이는 즉시 전문가와 상의하는 경향이 더 있을 수 있다(Warren, 1992). 또한 그들은 "입양아한테 더 많은 문제가 있다"는 말을 들어서 전문가와 빨리 상의할 수도 있다. 그와 대조적으로 친부모는 더 심각한 문제가 생긴 후에 도움을 청할 것이다. 그러므로 상대적으로 비입양아는 심리학자들의 통계에 덜 나타난다.

세 번째 설명은 주목받지 못했었다. 그것은 문화적인 것이며 입양에 대해 사회적으로 부정적인 의미를 부여하기 때문에 생겨난다. 입양아가 비입양아만큼 부모로부터 사랑 받고 수용된다고 느껴도 그의 또래와 다른 성인들까지도 공개적으로 거기에 대해서 의문을 제기한다.

마치(1995: 656)의 연구에서 한 응답자는 가족 밖의 사람들은 "다른 부모가 자식을 사랑하는 것처럼 너의 양부모가 너를 사랑한다는 것을 결코 믿을 수 없다. 왜냐하면 너는 친자식이 아니기 때문이다"라고 말했다. 한 학생은 10살쯤 되었을 때 하루는 기분이 나빠서 집에 돌아와 어머니에게 다음과 같이 물었던 일을 기억한다. "내가 입양되었기 때문에 나를 사랑할 수 없다는 게 사실인가요?" 어머니는 충격을 받았다. 그리고 다른 아이들의 잔인함과 몰이해를 받아들이기 어려웠다. 12세의 소녀는 한 급우로부터 이런 말을 들었다. "아니, 너는 입양되었다며! 네가 너무 안됐다. 너는 진짜 부모님이 없구나." 급우는 손으로 입을 가리고 부르짖었는데 이는 입양아인 소녀를 당황하게 했다. 그래서 그 소녀는 자기 어머니에게 말했다. '내가 기분이 좋지 않은 것을 이해하시겠어요.' 다른 소녀는 그 소녀의 '가짜' 어머니에 대해서 묻기도 했다.

물론 부모들은 자기 자녀들에게 매우 미안한 생각이 들고, 입양은 흔한 일이 아니어서 사람들이 거기에 익숙하지 않고 그것을 이해하지 못한다 등을 설명해야 한다. 그럼에도 또래의 반응으로 생긴 상처를 아물게 하기에는 부모의 설명과 확인이 충분치 않을 수 있다. 어쨌든 우리가 7장에서 본 것처럼 또래들은 아동의 자아를 정의하는 과정에서 극히 중요한 준거집단이다. 그래서 이 낙인이 입양아에게는 무거운 정신적 짐이 될 수 있고 입양 때문에 생기는 아동의 적응문제를 모두 설명할 수 있을 것이다. 그 대신에 아동들이 입양은 좋지도 나쁘지도 않은 중립적인 것, 혹은 자연스러운 것이나 좋은 것이란 말을 받아들인다면 그들은 양면적인 감정을 덜 경험할 것이다.

자신들의 부모가 자기의 '피가 같은' 손자를 선호할 때 슬퍼지는 부모들도 있다. 또는 부모들은 교사가 다음과 같이 말할 때 기분이 상한다. "물론 댁의 아이는 문제죠. 하지만 입양할 때는 어떤 아이인지 알 수가 없으니까요." 혹자는 이렇게 지적할 것이다. "이해합니다. 그 애들을 당신의 친자식처럼 사랑할 수는 없겠지요." 그리고 새로 알게 된 사람이 계속 다음과 같이 묻는 경우도 있다. "당신 자신의 아이들은 어떻게 됐습니까?" 바꿔 말하면 사회적 반응은 차별의 형태를 취한다. 그리고 연구자들이 이러한 현상과 이 현상이 부모와 자녀들에게 미치는 영향을 파악하지 못했다는 것은 놀라운 일이다.

양부모에 대한 견해도 마찬가지로 각양각색이다(Groze, 1996). 일부 사람들은 양부모가 자신감이 적고, 걱정이 많으며, 불임이란 낙인이 찍혔다는 느낌을 갖고 있다고 주장하는가 하면 다른 연구자들은 이런 '위험한' 관점을 뒷받침할 만한 아무것도 발견하지 못했다(Borders, Black, & Pasley, 1998를 보시오). 불행하게도 연구문제도 입양에 대한 병리학적 관점 또는 결함을 찾는 관점에서 고안된다. 그런 질문들은 문제를 예방하기보다 입양이란 문제를 일으키는 것이라는 방향으로 사회적 의미를 부여한다. 그래서 아마도 지금과 같은 결과가 나오는 것은 놀라운 일이 아닐 것이다. 즉, '입양 자체에 문제가 있다'고 사회적 의미를 부여해 버리는 것이다.

인종간 입양

약 5만 명의 아동이 입양대상이 될 수 있는데, 그중 약 절반은 유색인인데 주로 흑인이다(Child Welfare League of America, 1993). 비록 인종간의 입양이 1993년에 약 4%로 전체 입양의 극히 적은 일부이지만, 여기에 대한 연구는 많다. 이런 '과잉' 또는 지나친 연구는 미국 사회구조에서 인종이 두드러진 측면이며, 인종과 관련한 것은 무엇이라도 이념적 논쟁대상이 된다는 사실에 기인한다. 만일 양부모를 예외적인 것으로 간주한다면 인종간의 입양은 평균으로부터 훨씬 더 일탈된 것으로 생각할 수 있을 것이다. 그래서 이것은 부모와 자녀에게 모두 최선보다 훨씬 못한 상황이 될 것이다. 그런 가족은 매우 가시적이다. 그들은 눈에 띈다. 그들은 때로 공공장소에서 호기심의 대상이 되고 또 다른 경우에는 아동과 어른으로부터 분명한 적대감의 대상이 된다. 부모와 아동들 모두 이 '관심'을 이겨나가자면 상당 수준의 탄력성과 유머 감각을 개발해야 할 것이다.

대부분의 아동은 아프리카계 미국인이고 대부분의 양부모는 백인이기 때문에 인종간 입양을 둘러싼 많은 논쟁이 일어난다. 전국흑인사회사업가연맹에 속한 사회사업가들을 포함해 많은 흑인들은 이런 식의 입양을 문화말살의 한 형태라고 비난해 왔다. 그들은 백인가족에 속한 흑인 아동은 그들의 아프리카계 미국인으로서 정체감을 잃어버리고 정체성의 위기를 맞을 것이라고 주장한다. 전국흑인사회사업가연맹은 흑인부부로 하여금 양부모가 되지 못하도록 하는 입양제도의 차별을 금지하도록 촉구했다. 또 다른 편의 이념적 관점에서는 아동은 안정된 자아감을 획득하기 위해서 자기를 사랑해 줄 부모가 필요하다는 논의도 있었다. 인종에 관계없이 아동은 부모를 가질 권리가 있다.

어느 쪽의 논의를 뒷받침하는 증거가 있는가? 연구문헌에 백인부모에 입양된 흑인 아동이 흑인가족에 입양된 아동들과 많이 달라진다는 기록은 절대로 없다(Silverman, 1993). 영국에서도 같은 결과가 나왔다(Bagley, 1993). 브로흐(Vroegh, 1997)는 한 종단연구에서 청소년이 되어서도 타 인종에 입양된 아동들이 적응을 잘하고 있으며 높은 수준의 자아 존중감을 가지고 있다고 보고했다. 이러한 가족은 '인종간' '입양' 때문에 이중으로 예외적인 경우에 처해 있는 것을 생각할 때 놀라운 결과다. 더욱이 대부분의 아동은 흑인이라는 것을 확인하면서 자라고 대부분의 부모는 아동의 아프리카계 미국인으로서의 정체감을 의식적으로 강조한다(Vroegh, 1997).

타 인종의 아동을 입양한 양부모의 경험에 대한 제대로 된 연구는 확실히 없다. 흑인과 백인 아동뿐만 아니라 미국 원주민은 물론이고 아시아계 입양 아동의 인종에 따라 입양의 영향을 비교하는 일은 흥미로울 것이다. 아마 인종을 어떻게 받아들이는지 사회적인 의미가 아동에게도 부모에게도 영향을 미칠 것이다. 더욱이 백인 아버지 또는 어머니가 따로 흑인 아동을 데리고 여러 사람 앞에 나타난다면 반응은 다를 것이다. 부모의 성에 따라 영향도 다를 것이다. 모르는 사람은 백인 부모가 흑인배우자를 가진 것으로 생각할 수 있는데 이런 상황은 누구에게나 사회적으로 받아들여질 수 있는 게 아니다. 더구나 타 인종의 아동을 입양한 부모는 아동의 문화적 유산과 인종적 정체감까지도 강화시켜 줘야 한다는 책임을 지게 될 것이다. 이는 다른 부모들에게는 없는 과제다. 그런데도 가족에 대한 영향이란 점에서 이런 내용들은 연구문헌에서 전혀 취급되지 않았다.

의붓자녀의 입양

레빈과 샐리(1990)는 매년 10만 명의 의붓자녀가 계부모, 일반적으로 계부에 의해 입양된다고 추산했다. 이 숫자는 아무 연고도 없는 아동의 정규적인 입양보다 훨씬 많은 것이다. 정규적인 입양과 계부모에 의한 입양 간에는 유사점이 약간 있지만 개별적인 상황에 따라 동기도 특이할 뿐만 아니라 중요한 차이가 있다(Ganong et al., 1998). 어른들은 보통 새로운 가족을 갖고 싶지만 불임이기 때문에 입양한다. 계부모에게는 이미 가족이 있다. 계부 또는 계모에게는 실제로 다른 곳에 살고 있는 자녀들이 있을 수 있다. 그보다는 이혼 후에 의붓자녀를 입양하는 주요 이유는 '정규적인' 가족을 가지려는 소망 때문이며 특히 같이 살고 있지 않는 부모가 아동을 지원하는 데 도움이 안 되고 그들이 아동들에게 할 일이 없을 때 관계를 끊고, 새로 구성한 가족에서 합법적인 역할과 관계를 갖기 위한 것이다.

같이 거주하지 않는 부모는 입양에 동의하거나 문제를 법정으로 가져갈 수 있을 것이다. 그 부모가 적당치 않아 보이거나 관계를 단절하는 것이 아동을 위해 최선의 이익이 된다면 판사는 입양에 유리한 판결을 내릴 것이다(Mahoney, 1994). 이혼 이후에 의붓자녀를 입양한 장기적 결과는 알려져 있지 않다. 한편 체계이론의 관점에서 보면 이는 핵가족의 경계가 견고함을 재확인해 주는 것이다. 다른 한편으로는 아동이 성인이 되었을 때 친부모와 자녀 모두에게 큰 고통과 증오를 가져올 것이다. 자녀는 계부모가 자기를 같이 살지 않는 부모로부터 '훔쳐갔다'고 느낄 수도 있을 것이다. 자녀는 그렇게 쉽게 자기를 포기한 데 대해 같이 살지 않는 부모를 증오할 수도 있을 것이다. 이 단계에서는 법적으로 자녀를 포기한 친부모는 물론이고 입양을 받아들인 계부모에 대한 자녀의 영향을 분석하는 의붓자녀 입양에 대한 종단연구가 필요할 것이다.

공개 입양

점점 많은 기관들이 공개입양을 지향하고 있다. 이는 친부모와 양부모 간에 어느 정도 수준의 의사소통이 있음을 의미한다. 이 제도하에서는 친어머니가 입양과정에 관여할 수 있고, 아동에게 접근할 수 있는 조건에서만 입양을 위해 자녀를 내놓는다. 먼저 그들은 부부를 선택하는 과정에 참여하고 만날 수 있다.

친어머니(그리고 때로는 친아버지)와 양부모가 계약상 몇 가지를 동의할 수 있는데 많은 부분이 친어머니에게 달려 있다. 어머니는 단순히 아이의 사진과 아이가 어떻게 자라고 있는지 설명하는 편지를 받고싶다고 요구할 수도 있다. 부모 또는 양쪽 부모와 친자식을 매년 방문할 것을 요구할 수도 있다. 72번의 공개입양에 대해 연구한 에터(Etter, 1993)의 연구에 의하면 친부모는 양부모에게 약속한 것보다 더 많이 방문하도록 압력을 가하지는 않았다.

그 과정이 전적으로 공개된다면 친부모는 아동을 정기적으로 방문하고 아동의 건강에 관한 결정과정에 참여함으로써 양부모의 가족체계에 다소간 참여하게 된다(Grotevant et al., 1994). 캘리포니아에서는 매주 접촉하는 경우를 미디어에서 많이 보여주지만 그런 현상이 얼마나 널리 퍼져 있는지, 그것이 실제로 얼마나 효과가 있는지는 알 수 없다. 미디어에서 인터뷰하는 경우 양쪽부모 모두 아주 행복하다고 말하지만 불만이 있는 양부모라면 미디어를 통해 자기들의 경우를 논의하는 것이 자녀들에게 최선의 이익이 되지 않기 때문에 그렇게 할 것 같지 않다. 그들은 친어머니의 부정적 반응과 아동을 잃어버릴 가능성에 대해서 두려워할 것이다.

공개입양에 관한 많지 않은 연구에 의하면 양부모와 친부모의 대부분은 그들의 관계에 대해서 만족하고 있는 것처럼 보인다(Etter, 1993). 그러나 양부모보다는 친부모가 이 같은 입양형태에 약간 더 만족하고 있는데 이는 대부분의 이익이 친부모에게 돌아간다는 베리(1991)의 결론과 일치한다. 그러나 양부모도 일반적으로 만족하고 있으며, 이런 상황이 영구히 계속될 것이란 생각까지 하게 될 것이다(Grotevant et al., 1994). 비록 대부분의 연구는 이러한 형태의 입양이 만족스럽다고 지적하지만(Gross, 1993) 현재의 연구에 근거해서 확고한 결론을 내리기는 어렵다.

첫째, 일부는 공개입양을 좋아하는 그 과정에 관여한 사회사업가들에 의해서 연구되었다. 이와 같은 선호는 수집된 자료와 그후의 해석에 영향을 미칠 수 있다. 둘째, 표본수가 너무 적어서 접촉형태와 빈도에 따라 양부모의 만족이 어떻게 달라지는지를 알기 위해 친부모의 방문빈도에 따라 입양가족을 비교할 수가 없다. 특히 중요한 것은 친어머니와 입양아의 접촉범위다. 이 단계에서는 청소년 자녀들이 양쪽 부모와 어떻게 기능하는지, 그들을 키울 책임이 있는 양부모가 어떤 영향을 받는지를 단정하는 것은 불가능하다. 법적으로 친권이 없는 부모를 방문하는 의붓가족의 자녀들과 확실히 비교할 부분이 있다. 분명히 공개 입양은 비교적 새로운 현상이어서 아동과 친부모, 양부모에 미치는 영향에 초점을 맞춘 종단연구가 필요하다. 양부모와 관련해 친부모에 대해 사회적으로 어떤 의미를 부여하는가는 이 점에서 중요한 역할 — 그리고 현재 일반사람들은 양부모보다는 친부모에게 더 주의를 기울이고 있다 — 을 할 것이다

재결합의 결과

아동의 권리, 생물학적 근원, 아버지의 권리를 포함한 친부모의 권리, 아동 공급 '시장'의 균형변화 등을 크게 강조하다 보면 친부모와 친자식의 재결합을 받아들이고 격려하게 된다. 친어머니에 대해서 기록이 봉인되어 완전히 비밀이 지켜지고 입양가족이 크게 보호되었기 때문에 과거의 아동은 친부모를 찾는 것이 권장되지 않았고

허락조차 되지 않았다. 오늘날 많은 입양기관은 성인이 된 자녀에게 친부모에 대한 기본적인 정보를 주는 것을 허락하고 있으며, 친부모를 찾고 재결합하는 것을 권장하는 기관들도 있다.

자녀들은 물론이고 친부모, 형제까지도 그들 자신에 대한 정보를 얻을 수 있고 그들이 등록명부에서 누구를 찾는지 안다. 주된 의뢰인은 어머니와 딸이다(Pacheco & Eme, 1993: 55). 성별에 따라 차이가 나는 것은 여성들이 출산에 더 생물학적으로 관여되어 있고 남성보다 여성이 좀더 양육적이고 가족지향적으로 되도록 사회화되어 있기 때문일 것이다. 여성들은 일반적으로 아버지보다는 어머니와 더 가깝다. 젊은 여성들은 때로는 자신들이 어머니가 된 다음에서야 자기들의 친부모를 찾는다.

친부모를 찾고 재결합하는 것은 어떤 기능을 수행하는가? 재결합의 결과는 무엇인가? 이들 질문에 대한 대답은 가족단위의 어느 쪽을 생각하는가에 달려있다. 아동과 친부모, 친부모의 가족, 입양가족에 대한 기능과 결과들이 있을 수 있다. 이 논제에 대한 몇 안 되는 연구에 따르면 자기들의 친가족과 재결합한 입양아의 대부분은 이를 긍정적인 경험으로 본다. 그러나 파체코와 이메(1993: 55)가 지적한 것처럼 표본의 86%에 달하는 높은 성공률은 다소 과장된 것이다. 연구에 응답하지 않았거나 참여하기를 거부한 사람들은 부정적인 경험을 했을 가능성이 있다. 더욱이 연구의 대상이 된 모든 재결합은 입양아에 의해서 시작된 것인데, 친부모가 재결합을 주도했을 때 입양아들의 반응은 덜 긍정적이다(Sachdev, 1992). 여기서 인용한 세 학자의 연구를 포함한 대부분의 연구는 재결합의 이점을 호의적으로 보고 강력히 지지하는 지원집단에서 표본을 추출했기 때문에 더 복잡해진다. 달리 생각하거나 친부모를 찾지 않는 입양아들은 이들 지원집단과 표본에서 제외되었다. 이렇게 되면 사실을 왜곡할 수 있는 편견을 가진 연구가 된다.

입양아의 가장 명백한 이익은 어떤 질병에 걸릴 소지를 마련해 주는 유전요인과 신체적 유사성에 관한 정보를 얻고 이 정보를 자기의 자아정체성으로 받아들이는 것이다. 재결합의 두 번째 기능은 입양아들로 하여금 입양 사실 때문에 낙인을 찍는 다른 사람들에게 자기들의 배경을 설명할 수 있게 하는 것이다(March, 1995). 정서적으로 성공적인 재결합이 수행하는 세 번째 기능은 아동과 친어머니에게 추가적인 감정적 분출구를 마련해 주는 것 — 친족체계의 확대이기도 하다 — 이다. 나이 차이가 적기 때문에 일부는 친구가 되기도 하고 자매처럼 느끼는 사람이 있는가 하면 또 다른 친척처럼 느끼기도 하는데, 소수이지만 정말 부모자녀 관계가 형성되는 경우도 있다. 후자의 경우는 입양관계가 아동에게 만족스럽지 못할 때 생길 가능성이 많다.

입양가족에서 부모자녀 관계가 멀거나 갈등이 있기 때문에 일부 아동들은 친부모 찾기를 시작한다. 친부모는 오랫동안 이상화되어 왔고, 젊은이들은 "만일 그들이(양부모) 내 진짜 부모였다면 그들은 나를 더 사랑했을 것이다"라고 생각한다. 지금까지의 연구에 따르면 양부모들은 친부모처럼 자녀들을 사랑한다. 그러나 친가족에서도 그런 것처럼 예외가 생긴다. 그런 경우에는 사랑하는 친부모와 재결합하는 게 해결책이 될 수 있다. 다행히도 연구결과를 보면 친부모를 찾는 입양아의 90%가 자기들의 양부모를 사랑하고 있으며, 그들로부터 사랑을 받고 있다고 느낀다(Sachdev, 1992). 더욱이 친부모를 찾기 시작한 입양아의 절반은 양부모의 기분을 상할까 봐 걱정해서 자기들이 나이 들 때까지 기다렸다. 이 걱정을 줄이기 위해서 입양아의 3분의 1은 적어도 재결합할 때까지 양부모에게 그 사실을 비밀로 한다(Pacheco & Eme, 1993). 찾기와 재결합을 알게 되는 시기가 양부모에게 어떤 영향을 주는지는 모른다. 많은 사람에게 그 소식은 정서적 충격을 줄 것이라고 추측할 수 있을 것이다.

친부모에 대한 재결합의 기능은 그들에게 아동의 외모가 어떤지 그리고 어떻게 자랐는가에 대한 정보를 준다는 의미에서 아동의 경우와 아주 비슷할 수 있다. 재결합은 또 그들의 친족체계를 넓힌다. 더구나 친어머니들은 죄책감을 가질 수 있는데 자기들의 자녀가 얼마나 성공적인 사람이 되었는지를 알게 되면 그 죄책감이 경감될 수 있을 것이다. 그러나 억제되어 있던 죄책감이 되살아나는 사람도 있을 수 있다(Sachdev, 1992). 바로 생각해 볼 수 있는 것은 입양관계가 좋지 않아서 아동이 재결합을 원하는 위험한 경우다. 재결합했을 때 이 젊은이는 취약해지거나 아주 괴로워하거나 심지어는 정서적으로 상당히 불안해지고 역기능적으로 될 수도 있다. 친부모가 정서적으로 비슷하게 불안해 하지 않는다면(유전적인 가능성) 건강한 친부모는 즉시 죄책감을 가질 것이다. "내가 데리고 있었으면 잘 자랐을걸." 아마 그렇지 않았을 수도 있지만 의심과 죄책감은 남아있을 수 있다.

파체코와 이메의 연구에서 응답자의 71%는 친부모가 재결합에 긍정적으로 반응했다고 느꼈는데 이는 입양된 성인 자신들보다는 적은 숫자다. 많은 입양아들은 그들이 비현실적인 기대를 하고 있었다고 인정했다. 일부는 알코올중독, 빈곤, 정신병 같은 종류의 문제로 인해서 고통 받는 친부모와 재결합했다. 입양아 가운데 일부는 친부모와 단 한번 만났고, 절반은 가끔 접촉한다. 4분의 1 정도만 상당 기간 적극적이고 정규적인 관계를 유지한다. 입양아의 약 35% 정도가 이 새로운 관계를 가까운 관계라고 설명했다(Gladstone & Westhues, 1998).

양부모에 대한 영향은 어떤 것인가? 최소한 단기적으로 보면 불행해질 위험성이 훨씬 많다. 자녀들이 느끼는 바로는 양부모의 절반 정도만 재결합에 대해서 전적으로 긍정적이라고 생각한다. 사크데브(1992)는 자신의 표본에서 64%의 부모가 '기쁘다'는 것과 다른 반응을 보였다는 것을 발견했다. 그러나 부모자녀 관계 자체는 손상되지 않았으며 상당수의 입양아들은 "친부모와 살았을 경우에 비해 훨씬 좋은 생활을 해왔다는 것을 깨달았다(Pacheco & Eme, 1993: 64)."

많은 양부모가 다른 사람들보다 재결합을 더 잘 받아들이지만 그래도 그 때문에 정서적인 갈등이 일어나기도 한다. 부모들은 자기 자녀의 행복에 관심이 있기 때문에 재결합에 대해서 염려하는 경향이 있다(Sachdev, 1992). 그들은 아동이 상처받고 실망하거나 정서적으로 이용되는 것을 두려워할 것이다. 그리고 또 많은 경우에 부모들은 비록 일시적일지라도 소외감을 느낀다. 그들은 자녀를 정서적으로 잃어버리는 것을 두려워할 수 있는데, 실제로 그렇게 되는 일은 드물지만 어떤 경우에는 큰 상처가 될 수 있다. 이들 부모들은 많은 경우 자기 자녀들이 지금의 가정 아닌 다른 가정에서 자랐을 때와 비교해서 지금의 가정을 얼마나 소중히 여기고 있는지를 알게 될 때 보상을 받는다. 자녀들이 계속해서 부모에게 애착을 갖고 있으면 부모가 처음 경험했던 불안을 보상하고도 남는다.

필자의 몇몇 학생들은 자서전에서 혹은 세미나 시간에 재결합에 대해서 논의했다(1974년 이후 학생들이 입양에 문제가 있다고 생각한 경우는 세 경우뿐이었다). 1996년에 한 젊은 여성은 처음으로 자기 친어머니를 만났던 날에 대해 이야기했다.

"내가 어머니의 모습을 닮았는지 내가 어머니의 성격 특성을 공유하고 있는지를 알고 싶은 호기심 때문에 동기가 생겼죠."

"그래서 어떻게 되었죠?"

"아버지보다 어머니가 더 걱정을 했기 때문에 어머니가 소외감을 느끼지 않도록 어머니만 데려가려고 결심했습니다. 하여간 나는 친아버지는 찾고 있지 않았고, 그래서 그는 경쟁대상도 없었어요. 그래서 나는 그녀를 아동보조협회(the Children's Aic Society)에서 만났는데 우리에게 그녀를 나의 친어머니로 소개해 주더군요. 정말 어색했습니다. 나는 나 자신을 소개하고 그녀에게 '이 분이 나의 어머니'라고 말했어요. 그리고 그들은 악수를 하고 같이 앉았지요. 요약해서 말하면, 나는 그녀를 혼자서 몇 번 만났는데 일이 잘되지 못했습니다. 내 외모는 그녀와 조금 닮았지만, 내 가치관은 부모님과 더 비슷하거든요. 나에게 그녀는 4촌이나 먼 가족처럼 느껴집니다. 그게 전부예요."

또 다른 여성은 양쪽 모두 기뻐서 울었던, 감정이 실린 재결합을 회고했다.

나는 분명히 그녀에게서 나의 생물학적 뿌리를 찾았습니다. 우리는 놀라울 만큼 꼭 같았어요. 그러나 그녀는 내 진짜 부모(이 여성의 표현에 의하면)보다 훨씬 젊어서 내 자매처럼 생각되었습니다. 나는 그녀를 내 어머니로 생각할 수가 없었어요. 나의 (입양)어머니가 정말 어머니인데, 그녀에게 꼬마 아이들이 있어서 재미있는 관계가 되었지 뭐예요. 나에게 이복동생이 생겼다는 뜻인데, 나는 그녀를 위해서 가끔씩 아이를 봐주기도 하지요.

이들은 양부모의 입장에서 보면 행복한 경우다. 그러나 청소년 후기 또는 젊은 성인이 되어서 친부모와 좀더 가까워지면서 지금까지 자기들과 유대관계를 맺어왔고 자기들에게 잘해 줬던 양부모와 멀어지는 다른 시나리오도 있다.

그런 경우는 한 성인학생의 자서전에 실려있었는데, 거기에는 뜻밖에도 29세의 친어머니를 만난 14세 된 딸이 등장한다. 그 소녀에게는 계속 문제가 있었으며 가출한 적도 있었다. 29세의 친어머니도 마찬가지로 제멋대로여서 자기와 자기 남자친구와 같이 살려고 친딸을 열심히 불러들였다. 철없는 세 사람은 토론토에서 로스앤젤레스로 이사했다. 양부모는 자기 딸에게 애착이 아주 강했기 때문에 망연자실했는데, 어머니는 이런 말을 했다, "우리가 그 아이에게 얼마나 잘해 줬는데, 나는 아직도 믿을 수가 없어요." 그들은 사실상 버려진 것이다. 그들이 걱정하는 점도 있는데 그것은 그들이 돌봐줄 때는 딸이 자기 행동의 부정적 결과로부터 보호를 받아 왔고 좀더 친사회적인 행위를 하도록 유도되고 있었기 때문이다. 젊은 친어머니로부터 딸은 아무 인도도 받지 못하며 학교에도 잘 가지 않고 벌써부터 성행위를 하고 마약을 복용하기 시작했다.

친부모 찾기와 재결합에 대한 어떤 연구도 인종간의 입양을 포함하지 않는다는 사실 또한 주목할 만하다. 흑인 아동이 흑인 친어머니와 재결합하는 것은 인종적 정체성 때문에 백인 양부모에게 더 위협이 될 것으로 생각하는 것은 직관적으로 옳게 여겨진다. 동전의 또 다른 면은 친부모보다 양부모의 사회적·경제적 지위가 높기 때문에, 이 경우에 사회적 지위의 차이가 불행하게도 더 현저하므로 아동이 불리한 위치에 있는 친어머니를 동일시하지 않으려 할 수 있다. 더욱이 인종간 입양은 많은 경우 백인 친어머니와 흑인 친아버지가 관여되어 있다. 20년 후에 백인 친어머니는 백인 남편과 자녀들로 구성된 가정을 꾸리면서 인생을 완전히 다시 만들었을 수 있다. 다른 인종과의 사이에서 태어난 아동이 나타난다는 것은 복잡한 문제를 불러올 수 있다. 이들은 껄끄럽고 생소한 문제들인데, 이슈를 논의하지 않는 이유가 아마 이 때문 — 그리고 우리가 인종이 다른 친어머니를 찾고 재결합한다는 말을 듣지 못하는 이유도 될 것이다 — 일 것이다. 실제로 그런 일은 자주 일어나지 않는다.

결론

우리 사회에서 입양은 부모와 아동 모두에게 미치는 영향이란 점에서 문제가 될 수 있다. 왜냐하면 입양이 널리 시행되지 않고 있으며 사회적으로 덜 바람직한 부모자녀 관계의 형태로 인정되고 있기 때문이다. 그러므로 만일 아동과 양부모에게 부정적 영향을 끼친다면, 왜 그런지는 그 상황에 대한 사회적 인식과 문화적 해석을 고려해 설명해야 할 것이다. 부정적 영향은 생물학적 요소에서 생기는 것도 생물학적 유대가 부족해서 생기는 것도 아니다. 그보다는 양부모한테 얼마나 많은 법적 권리가 부여되는가는 물론이고 생물학적 유대에 어떤 의미가 부여되는가, 그것들이 사람들의 마음에서 입양보다 얼마나 더 우선시되는가에 달려있다.

전문가와 일반인들이 입양을 결손 모델로 생각하는 한 양부모와 특히 그들의 자녀들은 부정적 영향을 받을 것이다. 입양아들은 자기들에 대한 부모의 애착에 의심을 품기 쉬운데, 이는 부모로부터 생기기보다는 또래와 둔감한 성인으로부터 생긴다. 부모는 자기 자녀들을 친자식들을 다루는 것보다 잘 다루지 못하거나 애착을 덜 가지는 경우가 드물다. 아동이 그 반대로 생각한다면 그런 생각은 입양상황에 대한 사회적 반응에 의해서만 생길 수 있는 것이다.

그래서 3장에서 미리 말한 것처럼 입양에 대한 사회의 부정적 반응은 입양아와 그들의 부모한테 나타낼 결과를 생각할 때 훨씬 중요한 변수다. 이 장에서 취급한 내용들이 빈곤국가로부터 국제적 입양을 할 때 어떻게 적용될 수 있는가를 아는 것은 흥미로운 일일 것이다. 문제의 양부모들에 대해서 긍정적으로 볼 수 있을 것이며 (그들은 미국 또는 캐나다의 다른 어머니로부터 자녀를 데려오지 않았다), 아동들은 그들이 얼마나 운이 좋았는지를 집단적으로 이해하면서 자랄 수 있다. 이는 요즘 정규적으로 입양된 아동들이 느끼지 못하는 감정이다.

12장 유전인자를 잊지 말자!

몇 장에 걸쳐 우리는 정서와 행동 문제는 물론이고 성격이나 기질 발달에서 유전적 변수에 대해서 언급했다. 사실상 부모에 대한 아동의 영향과 부모자녀 관계에 대한 연구는 유전영역에 대한 포괄적인 논의 없이 완성될 수 없다. 그러나 우리는 큰 환경, 특히 빈곤, 또래, 미디어와 같은 변수도 아동문제에 책임이 있다는 것을 살펴봤다. 그래서 이 장의 초점은 '아동의 영향에 유전적 요인이 어느 정도 기여하는가'이지만 이 기여 자체가 환경에 의해서 제약받기도 하고 고무되기도 한다. 바꿔 말하면 모든 인간은 일련의 유전인자를 가지고 태어나는데, 이 유전인자들은 서로 상호 작용하기도 하고 아동의 환경과 상호작용해서 아동의 성격, 능력, 대처기제, 부모에 대한 반응을 만든다.

태어날 때 모든 아기는 자기 성향, 신체적 외모, 건강상태를 가지고 이 세상에 나오는데, 이 모든 것은 전적으로 타고나는 것이다. '타고난다'는 말은 출생할 때의 조건과 사고는 물론이고 유전적 영향과 자궁 내에서 받는 영향을 포함한다. 예를 들어 어머니가 담배를 피우고 술을 마시며 마약을 복용하거나 영양부족 상태일 때 자기도 모르는 사이에 자녀의 잠재적 능력을 바꾸고 건강상태를 손상시킨다. 모체에 약간의 영향만 주는 바이러스성 감염도 태아의 유전구조와 상호 작용해서 태어난 후에 어떤 질병이나 장애에 취약하게 만들 수도 있다. 쌍둥이가 태어날 때는 각 쌍둥이의 자궁 내 환경이 만원상태이고 최적의 상태는 아니다. 그들이 자라면서 여러 명의 태아로 자궁 안이 너무 만원이 되어 어머니의 몸에 심한 부담을 주게 되면서 조산하게 된다. 이 경우 아이들은 완전히 다듬어지기도 전에 세상을 만나게 되고 생존을 위해서 의학적 기술에 완전히 의존한다.

유전은 어떻게 작용하는가

아기는 제각기 양쪽 부모로부터 유전인자의 절반씩을 계승받는다. 어머니의 난자로부터 50%, 아버지의 정자로부터 50%를 받는다. 그러나 부모는 수천 개의 유전인자를 가지고 있어서, 이들 유전인자의 완전한 복사판을 자녀에게 전해 주는 일은 전혀 없다. 그보다 각각의 난자는 어머니 유전인자의 복합체를 가지고 있다. 그래서 어머니가 전해 주는 형태는 어머니 자신의 유전적 구조와는 약간 다르다. 그리고는 난자에 있는 유전인자의 이 복합체가 난자와 수정한 한 정자 내에서 가능한 한 형태와 접촉하게 된다. 정자와 수정한 난자는 반은 어머니로부터, 반은 아버지로부터 물려받은 유전인자가 상호 작용하는 태아로 변한다. 그러므로 아동은 부모의 유전자와 유사하기도 하고 다르기도 한 유전인자의 구성을 물려받는다.

바꿔 말하면 유전인자의 계승에는 상당한 우연성과 무작위성이 있다. 어떤 두 개의 난자도 똑같은 유전자형태를 가질 수 없으며 두 개의 정자도 마찬가지다. 이것이 형제들이 닮으면서도 다른 이유이며, 자녀들이 부모와 유사하기도 하고 상이하기도 한 이유다. 어떤 가족에서는 모든 자녀들이 아버지를 많이 닮았고 어떤 가족에서는 어머니를 많이 닮았으며 어느 쪽도 닮지 않은 경우도 있다. 능력과 기질에 대해서는 유전인자의 계승이 훨씬 복잡하다.

먼저 기질의 성향은 다인자유전인 것처럼 보인다. 즉 하나의 유전인자가 아닌 몇 개의 유전인자에서 생기는 것이다. 예를 들어 자녀들이 동조적인 성향을 가지기 위해서 부모들은 특정한 유전인자 군을 자녀들에게 물려줘야 한다. 더욱이 부모가 그 유전인자의 영향을 전혀 받지 않은 채 유전인자들을 가지고 있고 그 유전인자를 자녀들에게 전해 줄 수 있는 것이다. 만일 다른 부모가 그것을 갖고 있지 않다면, 그것을 가지고 있는 부모로부터 자녀가 유전인자를 받았다 해도 그 유전인자는 아무 효과도 나타내지 않을 수 있다. 그러나 만일 다른 부모도 그 유전인자를 가지고 있고 자녀에게 전해줬다면, 자녀는 특정한 특징이나 자질 또는 정신질환까지도 가져올 수 있는 유전요인의 복사판 두 개를 지닌 것이다. 아마도 이는 대부분의 정신분열증 환자에게 정상적인 부모가 있는 이유에 대한 설명이 될 것이다. 부모들은 개인적으로 관련이 있는 유전인자의 보유자일 수 있다. 그들 자신의 정신건강은 영향을 받지 않았지만 그들의 자녀는 두 개의 똑같은 또는 보완적인 유전인자 군을 가지고 있다. 그래서 그 자녀는 정신분열증 환자가 될 위험성이 크다. 만일 이 아동에게 일란성 쌍둥이 형제가 있다면 그도 동일한 취약성을 가진다. 사실은 5장에서 살펴본 것처럼 성인이 되어 일란성쌍둥이 가운데 하나가 정신분열증을 앓았다면 다른 하나도 그렇게 될 확률이 아주 높다.

게다가 아동은 어머니의 공격적 성향을 물려받을 수 있지만 동시에 아버지의 자기통제 성향도 계승할 수 있다. 한 종류의 유전인자가 가지는 잠재적 영향은 다른 종류의 유전인자에 있는 잠재적 영향력을 취소시키거나 두 가지 보완적 유전인자들이 결합해서 우리가 '추진력' 또는 지도력이라 부르는 새로운 성향을 만들 수 있다.

간단히 말하면 앞의 문단에서는 아동이 어떻게 유전인자를 계승받는지 그리고 그 결과가 무엇인지를 설명한다. 유전인자가 계승되는 과정은 아직도 완전히 알려지지 않았으며 어떤 유전인자 군이 특정한 능력과 기질상의 성향을 만드는지에 대해서도 모른다. 어떤 유전인자 군이 상호 작용해서 양극성 장애와 정신분열증 같은 심각한 정신질환을 만들어내는지에 대해서도 알지 못한다.

그럼에도 두 사람의 유전인자의 유대가 가까울수록 **평균적으로** 두 사람이 같을 가능성이 많다. 그래서 각 아동은 평균적으로 양쪽 부모의 유전인자를 50%씩 공유한다. 일란성쌍둥이는 모든 유전인

자를 공유하고 있으며, 형제자매들은 절반을, 이복형제자매는 유전
인자의 25%를 공유하고 있다. 그와 비교해서 아동은 옆집에 사는
이웃과는 모집단에서 무작위로 일치할 수 있는 경우를 제외하면
아무 유전인자도 공유하지 않는다. 그래서 형제자매는 유전인자를
근거해서 보면 가끔 서로 다르기도 하지만 이웃 아동들과는 더
다른 것이다.

그러나 아동들이 성장하면서 그리고 그들의 성격과 기호가 고정
되면서 그들은 어떤 영역에서 자기들과 비슷한 친구를 선택하는
경향이 있다. 예를 들어 공부하기 좋아하는 아동들은 그런 취향을
가진 또래에게 끌린다. 그래서 어떤 가족에서 한 아동은 학교와
책을 싫어하고 공부를 잘하지 못하는 형제자매와는 비슷하지 않고,
좋아하는 친구와 비슷할 수 있다.

자기 취향과 성격 성향에 따라 또래를 선택하는 과정은 기회가
된다면 사람들이 동일한 기준에서 짝이나 동료를 선택한다는 것을
의미한다. 비록 우리가 동료를 만나고 선택하는 과정에 많은 무작
위성이 있지만 대부분 초·중등학교, 대학, 취미생활, 직장을 통해
서 만난다. 그런 연관성 때문에 사람들은 최소한 어떤 차원에서는
비슷한 관심을 공유하는 사람을 선택하게 된다. 그 증거로 남성과
여성은 유전요인의 유사성이나 보완성에 바탕을 두고 선택한다.
예를 들어 IQ가 높은 사람이 IQ가 매우 낮은 사람을 배우자로
선택하는 경우는 드물다. 그래서 부모가 일부 능력과 성격 특성이
유사한(이것을 동류짝짓기라고 한다) 가족에서 자녀들은 서로 강화해
줄 유전인자를 받을 가능성이 많다. 아버지와 어머니가 완전히
다른 가족에서보다, 형제자매가 서로간에, 그리고 부모와도 많이

유사하다.

이것은 모발의 색깔에 의해서도 설명된다. 검은 머리칼이 많은 가족 출신의 두 성인이 자녀를 낳을 때 자녀가 검은 모발일 가능성은 완벽에 가깝다. 그와 대조적으로 금발의 남성이 검은 모발의 여성과 결혼하면 그리고 그들의 가족들도 비슷한 색깔의 모발이라면, 이 부부의 자녀들이 태어날 때 놀라운 일이 있을 것이다. 그들은 흑색 또는 금발 혹은 갈색의 모발을 가질 수 있고, 다양하게 혼합된 색일 수도 있다.

유전인자는 환경과 어떻게 상호 작용하는가?

아동의 공격성과 부모의 가혹하고 변덕스러우며 또는 허용적인 양육방법간에 상관관계를 발견한 대부분의 연구는 원인과 결과가 있다는 결론을 내린다. 즉 부적절한 사회화 관행이 아동의 공격성을 초래한다는 것이다. 물론 이는 일부 가족에서 생긴다. 그러나 공격성이든 무엇이든 그것을 불러일으키는 데는 다른 원인들이 있으며, 그것은 형제자매, 또래, 교사, 다른 성인, 미디어, 심각한 자동차 사고, 바이러스 감염, 추락, 다른 나라에서는 전쟁처럼 아동의 성격과 능력에 피해를 주거나 도움을 준다. 바꿔 말하면 많은 원인들이 합쳐져서 한 사람의 정해진 결과를 가져온다(Steinberg & Avenevoli, 2000). 그래서 양육방법과 아동의 결과를 연결시키는 연구결과들은 잘해야 약간의 상관관계나 통계자료밖에 내놓을 수 없다는 것이 그리 놀라운 일은 아니다. 환경과 유전에 관한 정보를 포함시킨다면 그 결과는 더 신뢰성과 타당성이 있을 것이다(Collins et al., 2000). 그러나 아직 이 같은 통합적 방법을 염두에 두고 연구를 계획하지 않기 때문에 일반적으로는 그렇지 못하다. 게다가 이 목적을 위해서는 분자유전학이 발전하도록 기다려야 한다.

부모의 사회화 형식에서 원인을 찾는 전통적 방법으로는 유전의 영향과 환경의 영향을 혼동하게 된다(Scarr, 1993). 사실상 친가족에서 양육 행동과 아동의 결과는 하나의 공통요인을 가지고 있다. 부모와 자녀들이 유전인자를 나눠 갖는다는 사실이다(Rowe, 1994). 이 유전인자들은 부분적으로 성격 발달에 영향을 미치는데 그것을 통해서 부모의 양육습관과 자녀들의 행동이 영향을 받는다. 그러므로 전부는 아니지만 많은 가족에서 양자간에 상관관계가 있다는 것은 놀라운 일이 아니다. 그러나 상관관계란 다양한 인과경로를 의미할 수 있으며, 필자가 지적한 것처럼 이들 상관과계는 아주 확실한 게 아니다.

예를 들어 화가 나서 가혹하게 처벌하고 자녀 때문에 쉽게 흥분하는 부모는 공격적이거나 충동적이 될 유전적 성향을 지니고 있을 수 있다(이것은 물론 그들의 행동에 대한 변명이 되지는 않는다. 왜냐하면 유전적 성향이 불가피성과 동일시되어서는 안 되기 때문이다). 한편 자녀 자신들도 얼마간은 동일한 유전 때문에 공격적으로 되고 잘못된 행동을 시작할 가능성이 있다. 달리 말하면 부모와 자녀가 모두 유전적으로 공격적일 (또는 호의적이거나 높은 지능지수를 가질) 성향을 가지고 있다. 이는 부모의 성마른 육아습관과 자녀의 공격성 간에 상관관계가 관찰되는 이유를 일부 설명할 수 있을 것이다. 더욱이 가혹한 부모의 양육습관은 가족분위기 또는 아동의 환경의 일부가 될 수 있다. 그래서 부적절한 양육은 아동의 부정적 성향을 촉발시키거나 강화할 수 있다(O'Connor et al., 1998). 게다가 부모가 성미 급하고 불안정할 때 결혼생활의 어려움이나 가난과 같은 스트레스요인은 양육의 부정적 형태를 증가시키고 아동의 공격적 성향에 잘못된 영향을 미친다. 이와 같이 유전요인과 환경요인이 중복되고 다양한 경로가 있다는 것을 알 수 있다(Horowitz, 2000). 불행하게도 연구자들은 유전적 면에 별로 관심이 없고 모든 원인을 부모의 행동 탓으로 돌린다.

이렇듯 부분적으로 유전이 만들어낸 환경에 추가해서 연쇄적 인과관계에 관련되는 또 다른 심리과정이 있다. 부모도 또래, 형제자매, 교사가 하는 것처럼 자녀들의 행동에 대해서 반응을 보인다. 예를 들어 공격적이고 말 안 듣는 아동에 대해서 자신이 공격적이지 않는 부모는 어떻든 아연실색한다. 그들은 부정적으로 반응할 계획이 없었으나 아동의 폭발, 비아냥거림과 불복종이 부모의 적대적 반응을 촉발시킬 수 있다. 그들은 생각하지도 않고 화가 나서 찰싹 때릴 수 있다. 평균적인 아동들은 이러한 경험에서 교훈을 배우게 될 것이고 자기의 잘못된 행동을 중단할 것이다. 그러나 우리가 5, 6장에서 본 것처럼 공격적인 아동은 더 공격적으로 될 수도 있다. 그러면 좀더 통제적으로 되는 부모들도 있을 것이고 포기하고 허용적으로 되는 부모도 있다(Ambert, 1997).

요즘 아주 흔히 볼 수 있는 위의 시나리오에서 연구자가 부모 또는 청소년들에게 준 설문지로부터 알 수 있는 것은 공격적 아동행동과 공존하는 부모의 부정적 양육이다. 그러나 이들 설문지가 부모보다는 아동에게서 특히 청소년들 사이에서 생기는 이 유형의 방향에 대해서 알아내지는 못한다. 부모들은 아동에게 반응을 보이는 것인데 설문지가 이를 반영할 것 같지 않다. 상당 부분 이 같은 설문이 없었기 때문이다. 많은 경우에 이 부정적인 아동행동과 부모 양육행동은 유전적으로 공통된 근원이 있다. 또 다른 경우에는 가족이 우연히 청년들간에 폭력과 학대가 많은 지역에 사는 경우도 있을 수 있다. 아동은 공격적으로 행동하는 것을 배우고 이런 태도를 가정으로 가져온다. 그들은 공격적인 유전적 성향을 갖고 있지 않을 수도 있다. 이것은 사회적 학습의 문제다. 그의 공격성은 환경이 원인이며 적대적인 부모의 반응을 촉발한다.

조금 공격적인 부모는 즉각 부정적으로 크게 흥분해서 반응할 수 있는데, 또 다른 부모들은 자신들이 폭력적 환경에 젖어있고 공격성을 정상적인 상호 작용 방식으로 받아들이고 있기 때문에 공격적인 행위를 눈여겨보지 않을 수도 있다. 모든 경우에 가정의 아동환경은 새로 습득한 반사회적 행동을 강화할 것이다.

지성과 같은 좋은 유전적 성향은 강력한 환경의 힘에 의해서 적어지거나 없어질 수 있다. 빈곤은 아동의 인지능력 발달에 부정적 영향을 주는 환경의 힘으로 잘 알려져 있다(McLoyd, 1998). 빈곤은 또한 기질적 성향에 영향을 미칠 수 있지만 이 관계는 아직 잘 정리되지 않았다. 그러나 좋은 기질적 성향을 갖고 태어났고 명랑하고 '순한' 아동은 흥분하기 쉽고 인생도전에 쉽게 굴복하는 아동보다 부정적인 환경의 힘을 잘 극복할 수 있을 것이다. 그렇게 아동이 성장하면서 그들의 타고난 성향과 그들이 살고 있는 환경 간에 상호 작용이 지속적으로 일어난다(Ambert, 1997). 아동의 개인적 자원(또는 인적자본)이 많을수록 환경의 압력에 대한 아동의 탄력성이 크다. 그러나 아동의 환경에 결함(가족파탄, 빈곤, 위험한 이웃, 반사회적 또래)이 많을수록 아동이 부정적 성향을 극복하지 못하거나 자기의 긍정적 성향 또는 잠재성을 현실화하지 못할 위험성이 많다(Luthar, 1993).

유전인자는 부모의 양육이 소용없다는 것을 의미하는가?

이제 아동이 결과적으로 어떻게 되는가와 아동의 인생에 부모가 어떻게 기여하는지를 좀더 자세히 알아보도록 하자. 그렇지 않으면 독자들은 이 점에 대해서 부모가 할 일이 별로 없다고 믿게 될 것이다(Ambert, 1997). 이 장에서 지적하고 싶은 점은 부모의 역할이 일반적으로 연구에서 설명되고 있는 것보다는 덜 결정적이라는 것이다. 그러나 이는 유전자를 물려주는 것 이외에는 부모의 영향이 없다는 것과 같은 뜻은 아니다. 부모로 하여금 자기들의 의무를 포기하도록 권장하는 것은 더더욱 이 장의 의도가 아니다. 게다가 소수의 부모는 이상적이지 못하고 자기 자녀들에게 적어도 행복이란 관점에서, 또 부정적 특성과 부정적 행동을 한다는 점에서 부정적으로 영향을 미친다. 예를 들어 극소수의 부모, 많아야 1~3%의 부모는 아동을 학대한다(Finkelhor & Dziuba-Leatherman, 1994). 그런 부모는 아이에게 해로운 존재이므로 책임을 물어야 한다. 아마 또 다른 5~20%는 그들의 역할 가운데 가장 어려운 부분, 즉 규칙을 정하고 감독하는 일을 포기했으며 그들 가운데 상당수는 자녀들에게 나쁜 예를 제시해 주고 반사회적인 가치관을 가르친다(Ambert,

2001). 독자들이 알다시피 아동의 영향을 강조하는 것이 아주 부적
절한 부모가 있다는 믿음을 배제하는 것은 아니다. 그럼에도 대다수
의 부모는 양심적이고 헌신적이다. 불행하게도 이들 대다수의 부모
들이 자기들과 관계없는 난폭한 아동에 대해서 책임을 져야 한다.
더욱이 앞에서 말한 적 있는 의무를 포기한 부모들은 자기들이
할 수 있는 것이 아무것도 없다고 느꼈기 때문에 포기한 것이다.
청소년 자녀들과 '제도'가 그들로 하여금 책임을 다할 수 없게 하고
그들은 자기의 의견을 주장하는 것을 두려워한다.

무엇보다도 모든 인간의 특징과 행동이 유전인자에 의하여 균등
하게 영향 받는 것이 아니므로 부모의 양육은 중요한 것이다. 성격
의 어떤 면에 대해서는, 특히 행동에 대해서는 유전인자의 영향이
제로에 가깝다. 예를 들어 아동기에 나타났다가 쉽게 '치유'되는
충동성은 유전인자에 의한 특성이라기보다 환경에 의해서 생긴 특
성이라는 것을 시사한다. 다른 것들보다 신념, 가치관, 신앙심, 예절,
공부와 일의 습관은 환경, 특히 부모로부터 큰 영향을 받는다(예를
들어 Kelley & De Graaf, 1997을 보라). 그러므로 성격 발달 이외의
분야에서도 부모의 과제는 계속 막중하다.

둘째로, 유전적 요인이 많은 성격 특성마저도 적절한 양육습관,
안정되고 자원이 풍부한 이웃과 같은 가족 밖의 좋은 환경을 통해서
최소한 개선되거나 조절될 수 있다(Bronfenbrenner & Ceci, 1994;
Collins et al., 2000). 이 전제를 염두에 둬야 한다. 왜냐하면 많은
반대의견이 행동유전과학과 극복할 수 없는 결정론으로 잘못 알려
진 것에 반하는 이념적 바탕을 향해 제시되고 있기 때문이다. 이미
설명한 것처럼 유전은 되돌릴 수 없는 것을 의미하지 않는다. 어느

정도 과잉행동하는(그것은 타고난 것일 수 있다)* 아동에게는 남는 정력을 가라데 또는 체조와 같은 활동을 통해서 분출할 기회를 줄 수 있으며 과잉행동을 낮출 수 있는 충분한 체계를 제공해 줄 수 있을 것이다. 그와 대조적으로 이 같은 아동이 부모와 사이가 좋지 않고 변덕스럽고 너무 처벌적이거나 너무 허용적이어서 스트레스가 많은 가족환경에서 산다면, 또한 집이 시끄럽고 만원 상태라면 아동의 과잉활동성은 다른 문제와 더불어 증가할 것이다. 그러므로 이 같은 아동들은 평균보다 나은 가정에서 최선의 결과를 얻을 가능성이 크다. 그러나 특성이 유전에 의한 것이고 극단적인 것이면 부모가 그것을 바꾸기 위해서 할 수 있는 일이 아주 적다. 만일 그것이 지적 능력이거나 음악적 재능과 같이 긍정적 특성이라면 부모는 잘해야 그것을 일정방향으로 돌리거나 억제하거나 격려할 수 있을 뿐이다.

셋째, 극단적인 경우라도 부모는 다른 역할을 수행할 수 있다. 예를 들어 지능지수가 매우 낮은 아동을 생각할 수 있다. 아마 지능지수는 가장 유전적으로 결정된 능력이지만 아주 낮거나 아주 높은 지능지수는 평균적인 지능지수보다 더 유전적으로 결정된 것일 수가 있다(Brody, 1993). 부모는 자녀의 지적 능력을 변화시키기 위해서 할 수 있는 일이 별로 없다. 그러나 부모는 자녀의 기능을 촉진시

* 과잉활동성은 ADHD라고도 불리며, 어떤 경우에는 유전적인 것일 수도 있다. 그러나 이러한 경우가 1970년대 이후 증가했다는 것은 어느 정도 환경적인 원인이 있다는 것을 시사한다(그 환경이 문화적이든 물리적이든). 한 개체군의 유전자풀은 두 세대 만에 갑자기 변화하지 않는다. 그러한 변화가 일어나려면 보통 수백 년이 걸린다.

 아이가 부모의 인생을 바꾼다

킬 수 있고 아동에게 기본적인 사회적 기술을 가르침으로써 더 무능해지는 것을 예방할 수 있다. 부모는 자녀 인생의 또 다른 면에 영향을 미칠 수 있으며, 결과적으로 아동의 행복에 보탬이 될 수 있다. 예를 들어 그들은 아동의 애정능력을 키워줄 수 있고, 정상적인 범위 안에 있다면 운동기술의 개발도 격려할 수 있을 것이다. 다시 한번 되풀이하지만, 이것은 한 가지 영역에서 정상 이하인 아동들은 다른 면에서 부모가 인도해 주면 도움을 받을 수 있다는 것을 의미한다. 그들은 특히 사랑의 수혜자가 될 수 있고 결과적으로 아주 행복하게 살 수 있다(그러나 그러는 동안 내내 부모는 스트레스를 많이 느끼고 아동에 대해서 걱정을 많이 하게 된다).

넷째, 아동들한테 사회에서 긍정적으로 평가되는 유전적 특성이 부분적으로 있을 때 부모는 이 특성을 강화하는 데 기여할 수 있을 것이다(Bronfenbrenner & Ceci, 1994). 아동이 음악적 재능을 지니고 있는데 부모가 이 재능을 인정하지 않는다면 아동은 계속하지 못하고 결국 그 '재능'을 이용하지 못할 것이다. 부모가 타고난 능력을 격려하고 재능에 맞는 자원을 마련해 준다면 그 재능은 더 개발되고 아동은 더 행복해지고 더 큰 성취를 이룰 것이다. 이러한 능력개발은 다시 자아존중감과 사회성 같은 다른 아동특성에도 긍정적 영향을 미칠 수 있을 것이다. 그것은 또 충동성이나 수줍음과 같은 부정적 특성의 잠재적 영향을 상쇄할 수 있을 것이다. 그래서 부모는 아동이 균형을 이루는데 기여할 수 있다. 물론 아동의 잠재적 능력 범위 내에서긴 하지만 어쨌든 부모는 도움을 준다.

다섯째, 많은 경우에 부모들은 젊은이들이 비행 또래집단, 열악한 학교체계, 폭력적 매스미디어 또는 이웃의 범죄성과 같은 외부환경의 유해한 영향력으로부터 부정적 영향을 받지 않도록 예방할 수 있다. 그러나 여기서 우리는 부모가 전능하지는 않다는 것을 생각해야 한다. 아동의 협조가 필요하다. 5장에서 본 것처럼 많은 아동들은 작은 아동까지도 자기들을 사회화하려는 부모의 노력에 매우 '알레르기'적 반응을 보인다. 이것은 법 집행기관과 여러 전문가들이 흔히 이해하지 못하는 현실이다.

여섯째, 부모는 사회적 지원의 큰 근원이며 우리 사회에서는 자녀들을 위한 사랑과 애착의 주요 원천이다. 지원과 애착이 없다면 아동들은 잘 지내지도 행복하지도 못할 것이다. 이는 자녀에 대한 부모의 제일 큰 기여다. 부모는 또래들의 격정적 세계와 학교의 요구를 유예시키는 역할을 하는 안식처를 제공한다(Larson & Richards, 1994: 99). 그래서 아동의 유전적 요인이 어떤 것이든 자기 자녀들에게 시간을 투자하고, 관심을 가지며, 가르치고, 사랑하는 부모는 쓸모없는 부모보다 정서적 안정을 위한 건강한 무대를 마련해 줄 수 있을 것이다.

부모 영향의 한계

우리는 방금 아동발달과 행복에 부모가 중요한 여섯 가지 이유에 대해 언급했다. 그러나 우리가 지금쯤은 알 수 있는 것처럼 이것을 부모가 언제나 기적을 이룰 수 있다는 뜻으로 받아들여서는 안 된다. 부모의 영향이, 특히 어떤 경우에 제한되는지 중요 이유 가운데 다섯 가지를 검토하려고 한다. 먼저 이 장에서 강조한 것처럼

 아이가 부모의 인생을 바꾼다

유전인자의 문제가 있다. 각 성격은 타고난 능력의 혜택을 보고 극복하기 어려운 한계로 인해서 손해를 본다. 우리가 봐온 것처럼 이들은 증가되거나 개선될 수 있다. 그러나 사람이 의복을 디자인하는 것처럼 부모가 능력을 만들어줄 수는 없다. 한계도 전적으로 무시하거나 제거할 수 없다. 그러므로 부정적 수준에서 보면 유전인자들이 부모의 영향력에 첫 번째 한계를 만드는 것이다(Rowe, 1994). 그러나 긍정적 수준에서 볼 때 특정한 재능과 같은 좋은 유전적 성향은 아동으로 하여금 부모의 영향력을 환영하게 하는 요소가 될 것이다.

문헌을 살펴보면 유전을 강조하는 관점이 부모를 실망시키고 자녀들의 부정적 행동을 개선하려는 의지를 약화시킨다는 논의와 이를 뒷받침하는 자료들이 있다. 그러나 그러한 반발이 나타나는 것은 유전의 논제가 크게 잘못 해석되고, 결정론적인 것으로 잘못 인식되고 있기 때문이다(Horowitz, 2000). 그러므로 이 책에서처럼 균형 잡힌 묘사를 제시하면 편견에 의한 반발을 없앨 수 있고 부모가 지고 가야 할 죄책감을 낮출 수 있다. 행동유전학적 관점을 적절하게 해석하면 환경결정론 이상으로 결정론적인 것이 아니다. 우리가 이웃의 범죄행위를 생각하거나 미디어의 폭력을 생각할 때 우리주위의 환경을 바꾸기는 매우 어렵다. 우리 환경이 좀더 기술적으로 되어감에 따라 과거보다 환경은 더 결정적으로 되어갈 — 유전인자보다 더 결정적으로 된다 — 수 있다. 그래서 유전적 원인을 바꿀 수 없는 것으로, 환경원인을 해결할 수 있는 유일한 것으로 생각하는 것은 잘못이다. 요즘 유전적 성질의 문제를 해결하기 위한 많은 연구가 진행되고 있는데, 역설적으로 상업수준에서는 아동의 도덕적·정서적 발달에 해로운 제품을 판매할 기술적 환경을 만드는데 돈을 쏟아 붓고 있다.

부모의 영향력에 한계를 가져다주는 두 번째 요인은 이 책에서 많이 논의되었다. 상호 작용론의 관점에서는 부모가 자녀들에게 영향을 미치기는 하지만 그 영향력의 효율성은 상당 부분 아동들, 특히 청소년들이 자기들을 돕고 사회화하고 감독하려는 부모의 노력을 어떻게 인식하고 있으며 거기에 어떤 반응을 보이는가에 달려있다. 아주 작은 아동도 부모의 요구를 무시할 수 있다. 부모는 어떤 형태든 심리치료에 종사하는 임상의는 물론이고 교사와 마찬가지로 그들의 역할을 수행하는 데 실제로 자녀의 협조를 필요로한다. 사실 성인들이 아동의 자기 파괴적 저항을 꺾는데 이용할 수 있는 간접적 통로가 있다. 문제 자녀들이 가정을 지배하고 있는 가정의 일부 부모들이 좀더 효율적일 수 있도록 훈련받을 수 있는 것은 이 이유 때문이다. 이것은 8장에서 부모 효율성 훈련이라고 불렀던 것이다. 그러나 이 훈련이 기적을 만들어내지는 않는다. 부모에 대한 자녀들의 반응은 부모의 권위를 약화시키는 잠재적인 요인으로 남아있다.

그래서 부모의 영향력에 대한 세 번째 제한은 부모 효율성 훈련 같은 중재의 결함에 그 원인이 있다.

1. 대부분의 부모가 이용하고 혜택을 보기에는 비용이 너무 많이 든다.
2. 아주 역기능적인 부모는 훈련을 받을 수 없다.
3. 많은 부분에서 너무 문제가 많은 아동들은 변화될 수 없다.

4. 대체로 부모가 새로 얻은 효율성에 나머지 환경이 도움이 되지
   못한다.

중재는 모든 부모와 아동에게 영향을 주는 모든 질병에 대한
만병통치약이 아니다. 극단적인 경우에는 타고난 자질은 결정적인
것이며, 그렇지 않더라도 타고난 잘못된 자질과 나쁜 환경이 함께
만들어낸 것은 되돌릴 수 없다. 어떤 상황이 발생한 후에 그런 일이
생긴다면 사회공학과 중재에 한계가 있다. 이것이 예방조치가 더
효과적인 이유다.

부모 영향의 네 번째 한계점은 이미 논의한 바 있는 것처럼 아동
이 어느 정도 자신의 환경을 만들어간다는 사실에 기인한다. 자기들
의 능력과 결함에 따라 아동들은 자기들의 특성을 강화할 수 있는
특정한 방향의 행동을 적극적으로 선택한다. 그러므로 아주 영리한
아동은 자기 부모로부터 많은 격려를 받을 수 있는 한편, 아무 도움
을 받지 않고도 스스로 많은 경험을 만들어 간다. 그들은 스스로에
게 읽는 법을 가르친다. 그들은 부모들이 그들에게 책 읽어주기를
마친 후에도 오랫동안 책을 떠나지 않는다. 그들은 자기들의 상상력
을 이용하여 자기들의 세계에 활기를 주는 모든 이야기를 만들어
낼 수 있는 것이다. "영리한 아동들은 빈방에서 자극을 받아 모퉁이
의 기하학적 형태에 대해서 생각할 수 있다"(Plomin, 1994: 157).
순한 기질을 갖고 있는 아동들은 부모의 도움이 있든 없든 사소한
일상생활에서 행복의 근원을 찾을 수 있다. 그 연속선상의 부정적
끝부분에는 무언가를 계속 더 원하며 자기들이 가지고 있는 것에
만족하지 못하거나 불행해 하는 자녀들을 만족시키려고 쓸데없이

자신을 소진하고 있는 부모들이 있다. 그런 아동들은 자기들을 불쾌하게 만드는 것과 자기들이 가지고 있지 않은 것에 — 그들이 그것 말고는 다 가졌을 지라도 — 초점을 맞추는 습관을 가지고 있다. 이들은 자기들의 축복을 알지 못하는 아동들이다.

다섯 번째 제한은 폐쇄된 환경에 살지 않는 부모와 자녀들 때문에 생긴다. 그들은 특히 취약한 아동들에게 영향을 미치는 다양한 외부의 영향력에 노출되어 있다. 좋은 사회화 관행도 부정적인 또래-학교-이웃-미디어환경 때문에 실패할 수 있다. 그렇지 않으면 좋았을 학교에서 행동문제를 가지고 있는 아동이 학교 전체에서 두세 명의 비슷한 일탈 또래를 만날 수 있어도 이런 일이 생긴다. 그런 아동들은 부모와 직원들 몰래 그들 자신의 작은 세계를 만들어서 감독을 피하고 몰래 빠져나가 불법적인 마약을 복용하고, 물건을 훔치고, 그 이외의 의문스러운 행동을 하는데 이런 일들이 학업에 방해가 된다. 결국 이 행동이 알려지면 일부 젊은이들은 바르게 되지만 일부는 그대로 일탈행위를 계속한다. 7장에서 살펴본 것처럼 아동과 청소년들은 또래집단의 생활양식은 물론이고 기쁨과 욕구불만, 생각과 가치관을 집으로 가져온다. 다른 사람과 같이 되는 것은 미국과 캐나다 젊은이들에게 아주 중요한 요인이며, 오직 강한 아동들만이 또래에게 받아들여져야 한다는 유혹에 저항할 수 있다. 또래 가치관에 대한 그런 동조에 직면하면 대개는 부모도 소용이 없다. 더욱이 부모는 부정적 환경이 가족생활에 영향을 미치면서 피해를 보거나, 환경이 긍정적일 때 이득을 보는데 이렇게 되면 아동에게 긍정적인 영향을 미칠 부모의 능력에 도움이 되거나 손해가 될 수 있다(Ambert, 1994).

결론

　아동의 유전인자 계승은 그의 성격을 설명하는데 부분적으로 도움을 준다. 이는 또 부모에 대한 아동의 영향을 설명하는데 두 가지 관점에서 기여한다. 첫째, 행동 그리고 정서적인 문제가 있는 자녀의 부모에 대한 사회적 반응은 대체로 부정적인 것이었고 죄책감을 불러오는 것이었다. 그와 같은 사회적 반응으로 인해서 부모에 대한 아동의 부정적 영향은 증가되었고 자녀들을 도울 수 있는 부모의 능력은 감소되었다. 유전인자 계승의 역할이 더 잘 이해된다면 부모는 자식의 심각한 문제들에 대한 책임을 면할 수 있을 것이다. 이렇게 책임이 면제되면 그들에게 많이 필요한 사회적 지원이 주어질 것이고 그렇게 되면 부정적인 아동의 영향도 감소할 것이다. 더 나아가 자녀들은 부정적 성향을 상쇄할 수 있는 안정된 구조를 물려받을 것이다.

　둘째, 유전인자의 역할을 고려한다면 자녀들의 행동이 결과적으로 긍정적이든 혹은 부정적이든, 부모의 양육수행만이 연구관심의 초점이 되어서는 안 된다는 것도 분명해진다. 유전인자는 환경과 상호 작용하는데 부모는 환경의 중요한 일부분이 된다. 그러나 우리가 그 속에 살고 있는 매우 다양한, 기술적인 그리고 시장지향적인 환경은 과거보다 아동들에게 좀더 부정적인 선택가능성을 제시해 준다. 이 환경은 아동의 친사회적 성향을 발달시키는 데는 덜 적합하고 부정적 성향을 발달시키는 데 더 적합할 수 있을 것이다.

13장 결론: 오늘의 부모 역할은 무엇이 잘못되었는가

이 책을 통해서 우리는 부모와 자녀에 대한 사회적 정의가 부모 자녀 관계와 그들의 의무에 어떤 영향을 미치는지 그리고 그 사회적 정의로 인해 자녀가 부모에게 얼마나 부정적이고 쓸모없는 영향을 많이 미치게 되는가를 검토해 왔다. 이 장에서 우리는 부모의 역할에 대한 사회적 지원이 없고 그들이 직면하는 어려움을 인정해 주지 않는다는 주제를 다루어보고 이 두 가지가 어떻게 아동의 부정적인 영향을 확대하는가를 알아본다. 더욱이 이와 같은 사회적 반응의 부족 때문에 실제로 아동들은 자신들이 성장하면서 수행하는 역할에 대해서 책임을 지지 않게 된다.

효율적 부모 역할 수행에 대한 문화적·사회적 방해

부모가 완전한 책임을 맡을 능력을 저하시키는 몇 가지 구조적·문화적 방해물이 있다. 이 방해물들 때문에 아동은 자신의 능력과 긍정적 특성을 완전히 현실화시킬 수 없게 된다. 또한 아동이 부모에 대해서 부정적 영향을 미치게도 한다. 많은 요소가 있지만 여기서는 여섯 가지가 검토된다(Ambert, 1997).

첫 번째 방해물은 최근의 인구학적 변화들 특히 빈곤이 수반되는 변화들로부터 생긴다. 높은 이혼율과 미혼임신은 많은 사람들이 특별히 어려운 환경에서 혼자 부모 역할을 수행하도록 하고 있다. 편부모는 어떤 면으로 봐도 일반적으로 사회적 자본이라는 의미에서는 물론이고 재정적으로도 불리한 위치에 있다(Coley & Chase-Lansdale, 1998). 그들은 사회로부터 충분히 지원 받지 못하고 있으며, 결과적으로 다른 사람들보다 자녀들에게 투자할 능력이 적다. 이것은 부모가 다 있는 가족의 자녀들보다 편부모가족의 자녀들에게 부정적인 일이 많다는 것을 보여주는 많은 문헌에서 분명히 알 수 있다. 많은 부모가 장시간 일을 해야 할 필요가 있다는 것 또한 아동의 일에 부모가 관여하는 것을 — 혹은 그 관여를 즐기는 것을 — 구조적으로 방해한다.

이런 변화들은 어른들이 너무 정서적으로 괴롭고, 사회적으로 고립되어 있고, 재정적으로 손해가 많고, 일을 많이 해서 집에 있을 시간이 별로 없다는 것을 의미하며, 한편으로는 부모가 되기에는 너무 젊고 준비가 안 된 사람들도 있다. 이런 환경들은 부모 역할을 하지 못하게 시간과 정력을 빼앗아 가기도 하고 양육기술을 감퇴시키는 원인이 되어 아동과 청소년들이 충분한 지원과 감독을 받을 수 없게 한다.

더욱이 이들 많은 부모들은 범죄와 청소년 갱은 물론이고, 비슷하게 혜택 받지 못한 사람들이 많이 모여 사는 이웃과 같이 살고 있다. 그런 이웃과 함께 사는 것은 부모와 자녀들을 위험에 처하게 한다(Garbarino & Kostelny, 1992). 패터슨, 리드와 디션(1992: 105)이 지적한 것처럼 그와 같은 지역에서는 "아동들을 단지 소년법원에 보내지 않기 위해서 고도의 양육기술이 요구된다." 그들은 "우리 사회가 이들 가족을 그와 같이 불리한 조건에 노출시키는 것은 공평하지 않다"라고 덧붙였다. 빈곤과 빈곤이 만들어내는 불건전한 환경은 효율적으로 부모 역할을 수행하고 아동을 긍정적으로 키우는 데(McLoyd, 1998), 그리고 결과적으로 아동이 부모에 대해 긍정적 영향으로 영향을 미치는 데 가장 심각한 방해물의 하나일 것이다.

아동이 부모의 지원과 통제를 받지 못하도록 하는 세 번째 방해물은 자주 논의되지는 못했다. 그것은 상호 의무보다 개인의 선택, 권리와 만족이 우선되는 가족제도에서의 개인주의와 물질주의는 물론이고 슈바르츠가(Shwartz, 2000)가 "자유의 독재와 삶의 선택과잉"이라고 부른 것을 모두 합친 것에 기인한다(Etzioni, 1994). 부모와 자녀들이 이런 경향에 면역되어 있다고 주장할 수는 없다. 이런 심리로 인해서 비용이 너무 비싸고 보상이 적고 대안이 많을 때 부모는 적절한 부모 역할을 수행하려는 노력을 적게 할 것이라고 추론할 수 있을 것이다. 이는 부모노릇이 보상받는 경험이 되도록 우리 사회가 부모 역할을 쉽고 효과적으로 할 수 있는 방법을 찾아야 하는 이유 가운데 하나다. 물질주의와 개인주의는 아동들에게도 직접적으로 영향을 미치고 책임보다는 권리, 만족, 획득에 관심을 갖도록 한다. 이런 상황은 자녀들이 친사회적인 목표를 갖도록 키우는 것을 어렵게 만든다.

네 번째 방해물은 사회적이고 문화적인 것이다. 이는 아동들에 관계되고 부모가 적절히 자기들의 역할을 수행하지 못하도록 아동들을 부추기는 모든 외부세력에 해당한다. 이들 세력 혹은 교차압력은 텔레비전 프로그램과 비디오게임의 유해한 내용으로부터 해로운 또래집단, 위험한 이웃, 마약과 무기를 쉽게 이용할 수 있는 것에 이르기까지 다양하다. 우리 사회에서는 아동들에게 부정적 성향을 발달시키거나 어떤 형태로든 반사회적 행동을 할 기회가 너무 많이 주어지고 있다. 아동과 청소년들은 실제로 선택적 발달이라는 것에 속고 있는 것이다. 이런 상황은 부모로 하여금 적절하다고 생각하는 의무를 수행하지 못하게 하고 해로운 아동 영향을 만든다.

다섯 번째 방해물은 청소년들은 책임지지 않도록 하고 부모만 비난하는 임상관행, 인생철학, 낡은 과학이론을 문화적으로 널리 받아들이는 데서 생긴다(Maziade, 1994: 71). 청소년과 아동이 부모에 대해 백지상태라는 견해가 지속되는 한 이 상황은 계속될 것이다. 부모에 대한 청소년들의 책임을 인정하지 않는 이론들이 주장되는 동안은 편견에 사로잡힌 그리고 비효율적인 임상관행과 중재가 계속될 것이다. 이런 난제들 때문에 부모들은 개인적인 효율성과 도덕적 권위를 부여해 주는 문화적 풍토를 갖지 못한다. 8장에서 논의한 것처럼 전문가들은 무엇이 적절한 부모 역할인가에 대한 정의를 내릴 수 있는 권리를 스스로에게 부여했으며 그래서 부모를 무력화시켰다.

논의해야 할 마지막 방해물은 브론펜브레너(Bronfenbrenner, 1985: 377)가 "가족과 학교 그리고 발달과 관련된 그 이외의 것들이 포함되어 있는 사회조직을 풀어버리는 것"이라고 설명한 것이다. 여기서 사회조직을 풀었다는 것은 부모가 사회적으로 고립된다는 것을 의미한다. 그들은 부모의 과업을 용이하게 하고 그들의 도덕적 권위를 강화해 줄 가치에 크게 동의하는 이웃이나 공동체에 더 이상 속하지 않는다(Coleman & Hoffer, 1987). 그들은 자신들의 하위문화나 로비집단을 가지고 있지 않다. 기능적 공동체가 없다는 것은 결국 부모가 청소년을 감독할 책임을 홀로 지고 있다는 것을 의미한다. 사실 필요한 것은 이웃에 있는 모든 성인들이 모든 아동의 행복을 위해서 그들의 행동을 주시할 책임을 맡는 자녀의 집단적 사회화다.

부모의 영향력 증대

물론 부모들은 아주 바쁜데, 일부는 일에 전념하고 있으며, 가난한 사람들도 있고, 배우자가 없는 부모도 많다. 그러나 이러한 점은 그들의 결함을 비난하기보다 도와야 하는 많은 이유가 될 수 있을 것이다. 아래에 몇 가지 설명을 요약한다. 이 설명들은 앞의 장들의 내용에서 나온 것이다.

부모들은 좀더 어려워진 환경에서 자기들의 역할을 수행하기 위해서는 효율적인 도덕적 권위를 필요로 한다(Elshtain, 1990). 부모의 권위는 손상되어 왔는데 이 손상은 우리 문화를 약화시키는 다른 측면과 관련되어 있다. 왜냐하면 사실상 누구도 — 교사도, 목사도,

선출된 관리도— 큰 도덕적 권위를 가지고 있지 않기 때문이다. 부모들은 자기 자녀가 행동규칙을 존중하고 따르도록 요구하는 위치에 있어야 하고 이 노력을 하는데 다른 기관의 지원을 받고 있다는 것을 알아야 한다.

부모의 권위는 어떤 분야에서는 아동권리의 침해와 동의어가 되어 왔으며 일상적으로 아동은 부모의 지원을 받지 못함으로서 이득을 볼 수 있다. 예를 들어 아동지원전화(Child Help Lines)에 전화를 거는 아동들의 상당수는 귀가시간과 같은 부모가 만든 규칙에 대해서 불만이 있는 젊은이들이다. 담배를 피우지 못하게 하거나 원하는 다른 활동에 참여하지 못하게 하는 부모를 고소하기 위해서 변호사를 찾는 방법을 문의하는 아동들도 있다. 그와 같은 전화는 아동들이 과거보다 덜 고립되어 있다는(고무적인 점) 것뿐만 아니라 부모의 권위가 약화되었다는 것과 부모에 대해서 불만을 표시할 때(부당하게 할 때도) 그들이 사회적 지원을 많이 받을 수 있다는 것을 아동들이 알고 있다는 지표들이다. 더욱이 자기 권위가 인정되고 있다는 것을 제일 많이 알아야 하는 부모가 권위를 잃고 매도될 가능성이 제일 많다. 편모와 가난한 사람, 이 둘은 동의어일 때가 너무 많다.

우리가 만일 부모가 존경받고 사회적으로 (학교, 전문가, 복지기관, 법 집행인에 의해서) 지원되고 아동이 미디어를 포함한 여러 부문으로부터 부모를 존경하도록 격려되는 사회에 산다면 가족은 그 크기와 구조에 관계없이 좀더 효율적인 기관이 될 것이다. 일반적으로 말해서 부모자녀 관계는 용이하게 되고 아동발달은 증진될 것이다. 그러한 정황에서라면 아동들은 행동규범을 좀더 쉽게 받아들이고 내면화할 것이며, 가정교육에 좀더 협조할 것이다. [근본적으로 나는 콜먼

의 기능적 공동체의 의미를 그대로 말하는 것이다(Coleman & Hoffer, 1987).]
이런 이상과 대조적으로 우리 아동들은 아주 어렸을 때부터 부모의
권위와 관련해서 모순되고 실망스러운 이야기를 많이 듣는다.

가끔 어떻게 하면 되는가에 대한 모순되는 충고를 받고, 비난할
까 봐 두려운 여러 전문가로부터 강요되면서 그리고 바로 현관
밖의 잘 조직된 — 자신의 사회지원보다 훨씬 잘 조직된 — 또래집단
때문에 말을 못하게 되면서 많은 부모들은 우유부단해지고, 자신들
에 대해서 확신을 가지지 못하며, 안 된다고 말할 수 없게 되었다.
그들은 아동들이 기분 나빠하는 것을 두려워할 수 있다. 일부 부모
는 청소년이 가출하는 것을 두려워한다. 어쨌든 그들은 자주 그렇게
하겠다고 협박하기도 한다. 이런 협박을 들으면 부모는 청소년이
마약과 매춘에 빠져든 거리의 아이로 끝날 수도 있다는 현실적인
망령에 사로잡히게 된다. 그러므로 이런 일들 때문에 많은 부모는
자기들의 역할을 쉽게 포기하기 쉽고 자녀의 '친구'가 된다. 자제력
이 있고 순한 성격을 가지고 있거나 성취지향적이고, 친사회적 또래
집단으로부터 혜택을 보는 청소년들에게는 이런 역할 혼란이 별로
문제가 되지 않는다. 그러나 허용적인 부모 역할 스타일을 닮았고,
심지어 유기의 요소조차 있는, 이런 형태의 '평등' 관계는 바람직하
지 못한 성격을 가지고 있고 일탈적 또래집단에 속한 아동들에게는
아주 좋지 않다.

교사, 아동과 청소년을 돌보는 전문가, 경찰, 복지종사자의 새로
운 역할이 그러한 면 자체를 시사한다. 그들의 역할은 아동과 청소
년들에게 좀더 이타적인 혹은 덜 개인주의적이고 덜 자기중심적인
행동을 개발하도록 격려하는 것이다. 젊은이들에게 성장하면서 부

모의 충고를 받아들이고 부모와 협력하도록 격려할 수 있다. 전문가들은 다음과 같은 말을 하면서 이런 제안에 반대할 수 있다. "그러나 만일 이들 십대들이 아무도 자기들을 이해하지 못한다고 느낀다면 그들에게 무슨 일이 생기겠는가?" 많은 청소년들이 자신을 이해하는 다른 사람들에게 벽을 쌓는다는 사실을 고려할 때 이런 걱정은 과장된 것이라고 할 수 있다. 이것은 부모자녀 관계의 관점에서도 패배주의자의 의문이다. 왜냐하면 이것은 **부모가 아닌 다른 사람들**, 아마 전문가들만 청소년들을 이해할 수 있다는 것을 의미하기 때문이다. 이는 어설프게 위장된 부모에 대한 간접적인 비난인데, 청소년들은 여기에 관심을 가질 수밖에 없다.

부모의 만족: 왜 안 되는가?

오늘날의 기술세계에서는 다른 사회에서보다 그리고 기술이 발달되지 않았던 과거보다 자녀들이 오랫동안 부모에게 의존한다. 그 주된 이유는 아동들이 경제가 요구하는 복합적인 직업을 가질 수 있도록 교육받고 훈련받아야 하기 때문이다. 결과적으로 청소년들은 십대로 변모했다. 십대는 13세에서 19세 사이의 사람들인데 우리 문화에서는 부모로부터 독립하는 것을 배워야 하고 학교에 가고 즐겁게 보냈으면 좋을 나이다. 그들을 보호하는 것이 부모의 책임인 한편, 그들은 반항하도록, 그리고 부모의 반대 '국면'을 정면 돌파하도록 기대되기도 한다. 십대는 청소년들에게 '격앙된', '자기의 정체성을 찾는', '갈등적인', '아주 위험한' 시기다. 이 시기에는

‘또래집단’이 부모보다 ‘더 중요한’ 시기다. 때때로 저소득지역과 일부 하위집단에서는 십대가 생활비를 벌기를 기대하고 소녀들의 경우에는 결혼을 하거나 아이를 갖기를 기대한다.

중산층이 사회적으로 의미를 부여한 바에 따르면 노동의 분화에서 분명한 이분법이 있다. 한편에는 자녀들을 지원하는 부모가 있고 다른 편에는 부모보다는 다른 아동들과 같이 있는 자녀들이 있다. 혹은, 달리 설명하면 젊은 사람들을 지원해 주는 것이 주요 목적인 부모가 있고 부모와 같이 있는 주요 목적이 지원을 받는 것인 십대들이 있다. 다행히도 모든 부모나 모든 십대들이 이런 생각을 가진 것은 아니다. 사실은 많은 부모들은 자기들의 십대 자녀들이 일정한 가사의무를 수행함으로서 그들의 생계에 기여하기를 기대하고 있으며, 많은 십대가 그렇게 한다. 더욱이 청소년이 있는 많은 가족들은 상당히 폐쇄적이기도 하고 개방적이기도 하다. 그러나 전반적으로 현실에 대한 사회적 의미부여라는 면에서 보면 중산층 사회는 불균형과 세대간의 단절 상황을 만들어낸 것이다. 교환이론의 관점에서 봐도 불균형이 아주 심하다. 부모는 주고 자녀는 받는다. ‘그 관행에서 부모를 위한 것은 무엇인가?’라는 의문을 품을 수 있을 것이다.

다행히 대부분의 부모들은 상당히 이타적이고, 그들의 역할을 받아들일 수 있는 상태이고, 피할 수 없이 그렇게 되어야 하는 일이라고 생각한다. 그것은 그들의 “의무”다. 헤프너(Elaine Heffner, 1978: 27)는 어머니들에 대해서 쓰면서 “어머니가 자기 자신을 생각해도 된다거나 자신을 자녀만큼 중요하게 여겨도 된다고 생각하는 사람은 아무도 없다”고 지적했다. 이것은 양쪽 부모에게 모두 해당된다.

그리고 우리 사회에서 부모는 자기들의 역할이나 자녀들에 대해서 부정적인 감정을 보이는 것이 허락되지 않는다는 말을 덧붙였다. 이것은 비행을 다룬 장에서 잘 설명되었는데, 거기서 우리는 아동의 잘못된 행동을 고백한 부모는 가끔 사회적으로 배척되는 것을 보았다. 근본적으로 부모는 자녀들에 대한 모든 것에 책임이 있다고 믿도록 사회화되어 있다. 만일 그들이 균형이 맞지 않는다고 생각한 다면 사회는 이를 수없이 합리화할 것이다. "지나갈 것이다", "그것은 하나의 국면이다", "애들이 커서 거기에서 벗어날 것이다." 그와 같은 부모들은 대기단계에 있다. 그 국면이 (때로는 매우 길 수 있는) 끝나기를 기다리고, 십대가 제 정신을 찾고, 책임감 있는 성인이 되기를 기다린다. 청소년들이 때로는 가볍고 때로는 중요한, 때로는 긍정적이고 때로는 부정적인 일련의 국면을 극복해 가는 동안 부모 자신의 인생은 일시적으로 중지된다. 그러나 대부분의 부정적 국면은 문화적 환경 때문에 부득이 한 것이어서 피해 갈 수 있다.

너무 많은 요구를 하는 그리고 문제가 있는 십대를 가진 부모들도 그들의 역할로부터 만족을 얻도록 기대된다. 최소한 그들은 자기들의 '운명을 받아들여야 한다.' 그들은 자녀에게 의지가 되어줘야 한다. 자녀들이 자립했을 때 많은 부모들이 안도한다면 그것이 놀라운 일인가? 과거에는 부모가 홀로 되었을 때 외로움과 목적상실감을 갖는 것도 '빈 둥지 신드롬'의 일부로 인정되었다. 좀더 최근의 연구에 의하면 부모들이 전에는 가족이 넘쳐 나서 피해를 입었고, 새로운 가족 상태는 그들에게 꼭 맞는다. 가까운 과거에는 여성들이 가정주부와 어머니가 되는 것 이외에 다른 목적을 가지고 있지 않았다. 자녀들이 떠났을 때 그들은 정말 중심이 되고 핵심적인 역할을 상실했다는 것을 예리하게 느껴왔다. 그러나 오늘의 부모들은 보통 두 사람 모두 취업하고 있고, 엄청난 재정적 책임을(그중 제일 큰 것은 청소년과 젊은 성인자녀의 생계를 담당하는 것이다) 맡고 있으며, 좀더 복잡한 개인적 삶을 살고 있다(높은 이혼율/재혼율/계부모비율). 그리고 그들은 가족밖에도 신경 써야 할 일이 많고 부모역할이 끝난 이후를 생각할 수 있고 그리고 다년간 좋은 건강을 유지할 수 있다.

그러므로 교환이론의 관점에서 보면 부모에게 불리한 불균형이 이루어지고 있다. 이런 불균형의 결과는 금세기에 들어서 출산율의 급격한 감소로 반영된다. 자녀의 취학연한이 길어지고 도시화가 농촌생활을 앞지르고, 청소년은 십대가 되고, 전문가들은 부모에게 어려운 것이 정상이라고 말하면서 부부는 점점 더 적은 수의 자녀를 가지게 된다. 자녀의 쓸모가 적어진 것이다. 자녀에게 들어가는 비용은 급등했다. 그렇지 않다면 왜 많은 사람들이 자녀를 갖지 않으려 하고 대부분의 다른 사람들이 한 명 혹은 두 명의 자녀만 원하겠는가? 만일 자녀들이 쓸모가 있고 과거처럼 기쁨을 주거나 줄 수 있다면, 사람들은 많은 수의 자녀를 가지려 할 것이다. 만일 자녀들에게 그렇게 많은 비용이 들어가지 않는다면 좀더 많은 사람들이 많은 자녀를 가질 것이다.

우리 사회는 과거 몇 세기보다 더 자기중심적이고 개인주의적이고 쾌락주의적이다. 그러한 특성들 역시 왜 성인들이 자녀라는 짐을 최소화하려는지 설명할 수 있다. 그러나 십대들에게 가족지향적인 것에 반대되는 자기중심적인 자세를 가지라고 격려한다면 악순환은 계속될 것이다. 만일 청소년들에게 부모와의 상호성을 받아들이지 말라고 한다면 이 십대들은 후에 자기 자녀들에 대한 책임은 물론이고 나이 든 부모에 대한 책임도 지지 않으려 하는 개인주의적인 인간으로 성장할 것이다. 십대들은 가끔 과거를 되돌아보고 부모의 생애를 생각한다. 그리고 자신들은 그런 삶을 거부한다. 역설적이게도 그들은 그러한 삶의 최대 수혜자였다.

성인들은 만족하려는 욕구가 매우 큰데, 그들은 부모가 된다는 것이 별로 만족을 주지 못한다는 것을 알고 있다. 그것은 감정을 소모시키는 경험이며 결과가 부정적일 때는 사회적으로 고립될 수 있다. 불균형을 인식할 때 성인들은 부모로서보다는 다른 형태의 만족을 찾게 된다. 직업, 여행 혹은 독신생활방식이 다른 만족의 근원이다. 결과적으로 많은 자녀를 가진 젊은이를 이민으로 받아들이지 않는다면 2, 30년 안에 아동과 젊은 성인 대 노인의 비율이 심각한 불균형 상태가 될 것이다.

성인에게 이제부터 젊은 성인으로 키워야 할 자녀들로부터 부모로서의 정서적 만족을 찾을 "권리"를 허락하는 것이 부모가 그들의 역할을 수행할 수 있도록 격려하는 것이며 다른 사람들에게는 하나 이상의 자녀를 갖도록 격려하는 것이다. 출산율에 미치는 결과가 어떻든(우리는 인구증가를 염두에 둬야 하지만) 그런 정책은 부모의 생활을 좀더 공정하고 정당하게 만들 것이다. 물론 이러한 단순한 설명은 우리 사회의 전체적인 재구성을 요구한다……. 실천하기보다 말하기 쉬운 과제다.

요즘 많은 사회에서, 그리고 50년 전에 대부분의 서구사회에서, 청소년들은 권리가 있는 그러나 의무도 있는 젊은 성인이었다. 그들은 아마 그들이 받은 만큼 부모에게 줬다. 양쪽 모두 주고받았다.

 아이가 부모의 인생을 바꾼다

서로 다른 쪽이 필요했다. 경제적으로 그리고/혹은 정서적으로. 청소년들은 의존하는 사람이 아니었다. 그와 대조적으로 십대는 의존한다. 그러나 그들이 의존하는 한, 왜 그들을 위해 돈을 지불하는 사람들이 그들의 협력, 도움, 미소, 때로는 그들과 일행이 되는 즐거움을 가질 수 없는가, 그리고 왜 그들의 감사를 기대하면 안 되는가? 그 관계는 의존적인 것이 아닌 상호적·상호 의존적인 것이 될 것이며 관련된 양쪽이 바로 보답할 의무를 가지게 된다. 청소년들은 부모로부터 큰 정서적·도덕적 혜택을 입을 것이다. 부모에 대한 자녀의 영향은 좀더 긍정적으로 될 것이다.

결론을 맺으며

우리가 앞의 여러 장에서 살펴본 것처럼 부모에 대한 자녀의 영향은 연구하고 사회학적으로 탐구해야 할 타당한 주제다. 아동의 영향은 존재한다. 부모와 자녀는 서로 상호 작용하면서, 서로의 생활에 영향을 미친다. 불행하게도 사회학과 심리학에서 가장 흔히 이용되는 연구방법으로는 상호 작용의 실체를 적절히 묘사하지 못할 수도 있다. 구조적 설문지 혹은 다문항 선택형 설문지와 조사는 종단연구를 할 때라도 심각한 한계가 있다. 그 방법으로는 연구자들이 사건이나 상호 작용이 있기 이전에, 도중에, 후에 일어난 일들 사이의 연관관계를 보지 못한다.

그러나 무엇보다도 자녀의 영향을 사회적으로 받아들이지 않는다는 사실이 부모가 그들의 역할을 수행하고 자녀들을 사회화할

수 있는 능력에 방해가 된다. 사실 부모의 사회화 노력을 지원해
주고 부모에게 힘을 실어준다면 책임감 있고 건강한 발달을 이룰
수 있다는 의미에서 아동과 청소년들이 주요 수혜자가 될 것이다.

Adler, P.A and Adler, P. 1998. *Peer power: Preadlescent culture and identity*. New Brunswick, MJ: Rutgers University Press.

Agnew, R. and Huguley, S. 1989. Adolescent violence toward parents. *Journal of Marriage and the Family*, 51, pp.699~711.

Alba, R.D., Logan, J.R., and Bellair, P.E. 1994. Living with crime: The implications of racial/ethnic differences in suburban location. *Social Forces*, 73, pp.395~434.

Aldous, J. and Ganey, R.F. 1999. Family life and the pursuit of happiness: The influence of gender and race. *Journal of Family Issues*, 20, pp.155~180.

Amato, P.R. and Both, A. 1997. A generation at risk: *Growing up in an era of family upheaval*. Cambridge, MA: Havard University Press.

Ambert, A.-M. 1992. *The effect of children on parents. Binghaamton*, NY: The Haworth Press.

______. 1994. A qualitative study of peer abuse and its effects: Theoretical and empirical implications. *Journal of Marriage and the Family*, 56, pp.119~130.

______. 1997. Parents, children, and adolescents: *Interactive relationships and development in context*. Binghamton, NY: The Haworth Press.

______. 1998. *Parent-blaming by clinicians*: The effect on mothers. Paper presented at the Mother-Son Symposium, York University, Toronto, September.

______. 1999. The effect of male delinquency on mothers and fathers: A heuristic study. *Sociological Inquiry*, 69, pp.621~640.

______. 2001. *Families in the new millennium*. Boston: Allyn and Bacon.

______. and Gagnon, L.D. 1995. Que sait-on del'experience existentielle des parents des jeunes contrevenants? *Criminologie*, 28, pp.131~142.

American Psychiatric Association. 1994. *Diagnostic and statistical manual of mental disorders*. Fourth edition(DSM-IV). Washington, DC: American Psychiatric Association.

Aneshensel, C.S. and Sucoff, C.A. 1996. The neighborhood context of adolescent mental health. *Journal of Health and Social Behavior*, 37, pp.293~310.

Angold, A. 1993. Why do we not know the cause of depression in children? In D.F.Hay and A.Angold(Eds.), *Precursors and causes in development and psychopathology*. Chichester, UK: John Wiley. pp.265~292.

Apfel, R.J. and Handel, M.H. 1993. *Madness and loss of motherhood*. Washington, DC: American Psychiatric Press.

Aquilino, W.S. 1990. The likelihood of parnet-adult child co-residence: Effects of family structure and parental characteristics. *Journal of Marriage and the Family*, 52, pp.405~419.

Aries, P. 1962. *Centuries of childhood: A social history of fmaily life*. New York: Knoph and Random House.

Arnett, J. J. 2000. Emerging adulthood: A theory of development from the late teens through the twenties. *American Psychologist*, 55, pp.469~480.

Asarnow, J. R. 1994. Annotation: Childhood-onset schiziphrenia. *Journal of Child Psychology and Psychiatry*, 35, pp.1345~1371.

Bagley, C. 1993. Transracial adoption in Britain: A follow-up study, with policy considerations. *Child Welfare*, 72, pp.285~299.

Baldwin, S. and Glendinning, C. 1983. Employment, women and their disabled children. In J. Finch and D. Groves(Eds.), *A labor of love: Women, work, and caring*. London: Routledge and Kegan Paul.

Bank, L., Marlow, J. H., Reid, J.B., Patterson, G. R., and Weinrott, M. R. 1991. A comparative evaluation of parent training interventions for families of chronic delinquents. *Journal of Abnormal Child Psychology*, 19, pp.15~33.

Barkley, R.A. 1997. Behavioral inhibition, sustained attention, and executive functions: Constructing a unifying theory of ADHD. *Psychological Bulletin*, 121, pp.65~94.

Bartholet, E. 1993. Family bonds: *Adoption and the politics of parenting*. Boston: Houghton Mifflin.

Bates, J. E. 1987. Temperament in infancy. In J. D. Osofsky(Ed.), *Handbook of infant developemnt*, Second ediciton. New York: Wiley. pp.1101~1149.

Bates, J., Pettit, G., Dodge, K., and Ridge, B. 1998. Interaction of temperamental resistance to control and restrictive parenting in the development of externalizing behavior. *Developmental Psychology*, 34, pp.982~995.

Bateson, G. et al. 1958. Toward a theory of schizophrenia. *Behavioral Sciences*, 1, pp.251~261.

Baumeister, R.F. 1999. Low self-esteem does not cause aggression. APA *Monitor*, 30, January, p.7.

Baydar, N. and Brooks-Gunn, J. 1998. Profiles of grandmothers who help care for thier grandchildren in the United States. *Family Relations*, 47, pp.385~393.

Beardsall, L. and Dunn, J. 1992. Adversities in childhood: Siblings' experience, and their relations to self-esteem. *Journal of Child Psychology*, 33, pp.349~359.

Beels, C.C. 1974. Family and social management of schizophrenia. In P. Guerin(Ed.), *Family therapy: Theory and practice*. New York: Gardner Press.

Bell, C.C. and Jenkins, E.J. 1993. Community violence and children on Chicago's southside. *Psychiatry*, 56, pp.46~54.

Belsky, J., Robins, E., and Gamble, W. 1984. The determinants of parental competence. In M. Lewis(Ed.), *Beyond the dyad*. New York: Plenum. pp.251~279.

Benson, P.L., Sharma, A.R., and Roehlkepartain, E.C. 1994. Growing up adopted: *A portrait of adolescents and their families*. Minneapolis, MN: Search Institute.

Berry, M. 1991. The effects of open adoption on biological and adoptive parents and the children: The arguments and the evidence. *Child Welfare*, 70, pp.637~651.

Billingsley, A. 1992. Climbing Jacob's ladder: *The enduring legacy of African-American families*. New York: Simon and Schuster.

Blair, S.L. and Qian, Z. 1998. Family and Asian students' educational performance: A consideration of diversity. *Journal of Family Issues*, 19, pp.355~374.

Bloom, A. 1987. *The closing of the American mind*. New York: Simon and Schuster.

Bohman, M. 1996. Predispositions to criminality: Swedish adoption studies in retrospect. In G.R.Bock and J.A.Goode(Eds.), *Genetics of criminal and antisocial behavior. Ciba Foundation Symposium* 194. Chichester, UK: Wiley. pp.99~114.

Bonecutter, F.J. and Gleeson, J.P. 1997. Broadening our view: Lessons from kinship foster care. In G.R. Anderson, A.S. Ryan, and B.R. Leashore(Eds.), *The challenge of permanency planning in a multicultural society*. Binghamton, NY: The Haworth Press. pp.99~119.

Boocock, S.S. 1976. Children and society. In A.Skolnick(Ed.), *Rethinking childhood*. Boston: Little, Brown.

Borders, L.D., Black, L.K., and Pasley, B.K. 1998. Are adopted children and their parents at greater risk for negative outcomes? *Family Relations*, 47, pp.237~241.

Boyd, M. and Norris, D. 1995. Leaving the nest? The impact of family structure. *Canadian Social Trends*, 38, Autumn, pp.14~19.

Braungart-Rieker, J. et al. 1995. Genetic mediation of longitudinal associations between family environment and childhood behavior problems. *Developmental Psychopathology*, 7, pp.233~245.

Brim, O.G.Jr. 1968. Adult socialization. In J.A.Clausen(Ed.), *Socialization and society*.

Boston: Little, Brown.

Brody, N. 1993. Intelligence and the behavioral genetics of personality. In R.Plomin and G.E.McClearn(Eds.), *Natuer, nurture, and psychology*. Washington, DC: American Psychological Assocation. pp.161~178.

Brodzinsky, D.M. 1993. Long-term outcomes in adoption. In R.E.Behrman(Ed.), *The futuer of children: Adoption*. Los Altos, CA: Center for the Future of Children, the Davis and Lucille Packard Foundation. pp.153~166.

Bronfenbrenner, U. 1985. Freedom and discipline across the decades. In G. Becker, H.Becker, and L. Huber(Eds.), *Ordnung und Unordnumg*(Order and disorder). Berlin: Beltz. pp.326~339.

Bronfenbrenner, U. and Ceci, S.J. 1993. Heredity, environment, and t도 question "how?" - A first approximation. In R.Plomin and G.E.McClearn(Eds.), *Nature, nurture, and psychology*. Washington, DC: American Psychological Association. pp.313~324.

______. 1994. Nature-nurture reconceptualized in developmental perspective: A bioecologial model. *Psychological Review*, 101, pp.568~586.

Brooks-Gunn, J., Klebanov, P., Liaw, F., and Duncan, F.J. 1995. Towards an understanding of the effect of poverty upon children. In H.E. Fitzgerald, B.M.Lester, and B.Zuckerman(Eds.), *Children of poverty*. New York: Garland. pp.3~36

Brunk, M.A. and Henggeler, S.W. 1984. Child influences on adult controls: An experimental investigation. *Developmental Psychology*, 20, pp.1074~1081.

Buehler, C., Krishnakumar, A., Stone, G., Anthony, C., Pemberton, S., Gerard,J., and Barber, B.K. 1998. Interparental conflict styles and youth problem behaviors: A two-sample replication study. *Journal of Marriage and the Family*, 60, pp.119~132.

Buriel, R. and DeMent, T. 1997. Immigration and sociocultural change in Mexican, Chinese, and Vietnamese American families. In A. Booth, A. C. Crouter, and N. Landale(Eds.), *Immigration and the family*: Research and policy on U.S. immigrants. Mahwah, NJ: Erlbaum. pp.165~200.

Burke, K.C., Burke, J.D., Regier, D.A., and Rae, D.S. 1990. Age at onset of selected mental disorders in five community populations. *Archives of General Psychiatry*, 47, pp.511~518.

Burton, L.M. 1992. Black grandparents rearing children of drug-addicted parents: Stressors, outcomes, and the social service needs. *The Gerontologist*, 32, pp.744~751.

______. 1996. Age norms, the timing of family role transitions, and intergenerational

 아이가 부모의 인생을 바꾼다

caregiving among aging African American women. *The Gerontologist,* 36, pp.199~208.

Butterfield, F. 1999. As inmate population grows, so does a focus on children. *The New York Times,* April 7, A1, A18.

Cabrera, N.J., Tamis-LeMonda, C.S., Bradley, R.J., Hofferth, S., and Lamb, M.E. 2000. Fatherhood in the twenty-first century. *Child Development,* 71, pp.127~136.

Call, V., Sprecher, S., and Schwartz, P. 1995. The incidence and frequency of marital sex in a national sample. *Journal of Marriage and the Family,* 57, pp.639~652.

Capaldi, D.M., Crosby, L., and Stoolmiller, M. 1996. Predicting the timing of first sexual intercourse for at-risk adolescent males. *Child Development,* 67, pp.344~359.

Carr, J. 1988. Six weeks to twenty-one years old: A longitudinal study of children with Down's Syndrome and their families. *Journal of Child Psychology and Psychiatry,* 29, pp.407~431.

Caspi, A. 2000. The child is father to the man: Personality continuities from childhood to adulthood. *Journal of Personality and Social Psychology,* 78, pp.158~172.

______. Entmer Wright, B.R., Moffitt, T.E., and Silva, P.A. 1998. Childhood predictors of unemployment in early adulthood. *American Sociological Review,* 63, pp.424~451.

Caspi, A. & Moffitt, T. 1991. The continuity of maladaptive behavior: From description to understanding in the study of antisocial behavior. In D.Cicchetti and D. Cohen(Eds.), *Manual of developmental psychopathology.* New York: Wiley.

Cawthron, P., James, A., Dell, J., & Seagroatt, V. 1994. Adolescent onset psychosis: A clinical outcome study. *Journal of Child Psychology and Psychiatry,* 35, pp.1321~1332.

Chesler, P. 1989. The sacred bond: The legacy of Baby M. New York: Vintage.

Child Welfare League of America. 1993. *Charting the new course: Children's legislative agenda.* Washington, DC: Child Welfare League of America.

Chodorow, N., & Contratto, S. 1982. The fantasy of the perfect mother. In B. Thorne and M. Yalom(Eds.), *Rethinking the family: Some feminist questions.* New York: Longman.

Clarke-Stewart, K.A. 1973. Interaction between mothers and their young children: Characteristics and consequences. *Monographs of the Society for Research in Child Development,* 153, pp.6~7.

Coleman, J.S., & Hoffer, T. 1987. *Public and private schools: The impact of communities*. New York: Basic Books.

Coleman, J.S., & Chase-Lansdale, P.L. 1998. Adolescent pregnancy and parenthood: Recent evidence and future directions. *American Psychologist*, 53, 152~166.

Collins, W.A., Maccoby, E., Steinberg, L., Hetherington, E.M., & Bornstein, M.H. 2000. Contemporary research on parenting: The case for nature and nurture. *American Psychologist*, 55, pp.218~222.

Cook, J.A. 1988. Who "mothers" the chronically mentally ill? *Family Relations*. 37, pp.42~49.

Cook, W. L. et al. 1990. Mother-child dynamics in early-onset depression and childhood schizophrenia spectrum disorders. *Development and Psychopathology*, 2, pp.71~84.

Coontz, S. 2000. Historical perspectives on family studies. *Journal of Marriage and the Family*, 62, pp.283~297.

Corsaro, W.A. 1997. *The sociology of childhood*. Thousand Oaks, CA: Pine Forge Press.

Cowan, C.P. & Cowan, P.A. 1992. *When partners become parents*: The big life change for couples. New York: Basic Books.

______. 1997. Working with couples during stressful transitions. In S. Dreman(Ed.), *The family on the threshold of the 21st century*(pp.17~48). Mahwah, NJ: Erlbaum.

Crnic, K.A., Greenberg, M.T., Ragozin, A.S., Robinson, W.M., & Basham. R. 1983. Effects of stress and social suporton mothers and premature and full-term infants. *Chld Development*, 54, pp.209~217.

Crockenberg, S.B. 1981. Infant instability, mother responsiveness, and social suppor t influences on the security of the infant-mother attachment. *Child Development*, 52, pp.857~865.

Crouter, A.C., Helms-Erikson, J., Updegraff, K., & McHale, S.M. 1999. Conditions underlying parents' knowledge about children's daily lives in middle childhood: Between and within-family comparisons. *Child Development*, 70, pp.246~259.

Cummings, J.S., Pellegrini, D.S., Clifford, I., & Cummings, E.M. 1989. Children's responses to angry adult behavior as a function of marital distress and interparent hostility. *Child Development*, 670, pp.1035~1043.

Cummings, S. T. 1976. The impact of child deficiency on the father: A study of fathers of mentally retarded and chronically ill children. *American Journal of Orthopsychiatry*, 46, pp.246~255.

Cummings, S. T., Bayley, J.C., & Rie, J.E. 1966. Effects of the child's deficiency on the mother: A study of mothers of mentally retarded, chronically ill, and neurotic children. *American Journal of Orthopsychiatry*, 36, pp.595~608.

Cunningham, C. E., Bremmer, R., & Boyle, M. 1995. Large group community-based parenting programs for families of preschoolers at risk for disruptive behavior disorders: Utilization, cost effectiveness, and outcome. *Journal of Child Psychology and Psychiatry*, 36, pp.1141~1159.

Da Vanzo, J. & Goldscheider, F. K. 1990. Coming home again: Returns to the parental home of young adults. *population Studies*, 44, pp.241~255.

Darling, R. B. 1987. The economic and psychosocial consequences of disability: Family-society relationships. *Marriage and Family Review*, 11, pp.45~61.

Deater-Deckard, K., Pickering, K., Dunn, J. F., Golding, D., & the Avon Longitudinal Study of Pregnancy and Childhood Study Team. 1998. Family structure and depressive symptoms in men preceding and following the birth of a child. *American Journal of Psychiatry*. 155, pp.818~823.

Demos, K. 1974. The American family in past time. American Scholar,63, pp.422~446.

Dinnerstein, D. 1976. The mermaid and the minotaur. New York :Harper and Row.

Dix, T. 1991. The affective organization of parenting: Adaptive and maladaptive processes. *Psychological Bulletin*, 110, pp.3~25.

Doherty, W. J. 2000. Family science and family citizenship: Toward a model of community partnership with families. *Family Relations,* 49, pp.319~325.

Doherty, W. J., Koyneski, E. F., & Erickson, M. F. 1998. Responsible fathering: An overview and conceptual framework. *Journal of Marriage and the Family*, 60, pp.277~292.

Donzelot, J. 1979. *The policing of families.* New York: Random House

Dornbusch, S. M. & Gray, K. D. 1988. Single-parent families. In S. M. Dornbusch and M. H. Strober(Eds.), *Feminism, children, and the new families.* New York: Guilford.

Downey, K. B. 1995. When bigger is not better: Family size, parental resources, and children's educational performance. *American Sociological Review*, 60, pp.746~761.

Dubow, E. F., Edwards, S., & Ippolito, M. F. 1997. Life stressors, neighborhood disadvantage, and resources: A focus on inner-city children's adjustment. *Journal of Clinical Child Psychology,* 26, pp.130~144.

Ducan, G. J. & Brooks-Gunn, J. 2000. Family poverty, welfare reform, and child development. *Child Development,* 71, pp.188~196.

Earls, F, 1994.Oppositional-defiant and conduct disorders. In M. Rutter, E. Taylor, and L. Hersov(Eds.), *Child and adolescent psychiatry,* Third edition Oxford: Blackwell. pp.308~329.

Edin, K. & Lein, L. 1997. *Making ends meet*: How single mothers survive welfare and low-wage work. New York: Sage.

Egan, S. K. & Perry, K. G. 1998. Does low self-regard invite victimization? *Developmental Psychology,* 34, pp.299~309.

Eggebeen, D. J. & Hogan, D. P. 1990. Giving between generations in American families. *Human Nature,* 1, pp.211~232.

Elder, G. H. Jr., Liker, J. K., & Cross, C. E. 1984. Parent-child behavior in the Great Depression: Life course and intergenerational influences. In P. B. Baltes and O. G. Brim Jr.(Eds.), *Life-span development and behavior,* Vol. 6. New York: Academic Press.

Eley, T, C., Lichtenstein, P., & Stevenson, J. 1999. Sex differences in the etiology of aggressive and nonaggressive antisocial behavior: Results from two twin studies. *Child Development,* 70, pp.155~168.

Elshtain, J. B. 1990. The family and civic life. In D. Blankenhorn et al.(Eds.), *Rebuilding the nest: A new commitment to the American family.* Milwaukee: Family Service America. pp.119~132.

Elster, A. B., Ketterlinus, R., & Lamb, M. E. 1990. Association between parenthood and problem behavior in a national sample of adolescents. *Pediatrics,* 85, pp.1044~1050.

Entwisle, D. R., Alexander, K. L., & Olson, L.S. 1997. *Children, schools, and inequality.* *Boulder,* CO: Westview Press.

Etter, J. 1993. Levels of cooperation and satisfaction in 56 open adoptions. *Child Welfare,* 72, pp.257~267.

Etzioni, A. 1994. *The spirit of community*: Rights, responsibilities, and the new communitarian agenda. New York: Crown.

Fagot, B. I., Pears, K. C., Capaldi, D. M., Crosby, L,., & Leve, C. S. 1998. Becoming an adolescent father: Precursors and parenting. *Developmental Psychology,* 34, pp.1209~1219.

Falloon, I. R. H. & Pederson, J. 1985. Family management in the prevention of morbidity of schizophrenia: The adjustmtnt of the family unit. *British Journal of Psychiatry,* 147, pp.156~163.

Farringtpn, D. P. 1995. The development of frequent offending and antisocial behavior from childhood: Key findings from the Cambridge Study of Delinquent Development. *Journal of Child Psychology and Psychiatry,* 360, pp.929~964.

Feldman, S. S. & Rosenthal, D. A. 1990. The acculturation of autonomy expectations in Chinese highschoolers residing in two Western nations. *International Journal of Psychology*, 25, pp.259~281.

Fergusson, D. M., Horwood, L.J., & Lynskey, M. T. 1994. Culture makes a difference··· or dies it? A comparison of adolescents in Hong Kong, Australia, and the Unite States. In R. K. Silbereisen and E. Todt(Eds.), *Adolescents in context*. New York: Springer-Verlag. pp.99~113.

Fincham, F. D. 1994. Understanding the association between marital conflict and child adjustment: Overview. *Journal of Family Psychology*, 8, pp.123~127.

Finkelhor, D. & Dziuba-Leatherman, J. 1994. Victimization of children. *American Psychologist*, 49, pp.173~183.

Finnegan, R. A., Hodges, E. V. E., & and Perry, D. G. 1998. Victimization by peers: Associations with children's reports of mother-child interaction. *Journal of Personality and Social Psychology*, 756, pp.1076~1086.

Firestone, S. 1970. *The dialectic of sex*: The case for feminist revolution. New York: Bantam Books.

Floyd, F. J. & Gallagher, E. M. 1997. Parental stress, care demands and the use of support services for school-age children with disabilities and behavior problems. *Family Relations*, 46, pp.359~371.

Forcier, K. I. 1990. Management and care of pregnant psychiatric patients, *Journal of Psychosocial Nursing*, 28, pp.11~16.

Forgatch, M. S. 1989. Patterns and outcomes in family problem solving: The disrupting effect of negative emotion. *Journal of Marriage and the Family*, 51, pp.115~124.

Fox, G. L. 1999.Families in the media: Reflections on the public scrutiny of private behavior. *Journal of Marriage and the Family*, 61, pp.821~830.

Frick, P. J. et al. 1992.Familial risk factors to oppositional defiant disorder and conduct disorder: Parental psychopathology and maternal parenting. *Journal of Consulting and Clinical Psychology*, 60, pp.49~55.

Fromm-Reichmann, F. 1948.Notes on the development of treatment of schizophrenics by psychoanalytic psychotherapy. *Psychiatry*, 11, pp.263~273.

Fuller-Thomson, E., Minkler, M., & Driver, D. 1997. A profile of grandparents raising grandchildren in the United States. *The Gerontologist*, 37, pp.406~411.

Furstenberg, F. F. Jr. et al. 1994. How families manage fisk and opportunity in dangerous neighborhoods. In W. J. Wilson(Ed.), *Sociology and the public agenda*. Newbury Park, CA: Sage. pp.231~258.

Galambos, N. L. & Lerner, J. V. 1987. Child characteristics and the employment of mother with young children: A longitudinal study. *Journal of Child Psychology and Psychiatry*, 28, pp.87~98.

Ganong, L. H., & Coleman, M. 1987. Effects of children on parental sex-role orientation. *Journal of Family Issues*, 8, pp.278~290.

Ganong, L. H., Coleman, M., & Demo, D. H. 1995. Issues in training family scientists. *Family Relations*, 44, pp.501~508.

Ganong, L..H. Coleman, M., Fine, M., & McDaniel, A.K. 1998. Issues considered in contemplating stepchild adoption. *Family Relations*, 47, pp.63~71.

Gans, H. J. 1992. Second generation decline: Scenarios for the economic and ethnic futures of post-1965 American immigrants. *Ethnic and Racial Studies*, 15, pp.173~192.

Garbarino, J. 1999. *Lost boys: Why our sons turn violent and how we can save them.* New York: The Free Press.

Garmezy, N. & Masten, A. S. 1994.Chronic adversities. In M. Rutter, E. Taylor, and L. Hersov(Eds.), *Child and adolescent psychiatry*, Third edition. Oxford: Blackwell. pp.191~208.

Garrison, M. E. B., Blalock, L.B., Zarski, J. J., & Merritt, P. B. 1997. Delayed parenthood: An exploratory study of family functioning. *Family Relations*, 46, pp.281~290.

Gecas, V. & Seff, M. A. 1990. Families and adolescents: Areview of the 1980s. *Journal of Marriage and the Family*, 52, pp.941~958.

Gergen, K, J. 1992. Toward a postmodern psychology. In S. Kvale(Ed.), *Psychology and postmodernism.* Newbury Park, CA: Sage. pp.1~16.

Gerstel, N. & Gallagher, S. K. 1993. Kinkeeping and distress: Gender, recipients of care, and work-family conflict. *Journal of Marriage and the Family*, 55, pp.598~607.

Gillis, J. R. 1981. *Youth and history. Tradition and change in European age relations, 1770-present.* New York: Academic Press.

Gladstone, J.& Westhues, A. 1998. Adoption reunions. A new side to intergenerational family relationships. *Family Relations*, 47, pp.177~184.

Gold, S. J and Phillips, B. 1996. Mobility and continuity among Eastern European Jews. In S. Pedreza and R. G. Rumbaut(Eds.), *Origins and destinies: Immigration, race, and ethnicity in America.* Belmont, CA: Wadsworth. pp.182~194.

Goldstein, M. J., Talovic, S. A., Nvechterlein, K. H., Fogelson, D. L.,Subotnik, K. L., & Asarnow, R. F. 1992. Family interaction versus individual psychopathology: Do they indicate the same processes in the families of schizophrenics? *British Journal of Psychiatry*, 161, pp.97~102.

Golombok, S. and Tasker, F. 1996. Do parents influence the sexual orientation of their children? Findings from a longitudinal study of lesbian mothers, *Developmental Psychology*, 32, pp.3~11.

Gonzales, N.A., Cauce, A. M., Friedman, R. J. & Mason, C. A. 1996. Family, peer, and neighborhood influences on academic achievement among African-American adolescents: One -year prospective effects. American *Journal of Community Psychology*, 29, pp.365~387.

Gorman. E. H. 1999. Bringing home the bacon: marital allocation of income-earning responsibility, job shifts, and men's wages. *Journal of Marriage and the Family*, 61, pp.110~122.

Gottesman, I .I. 1991. *Schizophrenia genesis: The origins of madness*. New York: W. H. Freeman.

Graff, H.J. 1995. *Conflicting paths: Growing up in America*. Cambridge, MA: Harvard University Press.

Grant, L., Simpson, L. A., Rong, X., & Peters-Golden, H. 1990. Gender, parenthood, and work hours of physicians. *Journal of Marriage and the Family*, 52, pp.39~49.

Greenberg, J. S., Seltzer, M. M., & Greenlay, J. R. 1993. Aging parents of adults with disabilities: The gratifications and frustration of later-life caregiving. *The Gerontologist*, 33, pp.542~549.

Greffin, L. W. 1994. Elder maltreatment among rural African-American. *Journal of Elder Abuse & Neglect*, 6, pp.1~27.

Gross, H. E. 1993. Open adoption: A research-based literature review and new data. *Child Welfare*, 72, pp.269~294.

Grotevant, J.,McRoy, R., Elde, C., & Fravel, D. 1994. Adoptive family system dynamics: Variations by level of openness in the adoption. *Family Process*, 33, pp.125~146.

Groze, V. 1996. *Successful adoptive families: A longitudinal study*. Westport, CT: Praeger.

Grusec, J. E., Goodnow, J. J., & Kuczynski, L. 2000. New directions in analyses of parenting contributions for children's acquisition of values. *Child Development*, 71, pp.204~211.

Hanson, T. L., McLanahan, S., & Thomson, E. 1997. Economic resources, parental practices, and children's well-being. In G. J. Duncan and J. Brooks-Gunn(Eds.), *Consequences of growing up poor*. New York: Russell Sage. pp.190~238.

Harrington, R. C., Fudge, H., Rutter, M. L., Bredenkamp, D., Groothues, C.,

& Pridham, J. 1993. Child and adult depression: A test of continuities with data from a family study. *British Journal of Psychiatry*, 162, pp.627~633.

Hawkins, A. J. & Dollahite, D. C.(Eds.). 1997.Generative fathering: *Beyond deficit perspectives*. Thousand Oaks, CA: Sage.

Hays, S. 1996. *The cultural contradictions of motherhood*. New Haven, CT: Yale University Press.

Heath, D. T. 1995.The impact of delayed fatherhood on the father-child relationship. *The Journal of Genetic Psychology*, 155, pp.511~530.

Heffner, E. 1978. *The emotional experience of motherhood after Freud and feminism*. New York: Doubleday.

Heller, T., Hsieh, K., & Rowitz, L. 1997. Maternal and paternal caregiving of persons with mental retardation across the life span. *Family Relations*, 46, pp.407~415.

Heston, L. L., 1966. *Family interaction and psychopathology*: Theories, methods, and findings. New York: Plenum.

Hills, H. I.& Stozier, a. l. 1992. Multicultural training in APA-approved counseling psychology programs: A survey. Professional Psychology: *Research and Practice*, 23, pp.43~51.

Hochschild, A. R. 1983. *The managed heart*. Berkeley: University of California Press.

Hochschild, A. R. 1997. *The time bind*. New York: Metropolitan Books.

Hodges, E. V. E., Malone, M. J., & Perry, D. G. 1997. Individual risk and social risk as interacting determinants of victimization in the peer group. *Developmental Psychology*, 33, pp.1032~1039.

Hofferth, S. et al. 1998. Reported in *Time*, November 25, p.44.

Hogan, D. P. & Kitagawa, E. M. 1985.The impact of social status, family structure, and neigborhood on the fertility of black adolescents. *American Journal of Sociology*, 90, pp.825~855.

Horowitz, F. D. 2000. Child development and the PITS: Simple questions, complex answers, and developmental theory. *Child Development*, 71, pp.1~10.

Jang, S. J. & Smith, C. A. 1997. A test of reciprocal causal relationships among parental supervision, affective ties, and delinquency. *Journal of Research in Crime and Delinquency*, 34, pp.307~336.

Jendrek. M. P. 1993. Grand parents who parent their grandchildren: Effects on lifestyle. *Journal of Marriage and the Family*, 55, pp.609~621.

Johnson, M. E. & Huston, T. L. 1998. The perils of love, or why wives adapt to husbands during the transition to parenthood. *Journal of Marriage and the Family*, 60, pp.195~204.

Jonhnston, C. & Pelham W. E. 1990. Maternal characteristics, ratings of child behavior, and mother-child interactions in families of children with externalizing disorders. *Journal of Abnormal Child Psychology*, 18, pp.407~417.

Kallman, F. J. & Roth, B. 1986. Genetic aspects of preadolescent schizophrenia. *American Journal of Psychiatry*, 112, pp.599~606.

Kaufman, G. & Uhlenberg, P.2000. The influence of parenthood on the work effort of married men and women. *Social Forces*, 78, pp.931~949.

Kelley, J. & De Graaf, N. D. 1997. National context, parental socialization, and religious belief: Results from 15 nations. *American Sociological Review*, 62, pp.639~659.

Kendall, P. C. & Stoutham-Gerow, M. A. 1995. Issues in the transportability of treatment: The case of anxiety disorders in youths. *Journal of Consulting and Clinical Psychology*, 63, pp.702~708.

Kendler, K. S. 1995. Genetic epidemiology in psychiatry. Taking both genes and environment seriously. *Archives of General Psychiatry*, 52, pp.895~899.

Kendler, K. S. et al 1992. Life events and depressive symptoms: A twin study perspective. In P. McGriffin and R. Murray(Eds.), *The new genetics of mental illness*. Oxford: Butterworth-Heinemann. pp.146~164.

Kendler, K. S., Karkowski, L. M., & Prescott, C. A. 1999. Causal relationships between stressful life events and the onset of major depression. *American Journal of Psychiatry*, 156, pp.837~841.

Kett, J. F. 1977. *Rites of passage: Adolescence in America 1790 to present*. New York: Basic Books.

Kim, U.and Choi, S. H. 1994. Individualism, collectivism, and child development: A Korean perspective. In P. M. Greenfield and R. R. Cocking(Eds.), *Cross-cultural roots of minority child development*. Hillsdale, NJ; Erlbaum. pp.227~257.

Kisker, E. E. & Ross, C. M. 1997. Arranging child care. *Future of Children*, 7, pp.99~109.

Kochenderfer, B. J & Ladd, G. W. 1996.Peer victimization; Cause or consequence of school maladjustment? *Child Development*, 67, pp.1305~1317.

Koller, M. R. 1974. *Families: A multigenerational approach*. New York: McGrawHill.

Korner, A. F. 1971. Individual differences at birth: Implications for early experience and later development. *American Journal of Orthopsychiatry*, 41, pp.608~619.

Krueger, R. F., Schnutte, P.S., Caspi, A., & Moffitt, T. 1994. Personality traits linked to crime among men and women: Evidence from a birth cohort. *Journal of Abnormal Psychology*, 103, pp.328~338.

Kupersnidt, J. B. et al. 1995. Childhood aggression and peer relations if the context of family and neighborhood factors. *Child Development*, 66, pp.360~375.

Kurd, L.A. 1993. The allocation of household labor in gay, lesbian, and hetero-sexual married couples. *Journal of Social Issues*, 49, pp.127~139.

Ladd, G. W. 1992. Themes and theories: Perspectives on processes in family-peer relationships. In R. D. Parke and G. W. Ladd(Eds.), *Family-peer relationships*: Modes of linkage(pp.1~34). Hillsdale, NJ: Erlbaum.

Lamb, M. E. 1997. *The role of the father in child development*. New York: Wiley.

LaRossa, R. 1997. *The modernization offatherhood*: A social and political history. Chicago: University of Chicago Press.

Larson, R. W. & Richards, M. H. 1994. *Divergent realities; The emotional lives of mothers, fathers, and adolescents*. New York: Basic Books.

Laumann, E. O. 1996. Early sexual experiences: How voluntary? How violent? In M. D. Smith et al.(Eds.), *Sexuality and American social policy*. Menlo Park, CA: Henry J. Kaiser Family Foundation.

Lavigueur, S., Tremblay, R. E., & Saucier, J. F. 1995. Interactional processes in families with disruptive boys: Patterns of direct and indirect influence. *Journal of Abnormal Child Psychology*, 23, pp.359~378.

Lee, G. R., Metzer, J. K., & Coward, R. T. 1995. Depression among older parents: The role of intergenerational exchange. *Journal of Marriage and the Family*, 57, pp.823~833.

Lee, Y. J. & Aytac, I. A. 1998. Intergenerational financial support among whites, African Americans, and Latins. *Journal of Marriage and the Family*, 60, pp.426~441.

Lefley, H. P. 1997. Synthesizing the family caregiving studies: Implications for service planning, social policy, and further research. *Family Relations*, 46, pp.443~450.

Lerner, R. M. 1988. Personality development: A life-span perspective. In E. M. Hetherington, R. M. Lerner, and M. Perlmutter(Eds.), *Child development and the life-span perspective*. Hillsdale, NJ; Erlbaum.

Lerner, R. M. 1995. *America's youth in crisis*. Thousand Oaks, CA: Sage.

Lerner, R. M. & Busch-Rossnagel, N. A. 1981. Individuals as producers of their development: Conceptual and empirical bases. In R. M. Lerner and N A. Busch-Rossnagel(Eds.), *Individual as prodycers of their development: A life-span perspective*. San Diego, CA: Academic Press. pp.1~36.

Lerner, R. M., Fisher, C. B., & Weinberg, R. A. 2000. Toward a science for and of the people: Promoting civil society through the application of developmental science. *Child Development*, 71, pp.11~20.

Letherby, G. 1994. Mother or not, mother or what? Problems of definition and identity. *Women's Studies International Forum*, 17, pp.525~532.

Levine, E. S. & Sallee, A. L. 1990. Critical phases among adoptees and their families: Implications for therapy. *Child and Adolescent Social Work*, 7, pp.217~232.

LeVine, S & LeVine, R. A. 1985. Age, gender, and the demographic transition: The life course in agrarian societies. In A. S. Rossi(Ed.), *Gender and the life course*. New York: Aldine.

Liem. J. H. 1974. Effects of verbal communications of parents and children: A comparison of normal and schizophrenic families. *Journal of Consulting and Clinical Psychology*. 42, pp.438~450.

Loeber, R. & Stouthamer-Loeber, M. 1986. Family factors as correlates and predictors of juvenile conduct problems and delinquency. In M. Tonry and N. Morris(Eds.), *Crime and Justice*, Vol. 7. Chicago: University of Chicago Press.

Logan, J. R. & Stults, B. J. 1999. Racial differences in exposure to crime: The city and suburbs of Cleveland in 1990. *Criminology,* 37, pp.251~276.

Lowry, D. T. & Towles, D. W. 1989. Soap opera portrayals of sex, contraception, and sexually transmitted diseases. *Journal of Communication*, 39, pp.76~83.

Luthar, S. S. 1993. Methodological and conceptual issues in research on childhood resilience. *Journal of Child Psychology and Psychiatry*, 34, pp.441~453.

Lytton, H. 1980. *Parent-child interaction: The socialization process observer in twin and singleton families*. New York: Plenum.

Maccoby, E. E. 1992. Commentary. Fanily structure and children's adjustment: Is quality of parenting the major mediator? In E. M. Hetherington et al.(Eds.), Coping with marital transitions. *Monographs of the Society for Research in Child Development* , 57, Nos. 2~3, pp.230~238.

Maccoby, E. E. & Martin, J. 1983. Socialization in the context of the family: Parent-child interaction In E. M. Hetherington(Ed.), Handbook of child psychology: Vol. 4. *Socialization, personality, and social development*(pp.1~101). New York: Wiley.

Machamer, A. M. & Gruber, E. 1998. Secondary school, family, and educational risk: Comparing American Indian adolescents and their peers. *Journal of Educational Research*, 6, pp.357~369.

MacLeod, C., Mathews, A., & Tata, P. 1986. Attentional bias in emotional disorders. *Journal of Abnormal Psychology*, 95, pp.15~20.

Magnusson, D. 1995. Indivisual development; A holistic, integrated model. In P. Moen, G. H. Elder Jr. and K. Luscher(Eds.), *Examining lives in context*. Washington, DC: American Psychological Association. pp.19~60.

Mahoney, M. M. 1994. *Stepfamilies and the law*. Ann Arbor, MI: University of Michigan Press.

Majors, R. & Billson, J. M. 1993. Cool pose: *The dilemma of black manhlld in America*. New York: Simon and Schuster.

March, K. 1995. Perception of adoption as social stigma: Motivation for search and reunion. *Journal of Marriage and the Family*, 57, pp.653~660.

Maton, K. I. & Hravowski, F. A., Ⅲ. 1998. Preparing the way: A qualitative study of high-achieving African American males and the role of the family. American *Journal of Community Psychology*, 26, pp.639~668.

Maziade, M. 1994. Temperament research and practical implications for clinicians. In W. B. Catey and S. C. McDevitt(Eds.), *Prevention and early intervention: Individual differences as risk factors for the mental health of children*. New York: Brunner/Mazel. pp.69~91.

McBride, B. A. & Rane, T. R. 1998. Parenting alliance as a predictor of father involvement: An exploratory study. *Family Relations,* 47, pp.229~236.

McCrae, R. R. et al. 1999. Age differences in personality across the adult life span: Parallels in five cultures. *Developmental Psychology*, 35, pp.466~477.

McGee, R., Feehan, M., Willians, S., & Anderson, J. 1992. DSM-Ⅲ disorders from age 11 to 15 year. *Journal of the American Academy of Child and Adolescent Psychiatry*, 31, pp.50~59.

McGuffin, P. & Katz, R. 1993. Genes, adversity, and depression. In R. Plomin and G. E. McClearn(Eds.), *Nature, nurture, and psychology*. Washington, DC: American Psychological Association. pp.217~230.

McKeever, P. 1992. Mothering children who have severe chronic illnesses. In A.-M. Ambert, *The effect of children on parents*. Binghamton, NY: The Haworth Press. pp.170~190.

McLoyd, V. C. 1995. Poverty, parenting and policy: Meeting the support needs of poor parents. In H. E. Fitzgerald, B. M. Lester, and B. Zuckerman(Eds.), *Children of poverty*. New York: William Morrow. pp.269~298.

______. 1998. Socioeconomic disadvantage and child development. *American Psychologist*, 53, pp.185~204.

Mead, M. 1928. *Coming of age in Samoa*. New York: William Morrow.

Miall, C. E. 1996. The social construction of adoption: Clinical and community perspectives. *Family Relations*, 36, pp.34~39.

Miller, K. S., Forehand, R., & Kotchick, B. A. 1999. Adolescent sexual behavior in two ethnic minority samples: The role of family variables. *Journal of Marriage and the Family Relations*, 36, pp.85~98.

 아이가 부모의 인생을 바꾼다

Miller, R. B. & Dodder, R. A. 1989. The abused-abuser dyad; Elder abuse in the state of Florida. In S. R. Ingmore and R. Filinson(Eds,), *Elder abuse: Practice and policy*. New York: Human Sciences Press.

Minkler, M., Roe, K. M., & Piece, M. 1992. The physical and emotional health of grandmothers raising grandchildren in the crack cocaine epidemic. *The Gerontologist,* 32, pp.752~761.

Minton, C. J., Kagan, J., & Lebine, J. 1971. Maternal control and obedience in the two-year-old. *Child Development,* 42, pp.1873~1894.

Mintz, S. & Kellogg, S. 1988. *Domestic revolution*: A social history of American family life. New York: Free Press.

Mirrlees-Black, C., Mayhew, P., & Percy, A. 1996. *The 1996 British Crime survey: England and Wales*. London: Home Office Statistical Bulletin no.19~96.

Montgomery, R. J. 1992. Gender differences in patterns of child-parent caregiving relationships. In J. W. Dwyer and R. T. Coward(Eds.), *Gender, families, and elder care*. Newbury Pa가, CA: Sage. pp.65~83.

Montgomery, R. J. V. & Kamo, Y. 1989. Parent care by sons and daughters. In J. A. Mancini(Eds.), *Aging parents and adult children*. Lexington, MA: Lexington Books. pp.213~230.

Moore, K. A., Nord, C. w., & Peterson, J. L., 1989. Nonvoluntary sexual activity among adolescents. *Family Planning Perspectives,* 21, pp.110~114.

Mounts, N. S. & Steinberg, L. 1995. An ecological analysis of peer influence on adolescent grade point average and drug use. *Developmental Psychology,* 31, pp.915~922.

Mouw, T. & Xie, Y. 1999. Bilingualism and the academic achievement of first- and second-generation Asian Americans: Accommodation with or without assimilation? *American Sociological Review,* 54, pp.232~252.

Muller, C. & Kerbow, D. 1993. Parent involvement in the home, school, and community. In B. Schneider and J. S. Coleman(Eds.), *Parents, their children and schools*. San Francisco: Westview Press. pp.13~42.

Munch, A., McPherson, J. M. & Smith-Lovin, L. 1997. Gender, children, and social contact: The effects of childrearing for men and women. *American Sociological Review,* 62, pp.509~520.

Musgrove, F. 1964. *Youth and the social order*. Bloomington: Indiana University Press.

Mutran, E. & Reizes, D. G. 1984. Intergenerational support activities and wellbeing among the elderly: A convergence of exchange and symbolic interaction perspectives. *American Sociological Review,* 49, pp.117~139.

Nagin, D. S., Farrington, D. T., & Moffitt. T. E. 1995. Life-course trajectories of different types of offenders. *Criminology*, 33, pp.111~139.

Nagin, D. S. & Land, K. C. 1993. Age, criminal careers, and population heterogeneity: Specification and estimation of a nonparametric, mixed Poisson model. *Criminology*, 31, pp.327~362.

Nasow, D. & 1985. *Children of the city: At work and play*. Grrden City, NY: Anchor Press.

Nelkin, D & Lindee, S. M. 1995. *The DNA Mystique*: The gene as a cultural icon. New York: Freeman.

Nelson, B.. J 1984. *Making an issue of child abuse*. Chicago: University of Chicago Press.

Nelson, D. A. & Crick, N. R. 1999. Rose-colored glasses: Examining the social information-processing of prosocial young adolescents. *Journal of Early Adolescence*, 19, pp.17~38.

Nett, E. 1981. Canadian families in social-historical perspective. *Canadian Journal of Sociology*, 6, pp.239~260.

Nigg, J. T. & Goldsmith, H. H. 1994. Genetics of personality disorders: Perspectives from personality and psychopathology research. *Psychological Bulletin*, 115, pp.346~380.

Nock, S. L., 1998. *Marriage in men's lives*. New York: Oxford University Press.

Noller, P. 1994. Relationships with parents in adolescence: Process and outcome. In R. Montemayor, G. R. Adams, and T. P. Gullotta(Eds.), *Personal relationships during adolescence*(Advances in Adolescent Development, vol. 6. Thousand Oaks, CA: Sage. pp.37~77.

O'Connor, T. G., Deater-Deckard, K., Fulker, D., Rutter, M. L., & Plomin, R. 1998. Genotype-environment correlations in late childhood and early adolescence: Antisocial Behavior problems and coercive parenting. *Developmental Psychology*, 34, pp.970~981.

Ogbu, J. U. 1985. A cultural ecology of competence among inner-city blacks. In M. B. Spencer, G. K. Brooks, and W. R. Allen(Eds.), *Beginnings:* The social and affective development of black children. Hillsdale, NJ: Erlbaum. pp.45~66.

Oldman, D. 1994. Adult-child relations as class relations. In J. Qvortrup, M. Bardy, G. Sgritta, and H. Wintersberger(Eds.), *Childhood matters: Social theory, practice and politics*. Aldershot, UK: Avebury. pp.43~58.

Pacheco, F. & Eme, R. 1993. An outcome study of the reunion between adoptees and biological parents. *Child Welfare*, 72, pp.53~64.

Pare, D. A. 1995. Of families and other cultures: The shifting paradigm of family therapy. *Family Process*, 34, pp.1~19.

Patillo, M. E. 1998. Sweet mothers and gangbusters: Managing crime in a black middle-class neighborhood. *Social Forces*, 76, pp.747~774.

Patterson, G. R. 1982. *Coercive family processes*. Eugene, OR: Castalia.

Patterson, G. R., Bank, L., & Stoolmiller, M. 1990. The preadolescent's contributions to disrupted family process. In R. Montemayor, G. R. Adams, and T. P. Gullotta(Eds.), *From childhood to adolescence*. Newbury Park, CA: Sage. pp.107~133.

Patterson, G. R., Reid, J. B., & Dishion, T. J. 1992. *Antisocial boys*. Eugene, OR: Castalia.

Patterson, G. R. & Stouthamer-Loeber, M. 1984. The correlation of family management practices and delinquency. *Child Development*, 55, pp.1299~1307.

Pearson, J. L., Hunter, A. G., Cook, J. M., Ialongo, N. S., & Kellam, S. G. 1997. Grandmother involvement in child caregiving in an urban community. *The Gerontologist*, 37, pp.650~657.

Pebley, A. R. & Rudkin, L. L. 1999. Grandparents caring for grandchildren: What do we know? *Journal of family Issues*, 20, pp.218~242.

Pelton, L. 1991. Poverty and child protection, *Protecting Children*, 7, pp.3~5.

Pepler, D. J. & Slaby, R. G. 1994. Theoretical and developmental perspectives on youth and violence. In L. D. Eron et al.(Eds.), Reason to hope: *A psychosocial perspective on violence and youth*. Washington, DC: American Psychological Association. pp.27~58.

Peters, J. F. 1985. Adolescents as socialization agents to parents. *Adolescence*, 20, pp.921~933.

Peterson, G. W. & Rollings, B. C. 1987. Parent-child socialization. In M. B. Sussman and S. K. Steinmetz(Eds.), *Handbook of Marriage and the Family*. New York: Plenum Press.

Piercy, P. & Sprenkle, D. 1990. Marriage and family therapy: A decade review. *Journal of Marriage and the Family*, 52, pp.1116~1126.

Pillemer, K. 1985. The dangers of dependency: New findings on domestic violence against the elderly. *Social Problems*, 33, pp.147~158.

Pillemer, K. & Suitor, J. J. 1991. "Will I ever escape my child's problems?" Effects of adult children's problems on elderly parents. *Journal of Marriage and the Family*, 53, pp.585~594.

Plomin, R, 1994, *Genetics & experience. The interplay between nature and nurture*. Thousand Oaks, CA: Sage.

Portes, A. 1995. Children of immigrants: Segmented assimilation and its determinants. In A. Portes(Ed.), *The economic sociology of immigration: Essays on networks, ethnicity, and entrepreneurship*. Russell Sage. pp.248~279.

Portes, A. & Rumbaut, R. G. 1996. *Immigrant America: A portrait*. Berkeley: University of California Press.

Portes, A. & Zhou, M. 1993. The new second generation: Segmented assimilation and its variants. *Annals of the American Academy of Political and Social Sciences*, 530, pp.74~96.

Postman, N. 1982. *The disappearance of childhood*. New York: Delacorte.

Pruchno, R. 1999. Raising grandchildren: The experiences of Black and White grandmothers. *Gerontologist*, 39, pp.209~221.

Pruchno, R., Patrick, J. H., & Burant, C. J. 1997. African American and White mothers of adults with chronic disabilities: Caregiving burden and satisfaction. *Family Relations*, 46, pp.335~346.

Pulver, A. E. et al. 1990. Schizophrenia: Age at onset, gender, and familial risk. *Acta Psychiatrica Scandinavica*, 82, pp.344~351.

Purrington, B. T. 1980. *Effects of children on their parents*: Parents' perceptions. PhD Dissertation. Michigan State University.

Pyke, K. 2000. "The normal American family" as an interpretive structure of family life among grown children of Korean and Vietnamese immigrants. *Journal of Marriage and the Family*, 62, pp.240~255.

Quinton, D., Pickles, A., Maughanm B., & Rutter, M. 1993. Partners. peers, and pathways: Assortative pairing and continuities in conduct disorders. *Development and Psychopathology*, 5, pp.763~783.

Qvortrup, J. 1995. From useful to useful: The historical continuity of children's constructive participation. *Sociological Studies of Children*, 7, pp.49~76.

Reiss, D. 1995. Genetic influence on family systems: Implications for development. *Journal of Marriage and the Family*, 57, pp.543~560.

Richardson, R. A., Abramovitz, R. H., Asp, E. E., & Petersen, A. C. 1986. Parent-child relationships in early adolescence: Effects of family structure. *Journal of Marriage and the Family*, 48, pp.805~811.

Rodgers, K. B. 1999. Parenting processes related to sexual risk-taking behaviors of adolescent males and females. Journal of Marriage and the Family, 61, pp.99~109.

Ronka, A. & Pulkinen, L. 1995. Accumulation of problems in social functioning in young adulthood: A developmental approach. *Journal of Personality and Social Psychologym* 69, pp.381~391.

Rosenthal, D. A. & Feldman. S, S, 1990. The influence of perceived family and personal factors in self-reported school performance of Chinese and Western high school students. *Journal of Research on Adolescence*, 1, pp.135~154.

Roskies, E. 1972. *Abnormality and normality. The mothering of thalidomide children. Ithaca*, NY: Cornell University Press.

Rothman, B. K. 1989. *Recreating motherhood: Ideology and technology in a patriarchal society*. New York: W. W. Norton.

Rowe, D. C. 1994. *The limits of family influence: Genes, experience, and behavior*. New York: Guiford Press.

Rubin, S. & Quinn-Curan, N. 1983. Lost and then found: Parents' journey through the community service maze. In M. Seligman(Ed.), *The family with a handicapped child*. New York: Grune and Stratton.

Rumbaut, R. G. 1996. The crucible within: Ethnic identity, self-esteem, and segmented assimilation among children of immigrants. In A. Portes(Ed.), *The new second generation*. New York: Russell Sage. pp.119~170.

Rumberger, R. W. & Larson, K. A. 1998. Toward explaining differences in educational achievement among Mexican American language-minority students. *Sociology of Education*, 71, pp.69~93.

Russell, D. A., Matsey, K. C.,Reiss, D., & Hetherington, M. 1995. Debriefing the family: Is research an intervention? *Family Process*, 34, pp.145~160.

Rutter, M. 1978. Family, area and school influences in the genesis of conduct disorder. In L. A. Hersov er al.(Eds.), *Aggression and anti-social behaviour in childhood and adolescence*. Oxford: Pergamon.

Rutter, M. & Quinton, K. 1987.Parental psychiatric disorder: Effects on children. *Psychological Medicine*, 14, pp.853~880.

Rutter, M. at al. 1995. Understanding individual differences in environmental-risk exposure. In P. Moen, G. H. Elder Jr., and K. Lüscher(Eds.), *Examining lives in context*. Washington, DC: American Psychological Association. pp.61~93.

Sachdev, P. 1992. Adoption reunion and after: A study of the search process and experience of adoptees. *Child Welfare*, 71, pp.53~58.

Saluter, A. F. 1992. Marital status and living arrangements: Match 1991. *Current Population Reports, Population Characteristics*(Series P-20, no 461). Washington, DC: U. S. Government Printing Press.

Sameroff, A. J. & Seifer, R. 1995. Accumulation of environment risk and child mental health. In H. E. Fitzger, B. M. Lester, and B. Zuckerman(Eds.), *Children of poverty*. New York: Garland. pp.223~252.

Sampson, R. J. 1993. The community context of violent crime. In W. J. Wilson(Ed.), *Sociology and the public agenda*. Newbury Park, CA: Sage. pp.259~286.

Sampson, R. J. & Wilson, W. J. 1995. Toward a theory of race, crime and urban inequality, In J. Hagan and R. D. Peterson(Eds.), *Crime and inequality*. Stanford:

Stanford University Press. pp.37~54.

Sands, R. G. & Goldberg-Glen, R. S. 2000. Factors associated with stress among grandparents raising their grandchildren. *Family Relations*, 49, pp.97~105.

Saraceno, C. 1984. The social construction of childhood: Child care and education policies in Italy and United States. *Social Problems*, 31, pp.351~363.

Saugstad, L. F. 1989. Social class, marriage, and fertility in schizophrenia. *Schizophrenia Bulletin*. 15, pp.9~43.

Scarr, S. 1993. Biological and cultural diversity: The legacy of Darwin for development. *Child Development*, 64, pp.1333~1353.

______. 1998. American child care today. *American Psychologist*, 53, pp.95~108.

Scarr, S. & McCartney, K. 1983. How people make their own environments: A theory of genotype-environment correlations. *Child Development*. 54, pp.424~435.

Schachar, R. et al. 1987. Change in family function and relationships in children who respond to methylphrenide. *Journal of the American Academy of Child and Adolescent Psychiatry,* 26, pp.728~732.

Schwartz, B. 2000. Self-determination: The tyranny of freedom. *American Psychologist*, 55, pp.78~88.

Segal, J. & Yahraes, H. 1978. Bringing up mother. *Psychology Today*, November, pp.90~96.

Seitz, V., Rosenbaum, L. K., & Apfel, N. H. 1985. Effects of family support intervention: A ten-year follow-up. *Child Development*, 56, pp.376~391.

Seltzer, J. A. 1994. Consequences of marital dissolution for children. *Annual Review of Sociology*, 20, pp.235~266.

Serbin, L. A., Cooperman J. M., Peters, P. L., Lehoux, P. M., Stack, D. M. & Schwartzman, A. E. 1998. Intergenerational transmission of psychosocial risk in women with childhood histories of aggression, withdrawal, or aggression and withdrawal. *Developmental Psychology*, 34, pp.1246~1262.

Serbin, L. A., Peters, P. L., & Schwartzman, A. E. 1996. Longitudial study of early childhood injuries and acute illness in the offspring of adolescent mothers who were aggressive, withdrawn, or aggressive-withdrawn in childhood. *Journal of Marriage and the Family*, 61, pp.397~408.

Shapiro, A. & Lambert, J. D. 1999. Longitudinal effects of divorce on the quality of the father-child relationship and on fathers' psychological well-being. *Journal of Marriage and the Family*, 61, pp.397~408.

Shsrma, A R., McGue, M. K., & Benson, P. L. 1998. The psychological adjustment of Unite States adopted adolescents and their nonadopted siblings. *Child*

Development, 69, pp.791~802.

Sheley, J. F. & Wright, J. D. 1995. *In the line offire. Youth, guns, and violence in urban America*. Hawthorne, NY: Aldine de Gruyter.

Shiner, R. L.2000. Linking childhood personality with adaptation: Evidence for continuity and change across time into late adolescence. *Journal of Personality and Social Psychology*, 78, pp.310~325.

Siegal, M. 1985. *Children, parenthood and social welfare in the context of developmental psychology*. Oxford: Clarendon Press.

Silverman, A. R, 1993. Outcomes of transracial adoption. *The Future of Children*, 3, pp.104~118.

Silverstein, M. & Bengtson, V. L. 1991. Do close parent-child relationships reduce the mortality risk of older parents? *Journal of Health and Social Behavior*, 32, pp.382~395.

Silverstein, M., Parrott, T. M., & Bengtson, V. L. 1995. Factors that predispose middle-aged sons and d*aughters to provide support to older parents*. Journal of Marriage and the Family, 57, pp.465~475.

Silverthorn, P. & Frick, P. J. 1999. Developmental pathways to antisocial behavior: The delayed-onset pathway in girls. *Development and Psychopathology*, 11, pp.101~126.

Simons, R. L., Johnson, C., Conger, R. D., & Elder, G. H. Jr. 1998. A test of latent trait versus life-course perspectives on the stability of adolescent antisocial behavior. *Criminology*, 36, pp.217~244.

Simons, R. L., Wu, C., Conger, R. D., & Lorenz, F. O, 1994. Two routes to delinquency: Difference between early and later starters on the impact of parenting and deviant peers. *Criminology*, 32, pp.247~276.

Simons, R. L., Wu, C., Johnson, C., & Conger, R. D. 1995. A test of various perspectives on the intergenerational transmission of domestic violence. *Criminology*, 33, pp.141~172

Singer, J. D., Fuller, B., keiley, M. K., & Wolf, A. 1998. Early child-care selection: Variation by geographic location, maternal characteristics, and family structure. *Developmental Psychology*, 34, pp.1129~1144.

Skolnick, A. 1998. Solomon's children: The new biologism, psychological parenthood , attachment theory and the best interests standard. In M. A. Mason, A. Skolnick, and S. D. Sugarman(Eds.), *All in our families: New policies for a new century*. New York: Oxford University Press.

Small, S. A., Eastman, G., & Cornelius, S. 1998. Adolescent autonomy and parental stress. *Journal of Youth and Adolescence*, 17, pp.377~391.

Small, S. A. & Eastman, G. 1991. Rearing adolescents in contemporary society: A conceptual framework for understanding the responsibilities and needs of parents. *Family Relations*, 40, pp.455~462.

Small, S. A. & Kerns, D. 1993. Unwanted sexual activity among peers during early and middle adolescence: Incidence and risk factors. *Journal of Marriage and the Family*, 55, pp.941~952.

Small, S. A. & Riley, D. 1990. Toward a multidimensional assessment of work spillover into family life. *Journal of Marriage and the Family*, 40, pp.455~462.

Smock, P. J. 1994. Gender and short-run economic consequences of marital disruption. *Social Forces*, 74, pp.243~262.

Solomon, J. C. & Narx, J. 1995. "To grandmother's house we go.": Health and school adjustment of children raised solely by grandparents. *The Gerontologist*, 35, pp.386~394.

Sommerville, C. J. 1982. *The rise and fall of childhood*. Beverly Hills, CA: Sage.

Spitze, G. & Logan, J. R. 1991. Sibling structure and intergenerational relations. *Journal of Marriage and the Family*, 53, pp.871~884.

Spitzer, A., Webster-Stratton, C., & Hollinsworth, T. 1991. Coping with conduct problem children: Parents gaining knowledge and control. *Journal of Clinical Child Psychology*, 20, pp.413~427.

Starrels, M. A., Ingersoll-Dayton, B., Dowler, D. W., & Neat, M. B. 1997. The stress of caring for a parent: Effects of the elder's impairment on an employed adult child. *Journal of Marriage and the Family*, 59, pp.860~872.

Stein, N. 1995. Sexual harassment in school: The public performance of gendered violence. *Harvard Educational Review*, 65, pp.145~162.

Steinberg, L, & Avenevoli, S. 2000. The role of context in the development of psychopathology: A conceptual framework and some speculative propositions. *Child Development*, 71, pp.66~74.

Steinberg, L., Darling, N. E., Fletcher, A. C., Brown, B. B., & Dornbusch, S. F. 1995. Authoritative parenting and adolescent adjustment: An ecological journey. In P. Moen, G.H. Elder Jr., and K. Lüscher,(Eds.), *Examining lives in context*. Washington, DC: American Psychological Association. pp.432~446.

Steinmetz, S. K. 1993. The abused elderly are dependent: Abuse is caused by the perception of stress associated with providing care. In R. J Gelles and D. Loseke(Eds.), *Current controversies on family violence*. Newbury Park, CA: Sage. pp.222~236.

Stewart, E., Simons, R. L., & Conger, R. D. 2000. The effects of delinquency and legal sanctions on parenting behaviors. In G. S. Fox and N. L.

Benson(Eds.), *Families and crime. Greenwich,* CT: JAI Press.

Stone, L. 1997. *The family, sex, and marriage in England, 1500~1800.* New York: Harper & Row.

Stoneman, Z., Brody, G. H., Churchill, S. L, M., & Winn, L. L., 1999. Effects of residential instability on Head Start children and their relationships with older siblings: Influences of child emotionality and conflict between family caregivers. *Child Development,* 70, pp.1246~1262.

Straub, E. 1999. Aggression and self-esteem. APA *Monitor,* 30, January, p. 6.

Strawbridge, W. J., Wallhagen, M. I., Sherma, S. J., & Kaplan, G. A. 1997. New burdens or more of the same? Comparing grandparents, spouse, and adult-child caregivers. *The Gerontologist,* 37, pp.505~510.

Suarez, L. M. & Baker, B. L. 1997. Child externalizing behavior and parents' stress: The role of social support. *Family Relations,* 476. pp.373~381.

Suin, R. M. 1993. Practice- It's not what we preached. *The Behavior Therapist. February,* pp.47~49.

Suitor, J. J. & Pillemer, K. 1991. Family conflict when adult children and elderly parents share a home. In K. Pillemer and K. McCartney(Eds.), *Parent-child relations throughout life.* Hillsdale, NJ: Erlbaum. pp.179~199.

Sullivan, T. 1992. Sexual abuse and the rights of children: *Reforming Canadian law.* Toronto: University of Toronto.

Tatara. T. 1993. Understanding the nature and scope of domestic elder abuse with the use of state aggregate data: Summaries of the key findings of a national survey of state APS and aging agencies. *Journal of Elder Abuse & Neglect,* 5, pp.35~57.

Tate, D. C., Reppucci, N. D., & Mulvey, c. P. 1995. violent juvenile delinquents: Treatment effectiveness and implications for future action. *American Psychologist,* 50, pp.777~781.

Terkelsen, K. G. 1983. Schizophrenia and the family: Ⅱ. Adverse effect of family therapy. *Family Process,* 22, pp.191~200.

Terry, J. 1998. "Momism" and the making of treasonous homosexual. In M. Ladd-Taylor and L. Umansky(Eds.), *"Bad" mothers: The politics of blame in twentieth-century America.* New York: New York University Press. pp.169~190.

Teti, D. M., Sakin, J. W., Kucera, K., Corns, K. M., & Eiden, R. D. 1996. And baby makes four: Predictors of attachment security among preschool-age first-borns during the transition to siblinghood. *Child Development,* 67, pp.579~596.

Thomas, A., & Chess, S. 1980. *The dynamics of psychological development.* New York:

Brunner/Mazel.

Thorne, B. 1987. Revisioning women and social change: Where are the children? *Gender and Society*, 1, pp.85~109.

Thornton, A. & Lin, H. S. 1994. *Social change and the family in Taiwan.* Chicago: University of Chicago Press.

Trusty, J. 1998. Family influence on educational expectations of late adolescents. *The Journal of Educational Research*, 5, pp.260~270.

Tyler, N. B. & Kogan, K. L. 1977. Reduction of stress between mothers and their handicapped children. *American Journal of Occupational Therapy*, 31, pp.151~155.

Tseng, V. & Fuligni, A. J. 2000. Parent-adolescent language use and relationships among immigrant families with East Asian, Filipino, and Latin American backgrounds. *Journal of Marriage and the Family*, 62, pp.465~476.

Umberson, D., Chen, M. D., House, J. S., Hopkins, K., & Slaten, E. 1996. The effect of social relationships on psychological well-being: Are men and woven really so different? *American Sociological Review*, 61, pp.837~857.

Umberson, D. & Gove, W. E. 1989. Parenthood and psychological well-being. *Journal of Family Issues*, 10, pp.440~462.

U. S. Department of Justice, 1994. Domenstic violence: *Violence between intimates.* Washington, DC: U.S. Department of Justice, Bureau of the Census.

Ventura, S. J., Martin, J. A., Curtin, S. C., & Mattews, T. J. 1999. Births: Final data for 1997. *National Vital Statistics Reports.* Vol. 47, No. 18. Hyattsville, MD: National Center for Health Statistics.

Volling, B. L. & Belsky, L. 1993. Parent, infant, and contextual characteristics related to maternal employment decisions in the first year of infancy. *Family Relations*, 42, pp.4~12.

Vroegh, K. A. 1997. Transracial adoptees: Developmental status after 17 years. *American Journal of Orthopsychiatry*, 67, pp.568~575.

Wachs, T. D. 1992. *The nature of nurture.* Newbury Park, CA: Sage.

Walters, J. & Walters, l. H. 1980. Parent-child relationships: A review, 1970~1979. *Journal of Marriage and the Family*, 42, pp.807~827.

Ward, R. A & Spitze, G. 1998. Sandwich marriages: The implications of child and parent relations for marital quality in midlife. *Social Forces*, 77, pp.647~666.

Warren, S. B. 1992. Lower threshold for referral for psychiatric treatment for adopted adolescents. *Journal of the American Academy of Child and Adolescent Psychiatry*, 31, pp.512~517.

Webster-Stratton, C. & Lindsay, D. W. 1999. Social competence and conduct problems in young children: Issues in assessment. *Journal of Clinical Child Psychology*, 28, pp.25~43.

Wegar, K. 1997. *Adoption, identity, and kinship: The debate over sealed birth records.* New Haven, NJ: Yale University Press.

Wess, B. & Weisz, J. R. 1995. Relative effectiveness. of behavioral versus nonbehavioral child psychotherapy. *Journal of Consulting and Clinical Psychology*, 63, pp.317~320.

Weissnam, M. M., Gammon, G. D., Johe, K., Merikangas, K. R., Warner, V., Prusoff, B. A., & sholomskas, D. 1987. *Children of depressed parents. Archives of General Psychiatry, 44,* pp.847~853.

Weisz, J. R., Donenvberf, G. R., Han, S. S., & Weiss, B. 1995. Bridging the gap between laboratory and clinic in child and adolescent psychiatry. *Journal of Consulting and Clinical Psychology, 63,* pp.688~701.

Weisz, J. R., Weess, B., Han, s. S., Granger, D. A., & Morton, T. 1995. Effects of psychotherapy with children and adolescents revisited: A meta-analysis of trearment outcome studies. *Psychological Bulletin, 117,* pp.450~468.

White, L. & Peterson, D. 1995. The retreat from marriage: Its effect on umnarried children's exchange with parents. *Journal of Marriage and the Family, 57,* pp.428~434.

Whittaker, T. 1995. Violence, gender, and elder abuse: Toward a feminist analysis and practice. *Journal of Gender Studies, 4,* pp.35~45.

Widon, C. S. 1990. The intergenerational transmission of violence. In N. A. Weiner and M. C. Wolfgang(Eds.), *Pathways of criminal violence.* Newbury Park, CA: Sage. pp.137~201

Wolf, R. & Pillemer, K. 1989. *Helping elderly victims: The reality of elder abuse.* New York: Columbia University Press.

Wright, B. R. C., Caspi, A., Moffitt, T. C., Miech, R. A., & Silva, P. A. 1999. Reconsidering the relationship between SES and delinquency: Causation but not correlation. *Criminology, 37,* pp.175~194.

Yamaguchi, K. & Ferguson, L.R. 1995. The stopping and spacing of childbirths and ther birth-history predictors: Rational-choice theory and event-history analysis. *American Sociological Review, 60,* pp.272~298.

Ying, Y. W. 1992. Life satisfaction among San Francisco Chinese-Americans. Social Indicators Research, 26, pp.1~22.

Zelizer, V. A. R. 1985. *Pricing the priceless child: The changing social valve of children. New York:* Basic Books.

지은이 **안느-마리 앰버트**(Anee-Marie Ambert)

토론토의 요크 대학교에서 30년 이상 재직한 사회학과 교수다. 심리학 대학원에서 일하며, 폭력과 갈등해결을 위한 라마쉬 연구센터(LaMarsh Centre for Research on Violence and Conflict Resolution)의 전임연구위원이다. *Journal of Marriage and the Family, Criminologie, the American Journal of Psychiatry, the Canadian Review of Sociology and Anthropology, Social Science and Medicine* 등에 가족, 아동발달, 청소년의 영역에 걸쳐 많은 논문을 게재했다. 지은 책으로는 *Families in the New Millennium*(Allyn and Bacon), *The Web of Poverty: Psychosocial Perspectives*(1998, The Haworth Press) 외 다수가 있다.

옮긴이 **한세영**

이화여자대학교와 동대학원을 졸업했다. 미국 위스콘신 대학교에서 박사학위를 받았고, 현재 충북대학교 아동복지학과 전임강사다.

아이가 부모의 인생을 바꾼다

ⓒ 한세영, 2005

지은이 ｜ 안느-마리 앰버트
옮긴이 ｜ 한세영
펴낸이 ｜ 김종수
펴낸곳 ｜ 도서출판 한울

편집 책임 ｜ 안광은
편집 ｜ 오현영

초판 1쇄 인쇄 ｜ 2005년 12월 5일
초판 1쇄 발행 ｜ 2005년 12월 10일

주소 ｜ 413-832 파주시 교하읍 문발리 507-2(본사)
       121-801 서울시 마포구 공덕동 105-90 서울빌딩 3층(서울 사무소)
전화 ｜ 영업 02-326-0095, 편집 02-336-6183
팩스 ｜ 02-333-7543
홈페이지 ｜ www.hanulbooks.co.kr
등록 ｜ 1980년 3월 13일, 제406-2003-051호
Printed in Korea.
ISBN 89-460-3450-5 03370
* 가격은 겉표지에 있습니다.